科学院院士传记丛书
工程院院士传记
科学家学术成长资料采集工程

有盲区的天空

三越传

吕瑞花 韩露 ◎ 著

1932年
生于江苏丹阳

1956年
毕业于解放军通信工程学院

1989年
获国家科技进步一等奖

1991年
当选中国科学院学部委员

1994年
当选中国工程院院士

老科学家学术成长资料采集工程
中国科学院院士传记丛书
中国工程院院士传记

没有盲区的天空

王越传

吕瑞花 韩露 ◎ 著

中国科学技术出版社
上海交通大学出版社

图书在版编目（CIP）数据

没有盲区的天空：王越传／吕瑞花，韩露著．—北京：中国科学技术出版社，2014.4

（老科学家学术成长资料采集工程　中国科学院院士传记　中国工程院院士传记丛书）

ISBN 978-7-5046-6348-1

Ⅰ.①没… Ⅱ.①吕…②韩… Ⅲ.①王越－传记 Ⅳ.①K826.16

中国版本图书馆CIP数据核字（2013）第101419号

出 版 人	苏　青　韩建民
责任编辑	李　红　许　慧
责任校对	刘洪岩
责任印制	张建农
版式设计	中文天地

出　　版	中国科学技术出版社　上海交通大学出版社
发　　行	科学普及出版社发行部
地　　址	北京市海淀区中关村南大街16号
邮　　编	100081
发行电话	010-62173865
传　　真	010-62179148
网　　址	http://www.cspbooks.com.cn

开　　本	787mm×1092mm　1/16
字　　数	240千字
印　　张	17
彩　　插	2
版　　次	2014年4月第1版
印　　次	2014年4月第1次印刷
印　　刷	北京华联印刷有限公司
书　　号	ISBN 978-7-5046-6348-1／K·141
定　　价	45.00元

（凡购买本社图书，如有缺页、倒页、脱页者，本社发行部负责调换）

老科学家学术成长资料采集工程领导小组专家委员会

主　任：杜祥琬
委　员：（以姓氏拼音为序）
　　　　巴德年　　陈佳洱　　胡启恒　　李振声
　　　　王礼恒　　王春法　　张　勤

老科学家学术成长资料采集工程丛书组织机构

特邀顾问（以姓氏拼音为序）
　　　　樊洪业　　方　新　　齐　让　　谢克昌

编 委 会
主　任：王春法　　张　藜
成　员：（以姓氏拼音为序）
　　　　艾素珍　　曹振全　　董庆九　　胡化凯　　韩建民
　　　　景晓东　　李虹鸣　　廖育群　　罗　晖　　吕瑞花
　　　　苏　青　　王康友　　王扬宗　　夏　强　　张柏春
　　　　张大庆　　张　剑　　张九辰　　周德进

编委会办公室
主　任：张　藜　　许向阳
副主任：许　慧　　张利洁　　刘佩英
成　员：（以姓氏拼音为序）
　　　　崔宇红　　冯　勤　　何继红　　何素兴　　李金涛
　　　　李俊卿　　李惠兴　　刘　洋　　罗兴波　　沈林苣
　　　　万红军　　王传超　　言　挺　　余　君　　张晓华
　　　　周　勇

老科学家学术成长资料采集工程简介

  老科学家学术成长资料采集工程（以下简称"采集工程"）是根据国务院领导同志的指示精神，由国家科教领导小组于2010年正式启动，中国科协牵头，联合中组部、教育部、科技部、工信部、财政部、文化部、国资委、解放军总政治部、中国科学院、中国工程院、国家自然科学基金委员会等11部委共同实施的一项抢救性工程，旨在通过实物采集、口述访谈、录音录像等方法，把反映老科学家学术成长历程的关键事件、重要节点、师承关系等各方面的资料保存下来，为深入研究科技人才成长规律，宣传优秀科技人物提供第一手资料和原始素材。按照国务院批准的《老科学家学术成长资料采集工程实施方案》，采集工程一期拟完成300位老科学家学术成长资料的采集工作。

  采集工程是一项开创性工作。为确保采集工作规范科学，启动之初即成立了由中国科协主要领导任组长、12个部委分管领导任成员的领导小组，负责采集工程的宏观指导和重要政策措施制定，同时成立领导小组专家委员会负责采集原则确定、采集名单审定和学术咨询，委托中国科学技术史学会承担具体组织和业务指导工作，建立专门的馆藏基地确保采集资料的永久性收藏和提供使用，并研究制定了《采集工作流程》、《采集工作规范》等一系列基础文件，作为采集人员的工作指南。截至2012年底，已启动247位老科学家的学术成长资料采集工作，获得手稿、书信等实物原件资料21496件，数字化资料72310件，视频资料96582分钟，音频资料104289分钟，具有重要的史料价值。

采集工程的成果目前主要有三种体现形式，一是建设一套系统的"老科学家学术成长资料数据库"（本丛书简称"采集工程数据库"），提供学术研究和弘扬科学精神、宣传科学家之用；二是编辑制作科学家专题资料片系列，以视频形式播出；三是研究撰写客观反映老科学家学术成长经历的研究报告，以学术传记的形式，与中国科学院、中国工程院联合出版。随着采集工程的不断拓展和深入，将有更多形式的采集成果问世，为社会公众了解老科学家的感人事迹，探索科技人才成长规律，研究中国科技事业的发展历程提供客观翔实的史料支撑。

总序一

中国科学技术协会主席 韩启德

  老科学家是共和国建设的重要参与者，也是新中国科技发展历史的亲历者和见证者，他们的学术成长历程生动反映了近现代中国科技事业与科技教育的进展，本身就是新中国科技发展历史的重要组成部分。针对近年来老科学家相继辞世、学术成长资料大量散失的突出问题，中国科协于2009年向国务院提出抢救老科学家学术成长资料的建议，受到国务院领导同志的高度重视和充分肯定，并明确责成中国科协牵头，联合相关部门共同组织实施。根据国务院批复的《老科学家学术成长资料采集工程实施方案》，中国科协联合中组部、教育部、科技部、工业和信息化部、财政部、文化部、国资委、解放军总政治部、中国科学院、中国工程院、国家自然科学基金委员会等11部委共同组成领导小组，从2010年开始组织实施老科学家学术成长资料采集工程。

  老科学家学术成长资料采集是一项系统工程，通过文献与口述资料的搜集和整理、录音录像、实物采集等形式，把反映老科学家求学历程、师承关系、科研活动、学术成就等学术成长中关键节点和重要事件的口述资料、实物资料和音像资料完整系统地保存下来，对于充实新中国科技发展的历史文献，理清我国科技界学术传承脉络，探索我国科技发展规律和科技人才成长规律，弘扬我国科技工作者求真务实、无私奉献的精神，在全社会营造爱科学、学科学、用科学的良好氛围,是一件很有意义的事情。采集工程把重点放在年龄在80岁以上、学术成长经历丰富的两院院士,以及虽然不是两院院士、但在我国科技事业发展中作出突出贡献的老科技工作者,充分体现了党和国家对老科学家的关心和爱护。

自2010年启动实施以来,采集工程以对历史负责、对国家负责、对科技事业负责的精神,开展了一系列工作,获得大量反映老科学家学术成长历程的文字资料、实物资料和音视频资料,其中有一些资料具有很高的史料价值和学术价值,弥足珍贵。

以传记丛书的形式把采集工程的成果展现给社会公众,是采集工程的目标之一,也是社会各界的共同期待。在我看来,这些传记丛书大都是在充分挖掘档案和书信等各种文献资料、与口述访谈相互印证校核、严密考证的基础之上形成的,内中还有许多很有价值的照片、手稿影印件等珍贵图片,基本做到了图文并茂,语言生动,既体现了历史的鲜活,又立体化地刻画了人物,较好地实现了真实性、专业性、可读性的有机统一。通过这套传记丛书,学者能够获得更加丰富扎实的文献依据,公众能够更加系统深入地了解老一辈科学家的成就、贡献、经历和品格,青少年可以更真实地了解科学家、了解科技活动,进而充分激发对科学家职业的浓厚兴趣。

借此机会,向所有接受采集的老科学家及其亲属朋友,向参与采集工程的工作人员和单位,表示衷心感谢。真诚希望这套丛书能够得到学术界的认可和读者的喜爱,希望采集工程能够得到更广泛的关注和支持。我期待并相信,随着时间的流逝,采集工程的成果将以更加丰富多样的形式呈现给社会公众,采集工程的意义也将越来越彰显于天下。

是为序。

总序二

中国科学院院长　白春礼

由国家科教领导小组直接启动，中国科学技术协会和中国科学院等12个部门和单位共同组织实施的老科学家学术成长资料采集工程，是国务院交办的一项重要任务，也是中国科技界的一件大事。值此采集工程传记丛书出版之际，我向采集工程的顺利实施表示热烈祝贺，向参与采集工程的老科学家和工作人员表示衷心感谢！

按照国务院批准实施的《老科学家学术成长资料采集工程实施方案》，开展这一工作的主要目的就是要通过录音录像、实物采集等多种方式，把反映老科学家学术成长历史的重要资料保存下来，丰富新中国科技发展的历史资料，推动形成新中国的学术传统，激发科技工作者的创新热情和创造活力，在全社会营造爱科学、学科学、用科学的良好氛围。通过实施采集工程，系统搜集、整理反映这些老科学家学术成长历程的关键事件、重要节点、学术传承关系等的各类文献、实物和音视频资料，并结合不同时期的社会发展和国际相关学科领域的发展背景加以梳理和研究，不仅有利于深入了解新中国科学发展的进程特别是老科学家所在学科的发展脉络，而且有利于发现老科学家成长成才中的关键人物、关键事件、关键因素，探索和把握高层次人才培养规律和创新人才成长规律，更有利于理清我国科技界学术传承脉络，深入了解我国科学传统的形成过程，在全社会范围内宣传弘扬老科学家的科学思想、卓越贡献和高尚品质，推动社会主义科学文化和创新文化建设。从这个意义上说，采集工程不仅是一项文化工程，更是一项严肃认真的学术建设工作。

中国科学院是科技事业的国家队，也是凝聚和团结广大院士的大家庭。早在1955年，中国科学院选举产生了第一批学部委员，1993年国务院决定中国科学院学部委员改称中国科学院院士。半个多世纪以来，从学部委员到院士，经历了一个艰难的制度化进程，在我国科学事业发展史上书写了浓墨重彩的一笔。在目前已接受采集的老科学家中，有很大一部分即是上个世纪80、90年代当选的中国科学院学部委员、院士，其中既有学科领域的奠基人和开拓者，也有作出过重大科学成就的著名科学家，更有毕生在专门学科领域默默耕耘的一流学者。作为声誉卓著的学术带头人，他们以发展科技、服务国家、造福人民为己任，求真务实、开拓创新，为我国经济建设、社会发展、科技进步和国家安全作出了重要贡献；作为杰出的科学教育家，他们着力培养、大力提携青年人才，在弘扬科学精神、倡树科学理念方面书写了可歌可泣的光辉篇章。他们的学术成就和成长经历既是新中国科技发展的一个缩影，也是国家和社会的宝贵财富。通过采集工程为老科学家树碑立传，不仅对老科学家们的成就和贡献是一份肯定和安慰，也使我们多年的夙愿得偿！

鲁迅说过，"跨过那站着的前人"。过去的辉煌历史是老一辈科学家铸就的，新的历史篇章需要我们来谱写。衷心希望广大科技工作者能够通过"采集工程"的这套老科学家传记丛书和院士丛书等类似著作，深入具体地了解和学习老一辈科学家学术成长历程中的感人事迹和优秀品质；继承和弘扬老一辈科学家求真务实、勇于创新的科学精神，不畏艰险、勇攀高峰的探索精神，团结协作、淡泊名利的团队精神，报效祖国、服务社会的奉献精神，在推动科技发展和创新型国家建设的广阔道路上取得更辉煌的成绩。

总序三

中国工程院院长　周　济

由中国科协联合相关部门共同组织实施的老科学家学术成长资料采集工程，是一项经国务院批准开展的弘扬老一辈科技专家崇高精神、加强科学道德建设的重要工作，也是我国科技界的共同责任。中国工程院作为采集工程领导小组的成员单位，能够直接参与此项工作，深感责任重大、意义非凡。

在新的历史时期，科学技术作为第一生产力，已经日益成为经济社会发展的主要驱动力。科技工作者作为先进生产力的开拓者和先进文化的传播者，在推动科学技术进步和科技事业发展方面发挥着关键的决定的作用。

新中国成立以来，特别是改革开放30多年来，我们国家的工程科技取得了伟大的历史性成就，为祖国的现代化事业作出了巨大的历史性贡献。两弹一星、三峡工程、高速铁路、载人航天、杂交水稻、载人深潜、超级计算机……一项项重大工程为社会主义事业的蓬勃发展和祖国富强书写了浓墨重彩的篇章。

这些伟大的重大工程成就，凝聚和倾注了以钱学森、朱光亚、周光召、侯祥麟、袁隆平等为代表的一代又一代科技专家们的心血和智慧。他们克服重重困难，攻克无数技术难关，潜心开展科技研究，致力推动创新发展，为实现我国工程科技水平大幅提升和国家综合实力显著增强作出了杰出贡献。他们热爱祖国，忠于人民，自觉把个人事业融入到国家建设大局之中，为实现国家富强而不断奋斗；他们求真务实，勇于创新，用科技为中华民族的伟大复兴铸就了辉煌；他们治学严谨，鞠躬尽瘁，具有崇高的科学精神和科学道德，是我们后代学习的楷模。科学家们的一生是一本珍贵的教科书，他们坚定的理想信念和淡泊名利的崇高品格是中华民族自强不息精神的宝贵财富，永远值得后人铭记和敬仰。

通过实施采集工程，把反映老科学家学术成长经历的重要文字资料、实物资料和音像资料保存下来，把他们卓越的技术成就和可贵的精神品质记录下来，并编辑出版他们的学术传记，对于进一步宣传他们为我国科技发展和民族进步作出的不朽功勋，引导青年科技工作者学习继承他们的可贵精神和优秀品质，不断攀登世界科技高峰，推动在全社会弘扬科学精神，营造爱科学、讲科学、学科学、用科学的良好氛围，无疑有着十分重要的意义。

中国工程院是我国工程科技界的最高荣誉性、咨询性学术机构，集中了一大批成就卓著、德高望重的老科技专家。以各种形式把他们的学术成长经历留存下来，为后人提供启迪，为社会提供借鉴，为共和国的科技发展留下一份珍贵资料。这是我们的愿望和责任，也是科技界和全社会的共同期待。

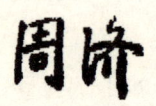

周济

王　越（2008年　摄于北京大北照像馆）

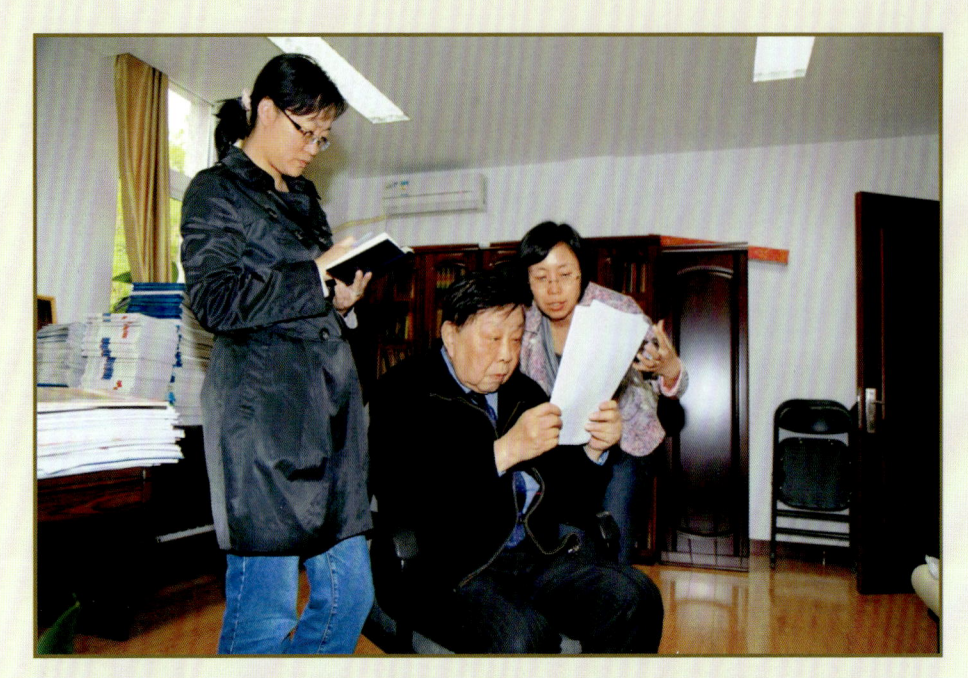

王越与采集小组成员在工作（2011年5月　王彦煜摄）

采集小组成员在讨论书稿撰写工作（2013年10月　王彦煜摄）

序

2010年春天，中国科学技术出版社社长苏青，向我转达中国科协"老科学家学术成长资料采集工程"的一份文件，希望能对我进行口述访谈，让我谈一谈我国火控雷达的发展以及我在火控雷达发展过程中所做的工作。虽然我在中国空中防御事业中做了一些工作，但是我觉得这些工作是几个团队共同努力的结果，单纯来做我个人的访谈，我怕夸大我个人的工作。后来我考虑到参加我国火控雷达研制的大部分老同志已经陆续辞世，还有一些老同志身体欠佳已经讲不了，所以我感觉自己有责任和义务来讲一讲中国火控雷达的发展历史，为今后研究中国火控雷达事业的发展提供一份内容翔实的史料。

随着工作的开展，吕瑞花博士提出要聘请专业拍摄人员进行访谈全过程的录像，我提出不要宣传报道我。后来吕瑞花博士向我解释了拍摄的原因是记录我的口述作为史料保存，由此我不再拘谨，尽可能地把自己知道的一些历史事实讲述出来。随着访谈工作的结束，采集小组约我写点东西，作为书的序言，我考虑了很久，最后决定谈一谈中国传统文化对我的影响。

年轻时，我很欣赏西方的科学技术，因为它在很多地方都很先进、很超前，值得我们学习和借鉴。随着时间的推移，作为一个中国人，新中国的变化教育了我，使我的思想逐渐发生了变化。我渐渐认识到中国文化有很多独特精髓的部分，特别是中国的辩证哲学使我受益匪浅。例如，举全国之力自力更生研制核武器，成功后只很少量装备并宣布决不对无核武器国家使用核武器，对有核武器国家不首先使用，完全不同于其他有核武器的国家；又如"永不称霸"思想和决策都带有"与众不同"令人"奇妙叫绝"之感！在这里我结合自己的学术成长谈谈我对老子思想的两点理解。

一是，在《道德经》中，老子是这样阐释事物规律之道的："天下万物生于有，有生于无。道生一，一生二，二生三，三生万物。万物负阴而抱阳，冲气以为和。"三是一个最小多数，代表新生事物诞生，三生万物。有了三就可以演变出现在的大千世界，繁衍出更大的整体，更大的人类社会，同时，所有存在的有形事物均来自无形存在。这是非常精彩的辩证哲学思想，精练而概括。

二是"反者道之动"的理论。老子讲："反者道之动"。意思是说凡事物的发展都是向着自己的对立方向而运动的。追求对立面的发展，促成和谐。科学研究工作不仅仅有成功，更多的是无数次失败和心底磨砺之后的一次次崛起，如何乐观面对困难，不断激励自己，保持前进的动力，有时仅靠兴趣是不够的，还需要有一些人文的精神来激励。我就是以"反者道之动"作为我追求的目标和行动的策动力，转化成我努力工作的动力。

我愿用我学术成长的几个关键点来说明"反者道之动"的道理。1964年，我和团队一起试制成功了中国第一台歼击机机载火控雷达。1965年1月参加了全国青联大会，和很多同志一起受到了毛泽东的接见，这是一项殊荣。然而，不久我就得知，我研制的歼击机空载火控雷达在直接对付美制的P2V7低空侦察机时没有发挥作用。P2V7有4个发动机，有雷达预警，当探测到我们的歼击机时，就关闭两个喷气发动机，以速度急降形成小转弯半径甩脱我歼击机攻击。我听到这个消息后，内心极度惶恐不安。毛主席接见了我，这是很高的荣誉，然而我在短时间却不能解决歼击机机载火控雷达的技术问题。后来靠部队改变对抗技术，用歼击机把敌机驱赶到高炮区域，用高射炮打下了P2V7低空侦察机。所以，有时候仅靠技术不能解决所有的问题，没有智慧的介入很多问题解决不了。

另一个例子是，1978年，我因为主持研制了我国第一台晶体管化炮瞄雷达，得了一个全国科学大会个人奖。据我所知，科学大会多数是集体奖，而我得了一个科学大会个人奖。在研制过程中，我和我的同事们遇到了很多困难，但是我们精诚合作，共同努力，最终这个雷达比原来的电子管雷达减轻了一半左右的重量，还加入了计算反馈技术，大幅度提高角跟踪速度，已经达到了当时世界前沿的水平，得到大家很高的评价。但是，由于研究周期只有四年（1968—1972），雷达的对抗性能和可靠性方面并不是很理想，1973年设计定型，1974年生产了一些后，便停产了，没有大批生产。这些"遗憾"又驱动我按"反者道之动"开始了下一代雷达系统的研制。在大家共同努力下，我们终于研制成功大批量装备部队的新一代装备。没有"反者道之动"鞭策我，我不可能获得今天的一些成功。1993年，中国兵器工业总公司（原兵器工业部）领导张俊九和我进行了一次保密谈话，内容是关于让我来担任北京理工大学的校长，要求除了我的妻子以外不能对任何人讲（因涉及她的工作生活）。谈话后张俊九给了我三天的思考时间。经过慎重考虑后，我决定接受新安排。在206所，我是所长，又是兵器领域的第一个学部委员（院士），具有权威性，如果我继续留在这里，会阻碍研究所和年轻人发展，所以我又选择了"反者道之动"。当时很多老朋友、老同事都劝我，说你已不是年轻人了，不要离开熟悉的206所到复杂困难的新环境工作。到北京理工大学后，我与学校其他领导和广大教职工精诚合作，才算完成了国家交给我的任务。为了不脱离教学科研第一线，我坚持上专业基础课，坚持开展信息领域应用基础科研。

采集小组以我的口述作为基础，并在充分研究相关史料的基础上形成本传记，它比较系统地叙述了我的家庭背景和受教育情况以及在火控雷达和信息安全领域所做的研究工作，基本反映了我学术成长的经历。在此，我对采集小组全体成员以及为采集工作提供大力协助的老同事、老朋友等表示衷心的感谢！

目 录

老科学家学术成长资料采集工程简介

总序一 ······ 韩启德

总序二 ······ 白春礼

总序三 ······ 周　济

序 ······ 王　越

导　言 ······ 1

| 第一章 | 乱世求学路 ······ 7

　　身教为先 ······ 7
　　在刺刀下求学 ······ 11
　　初识无线电 ······ 17

去上海读高中 ·· 21

第二章 作为军人的大学生 ·· 30

只填了一个志愿 ·· 30
转校参军 ·· 35
从电信到雷达 ·· 42
追着老师问的学生 ·· 49
最后一个入团 ·· 54
毕业之后 ·· 57

第三章 与新中国雷达事业一起成长 ································ 61

初到786厂 ·· 61
中国第一台炮瞄雷达——301系统 ····································· 66
中国第一台海防雷达——861系统 ····································· 72
中国第一台全天候歼击机机载雷达——201系统 ·················· 74
世界上第一部双波段工作的炮瞄雷达——302雷达 ··············· 81

第四章 "文化大革命"岁月里的科研会战 ······················ 85

新单位、新任务 ·· 85
晶体管与雷达 ·· 87
会战303系统 ··· 92
攀登无止境 ··· 98

第五章 在科学的春天里 ·· 104

春风得意马蹄疾 ·· 104
开辟外贸战线 ·· 112
参与国际交流 ·· 117

引进双35系统 ··· 120
　　研制703多站联动系统 ··· 129
　　从实践到理论 ··· 132
　　荣誉与责任 ··· 144

| 第六章 | 科教兴国开新篇 ·· 157

　　花甲之年接任校长 ··· 157
　　教育不是产业 ··· 159
　　教学与科研并重 ··· 163
　　教书育人 ··· 171
　　创建信息安全与对抗专业，培育精品课程 ························· 178
　　校长的科研工作 ··· 192
　　平淡面对荣誉 ··· 203
　　和谐家庭 ··· 205

结　语　王越学术成长特点 ·· 215

附录一　王越年表 ·· 221

附录二　王越主要论著目录 ·· 237

附录三　胡海岩在王越八十寿辰庆典上的讲话 ···························· 243

参考文献 ·· 246

后　记 ·· 248

图片目录

图 1-1　王百先（王从孝）在天津大学时的学生花名册 ·············· 8
图 1-2　王越与家人合影 ·· 9
图 1-3　王越的父亲王百先与母亲姜锦在天津法租界公园 ·············· 10
图 1-4　耀华学校旧校舍 ·· 12
图 1-5　耀华学校成立之初的实验设备 ···································· 12
图 1-6　1940 年夏王越初小三年级时的班级合影 ·························· 15
图 1-7　1940 年王越小学三年级时的照片 ······························· 16
图 1-8　王越初小三年级班级花名册 ······································ 16
图 1-9　王越在上海读书时所在的大同大学附中二院的校舍 ··············· 23
图 2-1　1950 年刚入大学时的王越 ·· 32
图 2-2　张家口解放军通讯工程学院政治部及器械操场 ···················· 40
图 2-3　毕德显院士 ·· 45
图 2-4　1955 年王越获得的国家学术优秀奖证书 ·························· 53
图 2-5　王越大学四五年级时的成绩单 ···································· 53
图 2-6　班主任高淮清在 1954 年度四班学员升级鉴定书上
　　　　给王越写的评语 ·· 55
图 2-7　王越大学毕业照 ··· 59
图 2-8　1956 年王越被授予中尉军衔 ····································· 59
图 3-1　1958 年 12 月国家对 786 厂建成投产进行验收
　　　　并举行开工典礼 ·· 68
图 3-2　786 厂特殊设计所模范团小组合影 ································ 69
图 3-3　王越对 12 系统性能描述手稿 ····································· 71
图 4-1　206 所旧址 ··· 86
图 5-1　1978 年全国科学大会代表证 ····································· 105

IV

图 5-2	全国科学大会上获个人和集体奖的奖状及全国科学大会纪念册	105
图 5-3	王越与军代表商讨方案	109
图 5-4	王越与包万正等讨论设计图	109
图 5-5	王越带外商参观并对产品进行讲解	114
图 5-6	1991 年王越参加中国国际雷达会议与同行专家合影	118
图 5-7	王越等专家与瑞士代表团谈判记录	123
图 5-8	王越陪同谢光中将参观 206 所	127
图 5-9	《再论营火控系统之雷达系统设计》论文手稿	131
图 5-10	王越构建的系统评价指标体系	135
图 5-11	系统设计流程图	139
图 5-12	王越的思想汇报	146
图 5-13	王越在搬迁前的 206 所办公室里	148
图 5-14	在当选学部委员庆祝会上讲话	155
图 6-1	校长任命书	158
图 6-2	1994 年北京理工大学"211 工程"预审会议	162
图 6-3	王越访问英国皇家学会时与副会长合影	163
图 6-4	王越访问美国麻省理工学院（MIT）与浦以康的导师 Bruno Coppi 在其书房交谈	166
图 6-5	2001 年王越等人获国家级教学成果奖一等奖的证书	168
图 6-6	王越向王大珩请教技术科学发展问题	169
图 6-7	王越给学生王崇的回信	174
图 6-8	"信息系统及安全对抗"教学团队	181
图 6-9	信息系统与安全对抗理论课程框架	183
图 6-10	北京市高等学校精品课程奖证书	183
图 6-11	《信息系统与安全对抗理论》书影	184
图 6-12	王越与 2008 年全国大学生信息安全技术专题邀请赛参赛者合影	189
图 6-13	国防科技创新团队授牌仪式及团队成员合影	193
图 6-14	王越夫妇与段经文夫妇合影	207
图 6-15	王越与夫人	208
图 6-16	王越一家三口的合影	209
图 6-17	王越一家团聚在北京	210
图 6-18	王越夫妇与外孙	211
图 6-19	80 寿辰之际王越与家人及陶然夫妇合影	213

导 言

  王越是我国著名的信息与通信系统专家。1932年出生于江苏丹阳，1935年随父迁至天津英租界。初中就读于天津有名的中学——耀华学校（今耀华中学），高中辗转至上海大同大学附中二院就读，毕业后考入大连大学工学院，1952年跟随毕德显[①]等转入中国人民解放军通信工程学院[②]学习，1956年毕业于该学院的雷达工程系，留苏未成。1957年分配到西安国营786厂设计所工作，参与了中国第一台火控雷达的研制，之

---

  ① 毕德显（1908-1992），电子学家，教育家。中国科学院院士。1934年夏燕京大学物理系研究生毕业，留校任教。1939年夏，经孟昭英介绍，到昆明财盛巷清华大学无线电研究所工作。1940年9月赴美国斯坦福大学电机系读硕士学位。1944年夏取得加州理工学院授予的博士学位。毕业后，在加州理工学院火箭理论研究组工作，半年后应聘到美国东部新泽西州康登城的美国无线电公司（RCA）新产品试制部。1947年9月，回国到南京中央大学物理系任教授。1949年初辗转到大连解放区，担任了大连大学（现为大连理工大学）电机系和电信系的系主任。1952年2月底，毕德显带领电信系师生共211人到张家口，成为中国人民解放军通信工程学院的一员。后成为中国人民解放军军事电信工程学院（简称西军电，今西安电子科技大学）雷达工程专业的主要创始人。曾任西安电子科技大学雷达工程系教授会主任。他毕生致力于雷达、通信工程专业的教学、科研和领导工作，为培养雷达及通信工程技术人才，开创雷达信息论科学研究，发展雷达和通信事业做出了重要贡献。

  ② 中国人民解放军通信工程学院，其前身为中央军委无线电学校，1949年10月更名为中央军委工程学校，1952年5月更名为中国人民解放军通信工程学院，1952年11月更名为中国人民解放军军事电信工程学院，简称"西军电"。1955年8月更名为中国人民解放军通信学院，1988年改名为西安电子科技大学。

后一生从事火控雷达的研究工作。他是中国火控雷达事业发展的见证人。1991年王越当选中国科学院学部委员，1994年当选中国工程院院士，并参与中国工程院的创建，是为数不多的两院院士之一。

20世纪50年代末期，王越参与了中国第一台火控雷达的研制；60年代末，针对"大860型"雷达体积大、重量重等缺点，王越作为总设计师研制出中国第一台半导体化"小860型"炮瞄雷达，将雷达中大量的电子管改为晶体管，使其重量由原来的7吨降至4.5吨，并提高了雷达的跟踪速度和精度。80年代末，王越等人研制出我国自主创新设计的新一代地面火控系统——306火控系统，其战术技术性能比当时国内所有的火控系统都有大幅度的提高，达到了国际同类产品70年代中期的水平，大大缩短了和世界先进水平的差距。今天王越还在继续为新一代火控雷达的设计进行总体规划。在长期的工程实践中，王越经过不断探索，逐步走出了一条研究设计火控雷达系统的新路子。他提出了火控雷达和电子对抗系统工程基本理论，建立了系统的理论体系和模型，并应用这些理论和模型成功指导并取得了多项大型工程科研成果，显著提高了火控雷达的功能、研制成功率、实用效果和生产经济性。这些成果分别获得了1978年全国科学大会奖、部级科技进步奖特等奖、国家科学技术进步奖一等奖。

王越虽然是一位工程技术专家，但他非常喜欢儒家思想、孙子兵法和西方哲学。在兵器研制过程中，他善于运用战略思想，总体把握系统。他曾说："从事军事工作的人无法离开哲学，因为军事本身就是一种独特的哲学。在我的工作生涯中，如果还算做出过什么贡献的话，这完全得益于军事与哲学的奇妙组合。"

21世纪之初，王越院士又开始了另一个理论研究时期，他归纳出系统理论与人工系统设计学方法论，提出信息系统的安全与对抗理论体系。他将研究雷达系统的理论和技术应用到信息安全领域，于2006年提出复杂信息系统构建的新方法——多活性代理方法，并基于多活性代理复杂信息系统研究方法，提出了一种新的分布式入侵检测系统结构——基于多活性代理的分布式入侵检测系统（DIDS-MLA）。

20世纪90年代初期，国家从人才培养角度出发，委派王越担任北京理工大学校长，自此他开始了由军事科研向教育事业的转变。王越始终坚持"教育是重要的文化组成，要以育人为本，不是产业，不能以'获利'为主要运行目标"这一理念，发展具有理工大学特色的校园文化，凝聚全校师生。王越在作为大学的一个高级管理者的同时，还承担了大量的本科生、研究生的教学工作。而今，王越虽年愈八十，但他每周要上2—3次课，每次课不少于3小时。每次上课，他都精神矍铄地站在讲台上，敏锐的目光可以随时判断学生的掌握程度。今天，由他领导开设的"信息系统安全对抗理论"课程已多次被评为国家级精品课程，他也被冠以国家级教学名师的桂冠。

进入20世纪90年代，我国信息化进程飞速发展，这大大地促进了社会生产力和人民生活质量的提高。随着人们对信息化的依赖程度越来越强，信息安全问题带来的社会矛盾也应运而生。信息安全问题大到影响国家政治的稳定、经济的繁荣、文化的发展和国防的建设，小到影响每一个计算机用户的日常生活。为适应未来信息安全发展的需要，王越在北京理工大学率先论证并申请在武器类专业中增设信息对抗技术专业。1998年教育部批准了第一批成立信息对抗技术专业的学校，北京理工大学是首批设立此专业的4所院校之一。在实力雄厚的武器类各专业、信息类各专业发展的基础上，依托国家级重点学科通信与信息系统和武器系统与运用工程，北京理工大学于2000年正式招收信息对抗技术专业本科生。2003年，在王越的带领下，北京理工大学建立了信息与通信工程一级学科下的信息安全与对抗二级学科，并开始招收博士生；2004年建立信息安全与对抗硕士点。信息安全与对抗专业的创立为国防建设和社会发展培养并输送信息安全高素质人才。

科学家、教育家、大学校长，担任着如此多的角色，拥有着如此多的殊荣，他成功背后的奥秘是什么呢？一位科学家的成功往往与其成长的家庭环境、教育背景、科研经历、社会背景等诸多因素密不可分。我们在解开王越成功奥秘的同时也希望能够探索出老科学家们学术成长的规律和关键因素，回答"钱学森之问"，为我国新一代科技人才的培养提供参考依据。

自 2010 年 5 月起，我们开始了王越院士学术成长资料的采集工作。王越早期所从事的炮瞄雷达的设计工作很多都涉及国家武器研制的秘密，所以他养成了极强的保密意识。他本人也一贯低调，对于个人的成长和成就很少对外界谈起。王越的学术成长经历鲜为人知，这更加突出了王越院士学术成长资料采集工作的意义和重要价值。我们搜集到一些公开发表的文献和出版物上的资料，包括各类大型报纸、重要杂志上的报道，报刊如《光明日报》《科学时报》《人民政协报》《中国教师报》《现代教育报》和《科技奖励》；还有一些媒体对王越的专访，如中央电视台"大家"、"科技英才"栏目等，以及从事科学教育研究的专门人员对王越的访谈。这些材料大都是对王越生平与研究成果的简短介绍，内容多集中于王越在雷达研究领域的成就简介及对教育的思考，而对王越学术成长经历的各个具体环节未作细致考证与专门描述，但是对于我们研究王越院士的学术成长经历及其特点起到一定的借鉴作用。

与此同时，我们全方位地查找王越公开发表的著作和研究论文。截至 2011 年，王越共发表研究论文 150 余篇、研究著作与论文集 5 部，获得专利及科技成果 25 项。我们通读了这些研究成果，从中了解王越的学术传承、科学研究历程、研究方法，解读其学术思想，特别是他对火控雷达和电子对抗系统工程基本理论的思考。另外，我们还通过查阅科学史、科学哲学、科学社会学、科学教育等领域的国内外学术刊物，掌握国际上无线电学科发展历程、中国现代科学技术及其教育发展的历史、中国科技政策的演变等背景性知识，力图通过这些工作，更深入地理解王越求学、科研、教学活动与科学思想形成的历史背景。

在全面检索已公开出版的各种相关资料的同时，我们在北京并赴西安、上海、天津等地系统查阅和采集了王越各时期的档案资料，特别注意尽可能完整地搜集王越求学和工作期间的档案材料。在天津耀华中学校史馆，我们采集到了王越上初小三年级时的花名册和班级合影，并访谈了校史馆的刘继岚老师，了解耀华中学 1937—1950 年的校史情况。在西安电子科技大学档案馆，采集到了王越大学时期的成绩单、班主任鉴定等。尽管那个时期的班主任鉴定带有很多的时代烙印,但是对于我们了解王越年轻时的性格特征、学习习惯、思维特点及思想状况有很大的帮助。在西安206所档案室,我们查阅了王越的干部档案、申报院士候选人材料以及申报兵器工业功勋奖的资料等。这为我们详细而准确地了解王越在不同时期的科研内容、科研环境、工作特点提供了重要线索。在北京理工大学档案馆,我们查看了王越先生的个人档案和科研档案,对他在北京理工大学期间的教学、科研有了全面细致的了解。在北京理工大学教务处,我们获得了王越申报精品课程的全套资料,包括上课的PPT和录音,为我们认识作为教育家的王越提供了重要的佐证。

遗憾的是,对于王越在786厂工作的情况,从档案中没有任何重要收获,在已公开的报道中也鲜有涉及。值得庆幸的是,在西安206所副所长周克宏的帮助下,我们有幸见到了和王越同时期在786厂工作过的原总工程师顾汉新,并得到了一本786厂纪念建厂50年时的纪念文集《情系黄河》。顾汉新的介绍和《情系黄河》描述的新中国成立之初786厂的科研、生产环境,粗线条地勾勒出王越科研生涯之初的表现,为我们展开深入访谈奠定了基础。

在系统掌握上述各类文献资料的基础上,我们对王越进行了共计20多小时的专题性系列访谈。同时,还对王越的学生张冠杰、罗森林、孙厚军、李炳照,解放军通信工程学院王越的班主任李文璞,与王越一同工作过的同事包万正、顾汉新、岳峻屹、朱道光做了专门访谈,对与王越密切合作过的彭家庭先生进行了电话访谈和信访,也对王越曾就读的天津耀华中学的校史馆刘继岚老师、上海大同大学附中二院的沈嵘校长等进行了访谈。通过访谈,尽可能发掘王越学术成长经历的具体细节,补充或纠正了已有文献材料中未记录、记录不详以及有出入的地方。

本传记在结构上以时间为纵线,以王越学术成长的重要时间节点和阶段作为章节划分的标准,同时,又按照王越学术研究发展的思想脉络和主要贡献进行系统叙述,共分为乱世求学路、作为军人的大学生、与新中国雷达事业一起成长、"文化大革命"岁月里的科研会战、在科学的春天里、科教兴国开新篇等六章。

在传记的写作中，我们对所采集到的各类资料进行细致考证和深入分析，力图还原王越的学习、科研与教学经历，对王越在我国火控雷达发展史上以及信息安全与对抗理论发展史上的学术地位和贡献作了较为清晰的阐述，并尝试从科学哲学的角度及其研究方法分析王越的科学研究方法与科学思维方式，总结他学术成长过程中的特点。

第一章
乱世求学路

身 教 为 先

1932年4月,王越出生于江苏省丹阳县的书香门第。祖父王宜泰曾在旧时官府中担任师爷,通晓文字,足智多谋,年轻时凭借才干挣下了一份殷实的家业,在丹阳城南门附近有一处三进的院落。家里人丁兴旺,育有三子二女,王越的父亲王百先生于1900年,排行最幼。王宜泰深知读书的重要性,因此族中向来重视读书。虽然当王百先到了上学的年龄时,王宜泰因为抽大烟已经导致家道中落,但还是坚持把幼子送到私塾读书,学费则由王越的大伯父王从政支持。

王百先非常珍惜来之不易的求学机会,他学习刻苦,成绩优异,高小毕业后便考入著名的江苏省立第五中学校[①]。王越小的时候,曾看过

[①] 前身是创办于1907年的常州府学堂,北洋政府时期改名为江苏省立第五中学校。该校首任校长屠元博是中国同盟会早期会员,博学多才,为学堂的发展殚精竭虑,延聘名师担纲执教,给学生的成长与发展奠定了坚实的根基。王百先在此求学期间,瞿秋白、张太雷等人也就读于该校。

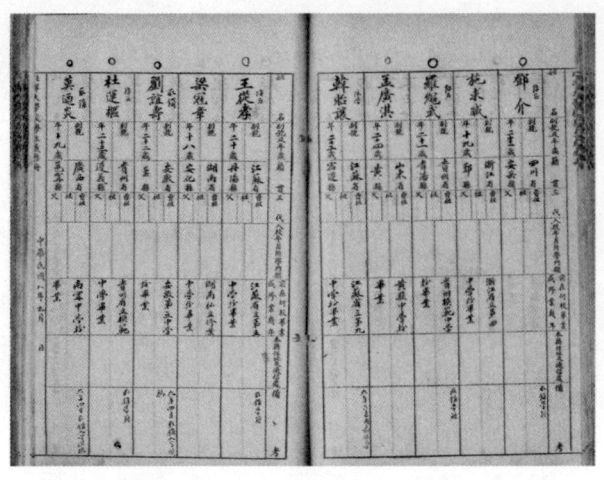

图1-1 王百先（王从孝）在天津大学时的学生花名册（天津大学档案馆提供）

父亲中学毕业时的证书，毕业成绩是全校第二名[1]。受"工业救国"思想的影响，目睹当时国内工业整体技术水平之低下，1916年王百先考入了北洋大学预科第二部，1918年毕业后经考试升入北洋大学冶金系学习[2]。

1919年，"五四运动"爆发，北洋大学的同学积极参与，并与校方及行政当局产生激烈冲突。赵天麟校长辞职，新任校长冯熙运令全体学生立即复课，而且每人必须写悔过书，否则全部开除。绝大多数同学拒写悔过书，此时北京大学教务长蒋梦麟接受北洋大学的同学到北京大学去，于是很多同学转往北京大学。大哥王从政对弟弟积极参加学生运动极为担心，经过再三考虑，到天津把王百先带回了老家，并托人介绍他到上海浙江兴业银行工作。

1930年前后，王百先与出身军人家庭的同乡姜锦成婚。姜锦家庭环境优越，受过良好的教育，毕业于丹阳正则女子职业学校[3]，是一位优雅的知识女性。

王越是家中的长子，他出生时正逢"九一八事变"的次年。父亲有感于苦难年代的漫长，就给儿子取名"越"，希望他能早日越过这段多灾多难的

---

[1] 也许是大学中途退学没有获得一份大学毕业证书的缘故，王百先很珍惜这张中学毕业证书，在王越的记忆中，父亲的那张中学毕业证书珍藏在书柜里，孩子们是不可以随便翻看的。

[2] 王百先在大学期间使用的名字是王从孝。当时北洋大学校长是著名法学家赵天麟先生，赵天麟任校长期间（1914-1920）将"实事求是"定为校训，一直沿用至今天的天津大学。20年之后（1937年），赵天麟又成了王越的校长（耀华学校校长）。赵校长的治学思想和爱国行为影响了王家两代人。

[3] 今丹阳师范学校，于1912年由著名画家、美术教育家吕凤子（1886-1959）先生创办，1925年改为正则女子职业学校。

年代。1935年,父亲被浙江兴业银行调往天津工作,举家赴任。从此王越离开了丹阳,因此故乡在他的印象中是朦胧的、缥缈的,留存在记忆中的只有丹阳城南门附近祖居的那栋老房子和坐在外婆腿上啃甘蔗的甜蜜回忆[①]。

此后的几年,家中又陆续添了大妹王超、弟弟王起和小妹王达。

王超,1935年农历一月十八出生。从南开中学高中毕业后,被保送到苏联列宁格勒学院水利系学习海洋专业,1961年学成归国后,被分配到海军海洋水文气象中心海洋处工作,为海军航海提供技术保障。"文化大革命"期间,由于父亲王百先的出身原因被迫退役,被天津大学水利系接收,后来被评为教授,一直到退休。王超的丈夫刘德辅[②]是她在苏联留学时的同学。刘德辅所学专业为港湾工程,1961年毕业回国后进入天津大学。

王起,1937年农历一月初六出生,毕业于北京航空学院(现北京航空航天大学),生前为哈尔滨工业大学教授。

王达,1943年农历一月二十九出生。南开大学硕士毕业,师从著名化学家申泮文[③],硕士毕业后留学美国,获博士学位。目前定居美国,已退休。

父母是子女最早、最重要的启蒙老师。父亲王百先的工作很忙,

图1-2 王越与家人合影(1942年前后。左起:姜锦、王超、王百先、王越、王起)

---

① 王越访谈,2010年11月5日,北京。资料存于采集工程数据库。
② 刘德辅,1961年毕业于苏联列宁格勒水文气象学院水文系。1983—1987年任教于天津大学,1994—2000年任青岛海洋大学工学院院长,2001年开始任青岛海洋大学防灾研究所所长。曾获国家教委科学技术进步奖二等奖。
③ 申泮文(1916—),吉林市人。无机化学家和化学教育家。长期从事无机合成和金属氢化物化学研究,1980年11月当选为中国科学院化学学部委员。

图 1-3　王越的父亲王百先与母亲姜锦在天津法租界公园（1941年）

每天很晚才能回家，很少有时间亲自对孩子进行说教，对王越的影响主要来自于身教。父亲对侵略者的仇恨、对下属职员的关怀、对工作的勤奋都深深地印在王越的脑海里，并成为他模仿、学习的榜样。在王百先的一生中，他默默地做了很多好事，但是却很少告诉别人。这也潜移默化地影响了王越，王越经常悄悄给灾区捐款，资助贫困学生，却从不留姓名。

母亲姜锦结婚后，便辞去教师工作，专心打理家中事务。王百先工作很忙，教育孩子和做家务的事情都落在她身上。她深受正则校长吕凤子先生的影响，在对孩子的教育中，始终坚持吕先生的"爱"、"美"、"仁"的教育思想，即无穷的"爱"、无极的"美"、无尽的"仁"。在王越的记忆中，母亲不曾打骂过自己，也从未逼迫自己学习。每当夜幕降临的时候，孩子们围坐在姜锦身边，她就会端坐在钢琴前，弹奏优美的古典乐曲，整个家庭沉浸在幸福、祥和的氛围中。尽管母亲没有刻意去培养孩子们的音乐素养，但是她对音乐的爱好还是潜移默化地影响了王越：

我很喜欢古典音乐，尽管我不会弹钢琴，但是我会听，懂得如何去欣赏。音乐中有很多奇妙的东西，无论是交响乐还是轻音乐（light music），都是特定环境下、特定人物思想感情的表达，也就是说，音乐是思维的一种表达。但是每个人所处的背景和心理状态不同，对于音乐的体会也会不同。能够体会到音乐要表达的思想，是一件挺有意思的事情。譬如贝多芬的《欢乐颂》，可以让人想到贝多芬当时的感情;《魂断蓝桥》里既有快乐、也有很沉闷的悲伤;《鸽子》又是另外一种情调。《美丽的西班牙女郎》,还有《卡门》和《斗牛士之歌》都是我喜欢的经典曲目。音乐在思想表达上比单纯的文字表达要丰富,给我们充分的畅想空间,对于创新思维的培养可能会起一些作用[1]。

王越是家中的长子,父母对他寄予无限的厚望,希望他能接受最好的教育,将来报效国家。所以母亲给予了他极大的关怀,在他上学之前就教他认字、写字,诵读唐诗、《百家姓》,并常常给他讲一些古人轶事,教他为人处世的道理。在王越的记忆中,母亲的字典查得很熟,哪个字大约在哪一页,她往往一翻就能找到。

在刺刀下求学

1937年夏,五岁的王越被父母送到天津著名的耀华学校读书。当时因为年龄小,所以要进行入学考试。面试的情景,王越至今记忆犹新。那天早晨,王越正正规规地穿好长衫,然后和母亲坐黄包车到耀华学校,老师让母亲在门口等候,考试完毕会把王越送出来。一位姓耿的女教师对王越进行了测试:

耿老师拿了支铅笔让我写自己的名字,她站在旁边非常和蔼地看着我写,"王"字笔画简单,我自然写得很好,"越"字笔画比较多,我写起来磕磕绊绊,不太流畅。我写完后恭恭敬敬地交给耿老师,耿老师说,笔画多的字你都会写,很棒,我们录取你了。然后耿老师还问了我的出生地。最后又问:"你为什么想到耀华来?"我的回答是耀华学校比较好[2]。

---

[1] 王越访谈,2010年11月5日,北京。资料存于采集工程数据库。
[2] 同[1]。

图1-4　耀华学校旧校舍

图1-5　耀华学校成立之初的实验设备

小的时候，王越对于耀华学校的理解可能仅仅是从父母口中得来的"耀华是个好学校"，长大之后，才更深刻地理解了父母为自己选择耀华学校的原因。一是"耀华"取"光耀中华"之意，名声好，是全体中国人的愿望，也融入了父亲深深的爱国情结，尤其是在日军即将大举入侵的局势下；二是耀华学校地处当时英租界内，生活相对稳定，受日本军队的干扰较少。学校离家不远，天气好的时候，可以自己走路上学，天气不太好的时候，就坐黄包车上学。当然，耀华的学费也相当高，所以招收的学生基本是租界内高级职员的孩子。

耀华学校的师资力量非常雄厚。王越就读耀华时期，钱伟长先生曾在学校的高中部任教，学校的很多老师是清华大学、南开大学的毕业生，也有国外留学归来的教员。学校教学设备在当时来说是非常齐全先进，学校成立之初，就从德国购买了实验仪器设备，包括生物切片机、电报机、打字机等。新中国成立前在耀华学校的毕业生中，现在已有13人成为中国科学院院士或中国工程院院士。当时的耀华学校与南开中学一起基本代表了那个时期天津最高的中小学教育水平。

1937年王越入学时，学校新招了三个班，两个男生班，一个女生班。王越分在男乙班。本来在这个师资优良的名校里，王越可以接受良好的教育，奠定未来科研的基础。然而事与愿违，整个国家的局势向越来越坏的方向发展。

卢沟桥事变后，天津市南开中学校舍被日寇飞机炸毁，所幸耀华学校因坐落在英租界而幸免于难。赵天麟校长主动在耀华学校设特别班，以收容、安排被迫停课而失学、失业的南开中学师生。因此，耀华学校为了收留更多的学生，而改为上、下午两班制，以供两校师生交替使用。

天津被日军占领后，赵校长面对日寇的威胁、利诱，坚贞不屈，表现出崇高的民族气节。因为赵校长抵制占领当局推行的"亲善"教育，拒绝日军武装入校参观，让日军极为恼火。日军在侵占我国领土、疯狂掠夺资源的同时，还大力推行文化侵略和奴化教育，强迫沦陷区的学校从小学一年级开始，必须将原来用的教材更换为宣传"中日亲善"、美化侵华罪行的奴化教材。尽管耀华学校地处英租界也未能幸免。赵校长不畏强权，带头坚决抵御文化侵略，抵制使用日本奴化中国学生的课本，因此遭到刺杀。王越追忆：

> 耀华学校在天津墙子河桥下，下了桥就是我们学校大门。墙子河是海河的一个支流，后来因为污染厉害，就把它填掉了。赵天麟校长是杰出的教育家，新中国成立以后人民政府授予他革命烈士称号。我当时还很小，但是记忆还挺深刻，快上课之前，校门口人很多，赵校长每天早晨风雨无阻地站在学校的大门口迎接教师和学生。学校管得很严，学生必须在第一遍预备铃声前到教室，预备铃声过后，校门就关了，要等两节课之间的时间，校门才开，迟到的学生才能进去。赵校长当过北洋大学的校长。据我所知，北洋大学不在租界里，在天津的丁字沽一带。1937年抗日战争爆发后，天津沦陷，北洋大学、南开大学的师生都内迁了。
>
> 因为耀华学校位于租界内，我上一年级时，使用的课本还是国民政府的课本。从1938年开始，日本要强化对华北地区的统治，让中国所有的中小学都要改成亲日的课本。"中日亲善"、"大东亚共荣圈"，这些概念都提出来了。学校当时在英租界，赵校长坚决不换课本，仍按老的国民政府课本来教。日本人直接干涉不了，于是准备对他实施

暗杀。具体时间我记不太清楚了①，只记得还没放暑假，他那天从家出来到学校去，开一个像甲壳虫的小车，一出家门口日本特务就把他暗杀了。全校师生都极为震惊，他的牺牲使全校的教师和学生上了一次爱国主义的课。赵校长被暗杀后，换了一个亲日的校长②。

赵校长遇害对学生的触动很大，他以生命为代价给学生上了一堂生动而惨痛的爱国主义课。1991年赵天麟被中华人民共和国民政部追认为革命烈士。1995年10月，耀华中学师生敬立铜像，纪念赵天麟校长。2007年耀华中学80年校庆时，王越专门写了文章纪念赵校长③。

铁蹄之下，形势越来越严峻。从小学三年级开始，学生便被强制学习日语。学生们非常反感，大部分学生并不认真学习日语，甚至上课时故意扰乱课堂教学。王越回顾自己在耀华学校的那段日子时说：

> 小学三年级到初中二年级共学习了五年日语，竟连51个假名都没有学会，而后来在学习英语时仅用三年时间便基本能够听懂教师的英语授课、看书与口语交流，可见学习自觉性及教师启发学生学习自觉性的重要。当然，现在回想起来也觉得非常幼稚，如果能将日语作为一种工具和手段也不失为更高明的做法，不过当时中国半壁江山被小小的弹丸之国侵占，中国人民饱受日寇欺凌，根本无心把与日本有关的东西学下去，认为不学日语课程就是反抗日本军国主义，这件事在我的心中留下了很深的印象，多么盼望我们的国家能够摆脱贫穷落后面貌不再被外强侵略，这个希望伴随我走过大半生，激励着我工作的热情④。

时常会听到王越说这样一句话："我最恨日本侵略者了。"这种恨的根

---

① 1938年6月27日清晨，赵天麟在前往学校途中，于伦敦道（今成都道）昭明里遭日本宪兵操纵的"暗杀团"刺杀身亡，年仅52岁。

② 王越访谈，2010年11月5日，北京。资料存于采集工程数据库。

③ 王越撰文《我在耀华学校感悟民族观》被收录在《群星璀璨》一书中，此书于2002年由天津人民出版社出版。

④ 同②。

图1-6　1940年夏王越初小三年级时的班级合影（初小三乙第一排左八为王越，天津耀华中学校史馆提供）

源可能来自于祖母和外祖母死于日本引起的战乱[①]，来自于深受世人崇敬的赵天麟校长死于日本人之手，来自于日本人的侵华使中国人民长达14年处于水深火热之中。国仇家恨交织，从幼年起就深深植入王越心中。

当时的小学是六年制，初小指小学一至四年级，高小指小学五至六年

[①] 1937年11月，随着上海和江南的沦陷，日本侵略军经常以小股兵员到处横行霸道、为非作歹，王越的祖母和外祖母在丹阳乡下颠沛流离，生活处于极度不稳定状态，很快相继去世。王家的老房子也在敌人的飞机和炮弹轰炸中逐渐毁掉。

第一章　乱世求学路

级。王越高小毕业时，国家和学校的局势都非常不稳定，所以连毕业照也没有留下。据耀华学校校史馆的刘老师讲述①，1940年夏天，也就是王越三年级的时候，高年级毕业生拍摄毕业照，学校给全校每个班都拍了合影，每个同学拍摄了个人照片。

1941年太平洋战争爆发以后，日军进占天津租界。中学生也要服日本人所谓的劳役。1943年，王越高小还没有毕业，耀华学校的高中生和高小的学生、初中生，全都要去给日本人修机场。天津机场当时在张贵庄，学生们坐短程火车去，劳动一天，晚上坐火车回来。学生们的任务主要是建地下机库。低年级的学生，负责用水管子拌三合土、拌水泥。高年级学生运水泥、砌地下机库。当时，王越和同学们趁日本人不注意，就往地库里灌水，捣乱日本人的建设进程。陪同去的教师们非常担心，怕让日本人发现而残害学生。回来的火车上，高中生就带头吟诵岳飞的《满江红》："靖康耻，犹未雪。臣子恨，何时灭……"老师们非常着急，说你们不要命啦，你们不能这样。

1943年秋天，王越升入初中。由于小学时抵制日式教育，社会也急剧

图1-7 1940年王越小学三年级时的照片

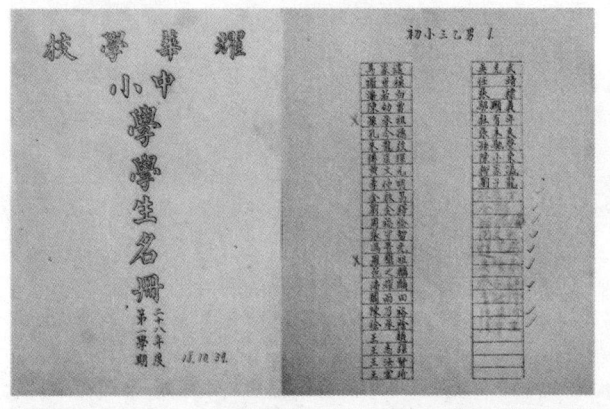

图1-8 王越初小三年级班级花名册（天津耀华中学校史馆提供）

---

① 刘继岚（耀华中学校史馆）访谈，2010年9月14日，天津。资料存于采集工程数据库。

动荡，因此王越没有养成良好的学习习惯。王越依然在耀华学校上初中，同学还是周围的同学，学校还是原来的学校，学校的管理制度也依然是原来的管理制度，尽管父母一再叮嘱他应该好好学习了，但是，他感觉很难改变固有的习惯，用在学习上的精力也不太多，所以学习成绩依然处于中等甚至中等偏下的水平。

初识无线电

抗日战争后期，日本人进行更加赤裸裸的掠夺，人们的生活更加困苦，勉强求得生存。即使是作为银行高级职员的王家，生活开支也变得比较紧张。在王越的记忆里，以前家里并不吃粗粮，但是到了1941年以后，家里也开始吃棒子（玉米）面。第一次吃棒子面，是新棒子面做的窝头，兄弟姐妹都感觉很新鲜，吃得很香。妈妈姜锦就说了一句话，"你们别这么急，以后有的你们吃呢，你们要吃腻了的。"

在这艰难的时期里，父亲做的三件事给王越留下了深刻的记忆。第一件事是1941年积极帮助梁启超先生的续弦王桂荃把梁思礼[1]送到美国。王越回忆：

> 傍晚我父亲下班时，王桂荃会来找父亲商量怎么把他（指梁思礼）送走。当然父母不允许孩子听，甚至有时我妈妈也不在场。但是我父母会私下交谈，小孩儿总想偷听一点儿，听得一知半解，所以也能知道一些信息。我父亲竭力通过一些朋友，帮梁思礼寻找出国的渠道，王桂荃以及她的其他朋友也在努力，最终合力把他（指梁思礼）

---

[1] 梁思礼（1924—），火箭系统控制专家、中国科学院院士，是梁启超的第五子。1941年毕业于重庆南开中学，随三姐梁思懿赴美留学，在普渡大学电机工程系主修无线电，后又学了自动控制。在普渡大学期间，他仅用两年的时间就修完三年的课程，并于1945年取得了该校的学士学位。随后，他又获得了辛辛那提大学（Cincinnati）硕士（1947年）和博士学位（1949年）。

送到美国去了，送到美国的细节我就不知道了，但是我知道父亲参与了这件事的始终，这一点是可以肯定的[①]。

第二件事情是尽力维持银行工作，不让银行职工失业。那时在日军压榨和战争破坏下，银行难以维持，往往要裁员。王百先于1942年升为浙江兴业银行天津分行的副经理，为了不让职工失业，他每天在外奔波，竭力维持银行业务。在王越的记忆中，那个时期，经常有银行职员来求父亲不要裁掉他们，否则他们就无法维持一家老小的生活了，所以父亲为了保住大家的饭碗，工作越来越忙，每天回家的时间越来越晚。

第三件事，是鼓舞同事、家人等待胜利。抗战后期，日本人的处境也变得比较艰难，败象逐渐显露，连老百姓也感觉到了。他们命令老百姓交铜质毛笔帽，美其名曰"捐献"。过去的读书人都是用毛笔写字，毛笔上有一个铜笔帽，套在毛笔上，防止水分蒸发使笔头变干变硬。日本人让老百姓捐献铜质毛笔帽，是要用来制作炮弹壳。此外还规定老百姓一家只能有几口铁锅，其他的铁锅都要"奉献"出来做炮弹头。为了掩饰败象，日本人在宣传方面控制得很严，他们规定所有收音机都必须掐掉短波，只能收听日本人的广播[②]。

抗战时期中国存在三种类型的广播。第一种是抗日根据地建立的人民广播，第二种是大后方国民政府的广播，第三种是沦陷区的日伪广播。卢沟桥事变后，日本人就在华北地区构建了无线电台网络，并且是华语、日语双语制，为其进一步扩张侵略和统治进行舆论宣传。日本侵略者在沦陷区建立的大大小小几十座广播电台就是套在中国人民头上的一条条精神枷锁，他们利用广播对其占领区的中国人民实施奴化的思想统治：

[①] 王越访谈，2010年11月5日，北京。资料存于采集工程数据库。

[②] 抗日战争时期，日本广播协会直接插手天津广播电台，利用广播对其占领区的中国人民实施奴化的思想统治。为了防止市民收听抗战电台的广播，他们直接把收音机的短波旋钮封掉，只允许市民收听中波。

在华北地区,"七七事变"之后,北平、天津、太原、青岛等地广播电台相继陷入日军之手。1938年1月,在日本广播协会直接插手之下,北平、天津等地的广播电台恢复播音。1940年7月,汉奸组织伪"华北政务委员会"控制下的伪"华北广播协会"成立。日本广播协会把华北地区的广播电台表面上移交该会"专营统制",实际上仍控制着广播电台。当时,在该会管(控)之下的广播电台有八座,分布于北平、天津、济南、青岛、石家庄、太原、唐山和徐州各地,总发射电力为100多千瓦,北平的伪台称为"中央广播电台",为华北地区广播的中心。1938年,日本在天津陆续设立了一些无线电工厂。他们将日本大批剩余电信物资运入天津,组装成中波收音机,在市场上大量倾销。日本侵略者在华北地区也同东北地区一样,强制推销廉价收音机,仅北平一地推销了四万多台。还下令登记收音机用户,强令剪去可以收听短波的部件,迫使听众只能收听当地日伪广播,发现收听其他广播的就以"国事犯"定处[1]。

抗战期间,为了加强国际宣传,国民党在重庆利用英国提供的设备赶建了一座短波广播电台,发射电力为35千瓦。该台于1939年2月6日开始播音,后来定名为"国际广播电台"(英文名称为"Voice of China",意为"中国之声")。1940年8月1日,抗战时期中国功率最大的广播电台——昆明广播电台正式开播。1940年12月30日,中国共产党创办的第一座广播电台——延安新华广播电台开播。然而处于沦陷区的天津人民在日本人的控制之下,根本听不到这"希望之声"。

王越父亲的一位朋友的短波收音机被日本人贴了封条,但是并没有把波段旋钮开关完全封死,所以,封条不破坏可以转动波段开关而收到短波。父亲和其他几个朋友经常聚到那位朋友家去听后方的广播,包括昆明的美国电台、太平洋上美国电台、重庆电台,等等。父亲听完广播后就回来给家里人讲,日本人在打败仗,在太平洋战争中一点

---

[1] 赵玉明. 旧中国广播的产生、发展和终结:(三)抗日战争时期的广播事业[J]. 现代传播,1982(3).

点败退。当从父亲那里听到关于解放区的振奋人心的消息，得知日本人在节节溃败之后，那种被压迫的情绪瞬间得到释放，精神得到极大的鼓舞。

在王越的记忆中，1944 年左右，美国的 B-29 轰炸机[①] 炸过一次天津，不过不是大规模的。当时大家怀着一种矛盾的心情出来观看 B-29 "超级空中堡垒"：高兴的是日本人快顶不住了，担心的是炸弹落下来也可能落到中国人头上。当看到日本高射炮打不着飞机，大家全都欢呼雀跃。沦陷区压抑的生活深深地印在王越的记忆中。在民族存亡的危急时刻，人们总是千方百计地寻找希望和出路，无论精神上，还是其他方面的。所以当知道父亲是从短波收音机里收听到抗日前线振奋人心的胜利消息后，王越第一次感受到短波无线电是伟大而神奇的，在老百姓最需要知道真相的情况下，它能告诉人们真实的情况，鼓舞人心。无线电短波带给了王越一家希望，自此王越也坚定地沿着这条道路一直追寻，并不断地触及巅峰。

> 1945 年抗战胜利的时候，我上初中二年级，快到初中三年级。那时我就有一个印象，我长大了以后，我得学无线电[②]。

1945 年抗日战争胜利以后，王越便开始了对无线电的探索，首先学习组装收音机。当时的收音机都是电子管的，体积非常大。他首先购买收音机的配件，有电阻、电容、中周线圈等，还购买了电烙铁、万用表等工具。当然购买这些东西需要一笔不小数目的费用。理工科出身的王百先很尊重孩子们的兴趣和自由发展，所以为王越提供组装收音机的经费。在收音机的组装过程中，王越学会了电子器件的调试方法，培养了

[①] B-29 超级堡垒轰炸机是美国波音公司设计生产的四引擎重型螺旋桨轰炸机，是第二次世界大战时美国陆军航空兵在亚洲战场的主力战略轰炸机。1944 年初，美国海军在太平洋战场上取得节节胜利，航空兵为了配合战局的发展，决定用 B-29 直接攻击日本本土，以加快日本帝国灭亡。同年 6 月 15 日，68 架 B-29 从印度起飞，在中国落地加油后，直飞日本九州地区，轰炸了日本八幡铁厂。向日本广岛及长崎投掷原子弹的任务亦是由 B-29 完成。

[②] 王越访谈，2010 年 11 月 5 日，北京。资料存于采集工程数据库。

动手能力，也逐渐培养了发现问题、解决问题的能力，并养成了严谨细致的作风。

去上海读高中

1945年抗日战争胜利以后，父母告诫王越，应该集中精力好好学习了。然而由于从小学开始就没有养成良好的学习习惯，基础也比较差，加上抗战胜利后，他又开始沉迷于无线电，所以他的学习成绩并不尽如人意。正如他自己所言"我小的时候并不是一个好学生"。王越认为自己不是一个"好学生"主要有以下几个原因：

一是尽管耀华学校很好，老师也很优秀，但是由于抵制日本人的"大东亚共荣圈"教育，学生们并不能塌下心来好好学习，在学校没有认真学习科学知识的好风气。刚上一年级的王越在耀华上学初期就没有养成良好的学习习惯，父母看在眼里，很是着急，但是很难去说服从小就比较有主见的王越，以至于后来到了弟弟妹妹上学的时候，王越父母没有为其他孩子选择耀华学校，而是都送到了南开中学读书。

二是耀华学校在英租界，西方的一些先进技术和现代化的东西，例如电话、冰箱、自行车、西装等自然出现在生活环境里，对年少的孩子们产生诱惑，并分散了一些精力。耀华学校的学生家境皆很优越，非富即贵，没有生活的压力，孩子们普遍缺乏勤奋刻苦的学习精神。

三是儿时的王越调皮好动，喜欢短跑、踢足球和飙自行车，所以并没有把精力真正放到学习上。王越喜欢体育运动，尽管那时自行车还属于奢侈品，由于王越是家中的长子，父亲对他很是疼爱，1946年父亲花二两黄金为他购买了一辆英国产赫克里斯（HEKLIS）牌子的自行车，那是辆英国著名品牌的变速自行车。但是上学的时候，父亲不允许他骑自行车，怕太招摇[①]。

[①] 王越访谈，2010年11月5日，北京。资料存于采集工程数据库。

第一章　乱世求学路

放学回家，王越喜欢在宽阔的马路上飙车。1947年王越去上海上学时，还随船把自行车运到了上海。1950年上大学后又把自行车运到了大连，1952年参军后，学校不允许再使用，于是就托高中时的同班同学孙宝华通过邮局把自行车寄回天津给弟弟妹妹使用。王越对那辆HEKLIS自行车的喜爱程度由此可见一斑。后来那辆自行车被父亲卖掉了，卖了180元。

四是王越的弟弟妹妹都很优秀，同他们相比王越算不上是一个好学生。同在一个家庭里，弟弟妹妹学习成绩都很优秀，而王越的成绩却基本在及格线上摇摆，父母当然着急。在日伪期间，社会经济极度困难，父亲把所有精力都放在维持银行的业务上，几乎每天回家都很晚，教育孩子的任务完全落在妈妈身上，母亲经常对王越说，"你这样不行啊。"婚前一直从事教育工作的母亲很清楚王越的智商和接受能力，也深知他学习成绩不理想的原因，所以希望通过改变环境来帮助他改变学习习惯。

虽然母亲优雅而温柔，但是在关键事情上也很果决。在战乱时期，客观条件限制了姜锦采取"孟母三迁"的做法，但是，1947年姜锦还是坚决地做出送王越去上海读书的决定：

> 送我去上海主要是我母亲做的决策，我父亲还有点舍不得，但是我母亲气派比较大，坚持把我送到上海去。临走前那天，在我房间里，我听到爸爸跟妈妈说："锦，你真放心他走吗？"我妈说："那你说有什么办法？"最后我爸爸说，"那好吧，让他去吧。"①

姜锦之所以决定让王越去上海读书，主要原因是，在耀华学校王越很难改掉不良的学习习惯。王越的两个姑妈都在上海②，姑妈家的表哥、表姐学习都很好，所以母亲希望通过表哥表姐的影响和管束改变王越的学习习惯。

---

① 王越访谈，2010年11月15日，北京。资料存于采集工程数据库。

② 王越的大姑妈王梦玉嫁给毕业于北洋大学的煤矿探矿工程师陈廷维，两人的长子陈仁怡毕业于上海交通大学。

1947年秋天，王越从天津港出发，乘船漂泊六七天，孤身来到上海。一到上海，他就开始到一些著名高中参加考试，本来打算进江苏省立上海中学（今上海中学）或南洋模范中学读书，但由于之前的学习基础并不很好，所以没有考取，最后只能选择上海大同大学附中二院。这对王越也是一个很大的触动，他暗暗告诫自己一定要好好学习。

　　上海大同大学附中二院（以下简称二院）前身为大同学院（中学程度），1912年由立达学社胡敦复等人在上海创办。1922年改称大同大学，1928年开始创办附属中学。1939年改为大同大学附中一院、二院，一院地址为今天大同中学的校址，二院在新闸路1370号，即今天的五四中学的校址。附中二院位于上海冠生园股份有限公司总店南边，冬天西北风一吹，萨利文面包店的香味就弥漫在校园中，王越至今对此都记忆犹新。二院第一任院长为曹惠群，主任为顾谷嘉。顾谷嘉主任是一位著名的教育家，致力于教育事业，终身未嫁。学校成立初期，顾谷嘉从苏州带领十几位年轻的女子来到上海大同大学附中二院任教，并在课后认真辅导，为此校的发展立下了汗马功劳[①]。

　　二院以"研究学术，明体达用，示青年以正谊，为社会植通材"为办学宗旨，旨在培养文理兼备的优秀学生。课本除了国文课程外，数学、物理、化学、历史、地理等全使用英文教材，教师讲课、学生提问和回答问题均使用英语。刚到上海的前三个月，王越感觉上课像听天书一样。

图1-9　王越在上海读书时所在的大同大学附中二院的校舍

---

① 沈嵘（上海五四中学校长）访谈，2011年3月20日，上海。资料存于采集工程数据库。

尽管当时王越在天津耀华中学已经上了一年的高中，但是在天津时的英语学得并不多，也没有认真学，仅靠课堂来听是根本听不懂的，所以课后的自学就显得非常重要。课堂上没有听懂的内容，下课后王越就对着课本自学。

大约过了两三个月，王越的英语就赶上来了，课程基本能听懂了。所以王越说英语不在于学得很多很多，关键是需要一个环境，然后自己有动力，才能学好。高中时期全英语授课的训练帮王越打下了良好的英语基础，后来科研中的英文文献阅读以及同国外的贸易谈判，他都能轻松应对。即使现在，他与学生、同行进行学术交流时，也经常是英语脱口而出。

教王越英语的老师姓夏，是圣约翰大学的毕业生，王越清晰地记得夏老师的第一节文法课。据王越讲述：

> 夏老师第一次课上来就介绍说，我叫什么名字，我是来教文法的，也就是 English grammar 的。然后接着他说，我警告你们，grammar 是要学的，但是不能学多了，学多了就学糊涂了，这第一节高中英语课我记得非常深。夏老师举了一个《双城记》的例子，A Tale of Two Cities，书中的第一句是没有谓语的，但是句子成立。为什么呢？就是 written by Charles Dickens，Charles Dickens 是大文豪，所以他写的东西，那就是英语。夏老师举这个例子来说明，文法是要学的，但是不能死抠文法，让文法给束缚住。英语的寓意不理解，文法是学不好的。所以至今我对高中教师对语法的解释记忆非常之深刻[①]。

二院的大部分老师是大家公认的上海名师。教王越数学的梅慕勋的老师，1959年曾出版过《自学平面几何的钥匙》一书。梅老师数学讲得非常棒，定理、公式从原理上讲得很清晰，王越就读二院时，梅老师同时兼江苏省立上海中学、南洋模范中学等好几个高中的数学课。教王越化学的是

---

① 王越访谈，2010年11月5日，北京。资料存于采集工程数据库。

一位姓沈的教师,据王越回忆,沈教授很风趣,教学和学术水平都很高,原先是上海交大的教授。

由于当时二院的老师大多数是兼课老师,一个老师往往要兼几个中学的课程,所以上课要凑教师的时间,星期六不休息,星期天上半天课,星期一休息。学生上课没有固定的教室,没有班级,没有辅导员,就跟大学生一样,拿着课表找教室上课。教师上完课,有答疑时间,就像当时外国的大学式教育。这种开放式教育使学生成绩两极分化很严重,好学生会充分利用优秀的教师资源和充足的时间,独立思考,融会贯通,举一反三;不自觉、不努力的学生则成绩差得一塌糊涂。老师课后只留寥寥几道习题,也不批改习题,最多下次上课时把习题讲一讲。这迫使学生必须要自己对自己负责,假如上课听得糊里糊涂,课后又不努力,那成绩就很差。总之,老师的教学理念不是让学生死读书,而是真正掌握和理解知识。

数学开很多门,平面几何(高中内容)、大代数、三角、解析几何,高中三年这四门课全部要较深入地学习。王越个人感觉平面几何题是比较难的,学文科,平面几何允许稍微差一点,但是学理工,平面几何必须过关,否则就很难训练出好的逻辑思维能力,理工科也就很难学好。王越平时学习不用心,但对学平面几何有兴趣。从初中二年级学习了平面几何,现在他认为这个训练是非常重要的,特别是对于逻辑思维能力、逻辑推理能力的提高。学校还开设了大代数,王越认为这部分内容是很精彩的。然后还要学解析几何,解析几何是非常关键的。高中三年全部要学物理,化学也学三年,生物学的比较少[1]。

总体而言,二院的师资配备是比较强的,课讲得精彩,但并不是盯住每个学生手把手地教,而是高水平的讲授之后,留点习题给学生,让学生复习巩固,举一反三。学生有充足的时间思考所学内容,可以拓展知识,向更深层次思索。王越在课后的思考中逐渐领悟自然科学的原理和规律,但是他的解题思路并不中规中矩。王越在回忆自己在二院读书时的情形时这样讲述:

---

[1] 王越访谈,2010年11月5日,北京。资料存于采集工程数据库。

这一段时期我还是比较努力的。有的事情慢慢想想就能理解，就开窍了。好比说，解析几何或者物理不是靠死记硬背来学习，而是要理解其中的规律，包括化学也这样。一旦理解之后，掌握起来就比较容易。学懂了的事情和年轻时候强记住的，本质上是不一样的。所以关键是要把知识学懂，弄懂规律。物理、化学这两门课从高一到高三都在上。然后还有中国地理、世界地理、中国历史、世界历史；用中文讲的课程有《论语》《孟子》《大学》《中庸》《诗经》等。

　　中国文化在论语中体现的是精华，当然它留有封建社会历史的痕迹，我们不能把历史的痕迹固化、强化，这就是历史观，我们要掌握论语的文化核心。论语的文化核心、文化理念是很有用的。譬如，"君子和而不同"，这句话是非常精彩的，知识分子优秀者属于君子，是有文化的人，并不一定要求观点统一，而是和而不同达和谐。只有和谐，这个社会、这个群体才能发展得比较好。和谐不等于没矛盾。所以说，孔子说，"和而不同"。这些是最基本的中华文化的精髓[1]。

王越的学习成绩整个三年呈上升状态。他虽然是重读了高一，但是由于在天津学习基础并不牢固，所以刚到上海的第一学期他的大部分成绩是"中"，也就是70多分，有少量的课是"良"。到高二以后，绝大部分课程成绩是优良，只有个别不太感兴趣的课是"中"。到高三以后，王越就成为班上成绩比较好的学生，同学讨论疑难问题，都要找王越，包括数学、物理、英语的作文等。对于这一转变，他自己说：

　　小的时候我并不是一个好学生。在那个急剧动荡的年代，我没有养成良好的学习习惯。但是到了高中，明白事理以后，我便发奋学习，并"一发不可收拾"，学习成绩就迅速赶了上来[2]。

---

[1] 王越访谈，2010年11月5日，北京。资料存于采集工程数据库。
[2] 同[1]。

王越在二院读书时,住在二姑妈华乃瑛家。二姑妈有七个孩子,个个都很优秀。表哥华瑞龙,表姐华晋毓、华傅玉都比王越大很多,王越上高一时,大表姐都大学毕业参加工作了。大表哥正在上海交大学习(新中国成立后在兵器工业第五设计院任高级工程师)。表姐华傅玉毕业于之江大学(Hangchow University)教育系,很重视教育,也懂得教育的规律。大表姐华晋毓新中国成立后在上海教育局一个处任处长。还有大姑妈家一个表姐考取了国民政府的公费留学。表哥表姐所接受的高等教育,基本是源于英美的教育体制,所以他们基础扎实、思维活跃。在天津,尽管母亲也会督促他学习,但是他并没有感觉到任何压力。但是在上海,表哥表姐们使他开始感觉到直接的压力。当时他就想:"既然我父母送我来上海,就是要我跟表哥、表姐看齐的,我不能太差,我不能比我这些表哥、表姐差,在我所处的班级和年级成绩也不能太差。"王越感觉到了来自周围优秀群体的压力之后,他将压力转变为动力开始发奋读书。因此在王越的个人档案中有这样的记载:"高中时受表哥表姐的影响极深"。

另外,华傅玉很清楚舅舅和舅妈把王越送到上海来的原因,所以她经常来提醒和督促王越学习。她不直接教王越功课,只是经常会问王越:"你的课上得怎么样?你跟得上跟不上?你英语在天津没好好学,这里全英语课,你跟得上跟不上?"表姐的督促对他学习习惯的形成起了良好的巩固作用。

王越先生是这样评价自己在上海的求学经历的,"我去上海,我父母,尤其是我母亲的决策是对的。从本质上来讲,我还是喜欢学习,喜欢探求事物的规律的。耀华学校虽然很好,但是我在那儿上了九年多,从旧习惯中解脱不出来,所以母亲非常果断地给我换学习环境,对我的良好学习习惯的建立有着重要的意义和作用。在上海,我变得勤奋好学。"

王越到上海之后,对无线电的兴趣得到了进一步的发展和提升。高中的物理课程开始涉及一些无线电的原理,所以结合着学校的学习和自己的兴趣,王越开始做更高级的收音机,开始时做比较简单的矿石收音机,后来做得越来越复杂,做有六七个电子管的比较好的收音机,做超外差收音机。在组装收音机的过程中,王越得到了大姑妈家大表哥陈仁怡的帮助。陈仁怡大学毕业后在电台工作,所以有时会给他一些技术指点,也会给他提供一些器材。由于和表哥年龄相差悬殊,所以除了谈论无线电技术以外,王越对表哥的工作知之甚少。直到加入中国人民解放军后的多次政审中,王越才从学校政治部得知,表哥陈仁怡大学毕业后在美国海军电台工作,薪水以美金支付,新中国成立前去了香港。这在20世纪五六十年代属于非常严重的海外关系。

凡是跟无线电沾边的事情王越都非常感兴趣。1948年暑假期间,为了提高无线电水平,王越曾到一所无线电学校——三亚无线电学校学习报务,每分钟可发报100个字左右。高中毕业前夕,他已经能够组装性能不错的超外差收音机。长时间朝夕相处,他和二姑妈感情很好,为了表达感谢,他就组装了一个比较高级的超外差收音机送给二姑妈,二姑妈非常高兴。

在上海读高中时的业余生活也是很丰富的,除了学习,学校也非常重视体育,学校足球队非常著名。王越经常在课余时间和同学们踢足球。表姐和表哥也会带王越去参加一些社会交流活动,例如和朋友打桥牌、跳舞等,以结识一些新朋友。这也培养了王越的人际交往和表达能力,使他在以后的工作中能够轻松胜任领导者的工作。在交流活动中,王越学会了打桥牌,并很感兴趣,他认为打桥牌的乐趣主要在于少靠运气、多凭智慧而赢牌。在打牌过程中,要运用很多数学、逻辑学的知识,计算和记忆能力。大学时王越还时常和同学们玩玩桥牌,但是工作后就没有时间玩了。

在上海的几年里,王越大部分时间和精力专心于学业,但外部世界正发生着翻天覆地的变化。抗日战争胜利后,内战爆发,经济濒临崩溃,物价疯狂上涨,社会经济一片混乱,1948年已到了民不聊生的地步。父亲每月定时给王越寄生活费,钱一到上海,父亲的朋友会马上帮忙换成袁大头或者换成美钞,否则便要贬值,因此他的生活费用还算充足。1948年秋,学校以通货膨胀为由向学生增收第二次学费,引起大家反对。11月,大同大学附中二院学生举行拒交第二次学费的斗争,王越也参加了。

1949年5月，上海解放。10月，新中国成立。次年，王越完成了在大同大学附中二院的学业，即将迈向新的征程。上海求学是王越早期的一段重要经历，培养了王越勤于思考的习惯，并养成了善于探索、发现规律的思维方式和习惯，并掌握了一些方法，在此期间他还奠定了坚实的外语基础。

第二章
作为军人的大学生

只填了一个志愿

1950年夏天，王越高中毕业了。他的目标非常明确，就是选择无线电专业，那是自初中以来自己就坚定的理想。无线电专业研究的内容属于电子信息类，当时包括无线电通信、雷达、现代遥测、现代的卫星通信、射电天文等，每一类无线电技术、设备、应用都有非常大的发展。而电力、输配电、发电机、电动机的研究是属于强电一类。新中国成立以前，中国没有一个大学明确设立电讯系，无线电专业一般都设在电机工程系，强电和弱电不分，当时的清华大学、上海交通大学均是如此。王越填报志愿之前也费了一番脑筋，他详细了解了各大学无线电专业的师资、实验条件等，经过慎重考虑，选择了大连大学工学院，理由有三个：一是它是全国第一个成立电讯系的大学，学校非常明确地把弱电和强电分离出来，建立电讯系；二是当时它的电讯系师资力量非常强，专业的领头人是毕德显先生，是当时全国三个无线电方面的一级教授之一[①]；三是它有一套全国很少有的做电子管的试验线，可以自己做电子管。

既然选准了目标，就义无反顾地走下去，这是王越学术生涯中表现出来的锲而不舍的精神。报考的时候可以填报 21 个志愿，王越却只填了一个——大连大学工学院电讯系。

大连大学工学院创建于 1949 年 4 月。1950 年 7 月大连大学建制撤销，大连大学工学院独立为大连工学院，屈伯川[②]任大连工学院院长兼党组书记。屈伯川的办学理念很超前，一是召集名师办前沿的专业，二是与国家需求紧密结合发展设立新的专业。新中国成立之初，局势还不太稳定，军事通讯方面的需求表现得非常迫切，所以屈伯川就召集了毕德显、吴适鸿等一批留学归来的无线电专家在原大连电讯专科学校的基础上创建了电讯系。

1950 年，教育部号召各大学实行联合招生或统一招生，或在大区内实行统一招生，当年上海和东北区联合招生，并把考试科目设定为国文、外语、政治常识、数学、中外历史、中外地理、物理、化学等八科，每门课程的满分是 70 分或 80 分。王越的入学考试成绩如下：

政治 54 分，国文 50 分，中外史地 36 分；

物理学 62 分，化学 51.5 分，数学 40 分；

外国文 43 分，总分 335.5 分。

这个成绩还算不错，大连工学院电讯系在上海地区招 21 个人，王越总成绩排名第 7。

1950 年 7 月，王越被大连工学院电讯系录取。8 月中旬左右，大连工

[①] 另外两位分别是孟昭英和冯秉铨。孟昭英（1906-1995），河北乐亭人。物理学家、电子学家、教育家。1928 年毕业于燕京大学，1933 年赴美国加州理工学院攻读博士学位。1947 年初担任清华大学物理系教授，后兼任代系主任，为物理系和电机系电信组开设电磁波和电子器件课程，引入美国麻省理工学院辐射实验室的主要成就和最新发展，首次在中国开设微波电子学课程。冯秉铨（1910-1980），电子学家、教育家。1930 年毕业于清华大学物理系，1940 年 8 月赴哈佛大学留学并获博士学位。1946 年回国任岭南大学任物理系和电机系教授。

[②] 屈伯川（1909-1997），原名屈伯传，四川省泸县人。著名学者、教育家。德国德累斯顿工业大学化工系博士。中共地下党员，1938 年 4 月回国，参加筹备成立陕甘宁边区自然科学研究会。

图 2-1 1950 年刚入大学时的王越

学院用专列把上海的生源接到大连,与辽宁高校的人员共用一个专列。去大连时,王越又把那辆英国产的自行车带到了大连工学院。在大学的注册处,这个推着英国名牌自行车、帅气非凡的新生吸引了众多人的眼光。据王越的一位大学同学讲,这辆自行车曾带给王越不小的麻烦,嫉妒是小事,在那个政治挂帅的年代,那辆自行车还给他带上了一顶铺张浪费的帽子。尽管王越很喜欢那辆自行车,但是他很少骑。

电讯系当时共有教师 24 人,毕德显是系主任,系里的学术氛围比较浓厚,胡征[①]先生的回忆录里是这样描述的:

> 系里的学术空气是比较浓厚,经常由教师轮流作学术报告。几个介乎中年与青年之间的教师,吴鸿适[②]教授,李祖承、周光耀和我三个副教授,以及费玉珩等5人,组织起来研究以微波技术为中心,以雷达为应用对象的小组,轮流作学术报告。他们是这样分工的:吴鸿适主要搞微波管,我主要搞微波技术,周光耀则两者兼搞;费玉珩搞雷达用的多脉冲技术和雷达本身,李祖承则搞雷达。由于组织起来的时间太短,活动虽然开展过,但不多[③]。

王越在大连工学院学习的两年中,主要是基础课程和外语,物理是电

---

① 胡征,1917 年 12 月生,湖南邵阳人。1942 年毕业于西南联大电机系,1950 年获美国丹佛大学硕士学位。1951 年 9 月入大连工学院任教,历任大连工学院电讯系副教授、中国人民解放军通信工程学院教授会主任、西北电讯工程学院副院长。

② 吴鸿适,1922 年 8 月生,安徽省歙县人。1942 年毕业于重庆中央大学电机系,1946 年获美国密歇根大学硕士学位,1951 年获得伊利诺伊大学博士学位。历任中央大学助教,美国 RCA 公司研究工程师,大连工学院教授,中国人民解放军通信工程学院教授,电子工业部 12 所高级工程师,电子工业出版社总编辑兼西安电子科技大学教授、博士指导教师。

③ 见:胡征,从大连到张家口。http://bbs.xidian.edu.cn/forumdisplay.php?fid=63.

讯系的基础课程之一。上高中时就喜欢物理的王越，在大学里对物理依然钟爱。他至今依然清晰记得毕德显、王大珩[1]等先生给他们授课的情景。在回忆毕先生的课时说：

  当时系里为了加强基础，开出了毕先生亲自授课之电磁学（在以后工学院很少开这门课，最近理工结合之系，少数学校又开了），这是一门较难之基础课，其中很多概念和定理，非常普适和基础。由于其概括性强，所以较为抽象，学生掌握和应用都较难。毕先生上课，速度不快，语调平和，深入浅出，课堂上很易接受，但课后一看，呀！讲义多达近20页，这么多细节内容！同学们开始吃惊了。还留有为数不多之习题，每题都要利用基本概念和定理，并要绕弯子才得解扣，可不好对付！当时我任课代表，记得有一天下午，三节自习课过去一大半，全班同学三道习题一道没做出，我只好去求教毕先生，他和蔼地说："是吗？卡在哪里呢？你给我式子。"我便就我所想给出两个公式，毕先生说："这不行，你再给！"我又提出两个，他微笑说："差不多了，你过15分钟再来吧。"我想毕先生在测试我又在提示我。20分钟后我再去教师辅导值班室时，毕先生已将三道题全部解出，的确就是利用已讲过的基本概念和定理，绝没有超出内容，这使同学们恍然大悟：基本概念和定理是这样用啊！这就是名教授"炉火纯青"之基本功，使学生领受教益[2]！

  王大珩1948年从英国回国，先到上海、后辗转由香港经朝鲜到了刚解放不久的大连，参加了创建大连大学的工作，并主持创建应用物理系，任系主任。在当时物质条件极端困难的情况下，王大珩依靠自制仪器解决

---

[1] 王大珩（1915-2011），原籍江苏苏州，1915年2月26日生于日本东京。1936年毕业于清华大学物理系，1938年赴英国伦敦帝国学院留学，专攻应用光子学，1940年获硕士学位，1942年被英国伯明翰昌斯公司聘为助理研究员。1948年回国后在大连大学工学院担任应用物理系主任，后在长春光学精密机械研究所担任了30多年所长。

[2] 王越. 育人润物于无声中——忆我终身受益之导师毕德显院士[M]//杨学生等编，毕德显. 北京：中国科学技术出版社，2002，214-217.

第二章　作为军人的大学生

了开课当年为全年级学生（600 余人）开设大学普通物理实验课程的问题。王越便是在王大珩指导下进行物理实验的。王大珩先生一丝不苟的学术作风至今深深印在王越脑海之中，他回忆：

> 王大珩先生负责大一的普通物理的实验，他每次亲自到实验室看学生实验，要求非常严格。我们必须按照要求来做实验，马虎一点都不行。记得有一次做三点力平衡实验，原理上是交到一点力才平衡，合力等于零。但是实际上做实验的时候，实验设备有摩擦力，结果不是一点，而是一个小三角形。有些学生调不到最小的三角形，而恰好又到了吃饭的时间，为了赶快结束实验就把结果修正成一个点，而实际上就错了。王大珩一看到这个结果，就给批上："凑答数，骗先生，不给分"九个字。另外，做试验时用的进口精密天平，砝码精确到微克级。在 20 世纪 50 年代，精密天平还是很宝贵的，王先生告诫我们绝对不能用手拿。有的同学感觉用镊子夹砝码很不方便，便趁先生不注意，用手拿法码。王先生发现后，就给狠狠地扣了分。这些我们印象很深，实验是工程技术人员研究的主要手段，我们必须严格地遵守实验操作程序，认真记录实验结果，并与理论进行对比[①]。

王越大学毕业工作以后，有些研究项目也涉及光学探测方面的研究，所以和王大珩先生一直保持比较密切的关系，2011 年王大珩先生去世，王越参加了王大珩的追悼会。

大一的高等数学是一位日本教授讲授的，水平也相当高。总之，大连工学院很注意师资队伍，比较开放，不拘一格。各位老师教学都是非常严谨的，培养了学生严谨的学术作风。在王越的记忆中，大学二年级上学期时，有一个静电计测量考试，测量时静电计的小反射镜运动遵守二阶微分方程的全解，最后要平衡下来，并有过阻尼达平衡态、欠阻尼以及正好临界阻尼达平衡态，还要求现场推导方程、解方程，这是较难的考试。班里

[①] 王越访谈，2010 年 11 月 15 日，北京。资料存于采集工程数据库。

有个叫吴廷赞同学在实验室考了九个小时,从下午 2 点到晚上 11 点。最后监考教师对吴廷赞说:"我看你今天完不成了,明天继续来考吧。"吴廷赞回宿舍后跟王越说:"那个副教授说今天就到这里吧,你也累了,我也累了,明天再来啊,从头再来。"吴廷赞上学时成绩不错,后来又和王越一起参加留苏培训班,他们现在还保持着比较密切的来往。大连工学院的老师对学生的要求很严格,培养了王越求真务实的科学作风。

转 校 参 军

本来王越可以在美丽的海滨城市大连完成大学学业,然而朝鲜战争的爆发、国防事业的需要,改变了他初定的求学轨迹,使他从一个普通的大学生成长为一名军人大学生,并从学习民用通讯转向军用通讯。

朝鲜战争中,以美国为首的"联合国军"参战,越过三八线,并向朝中边境推进。美国飞机轰炸中国辽宁丹东地区,严重威胁新中国的安全,让全国人民都感觉这是关系到国家生死存亡的问题。据王越回忆,1950 年最紧张的时候,大连工学院已经有一些仪器开始装箱,准备撤退。有时志愿军伤员经过安东、大连往内地送,王越和同学们会到车站去接伤员[①]。1951 年暑假前,美国飞机入侵沈阳,来了八架飞机,苏联帮中国在空中拦截,击落了七架,逃回去一架。为了防御敌人的空袭,中央军委总参谋部于 7 月 4 日电令各大军区严密对空警戒,重点加强东北地区的防空。当时正在上海学习防空业务的华东军区航空处雷达营于 8 月中旬奉命调往东北,担负对空警戒任务。初到东北时,雷达被架在安东的镇江山和连山关的老爷岭等高山上,除安东雷达站能发现少量几点情报外,其他雷达都探测不到目标。后经雷达营的领导与苏联专家及各连技术人员研究,找出了原因,随即组织各连技术人员根据地形影响雷达探测性能的原理及雷达对

---

① 王越访谈,2010 年 11 月 15 日,北京。资料存于采集工程数据库。

地形的要求，重新勘选阵地，调整了雷达部署。到10月中旬，雷达探测效能开始得到发挥。安东雷达站转移到新阵地后，经常能在300多千米处发现敌机，并能连续掌握。宽甸雷达站能较好地掌握安东地区及朝鲜北部上空情况，弥补安东雷达站的顶空盲区[①]。随着战争的进一步发展，部队对雷达和雷达技术人员需求强烈，急需创办雷达专业，培养雷达技术人员。

在这方面，我国已经有一点基础。1948年5月，为了迎接全国的胜利，中央组建了华北电讯工程专科学校（简称华北电专），这是解放区最大的一所工程技术学校。1949年春天，中央军委通令"拟即举办一所机要通信干部……并附设高级研究机构"。周恩来副主席、聂荣臻代总参谋长立刻命令解放军第四野战军副参谋长曹祥仁[②]奔赴华北，以原来的华北电专为基础，筹备军委工程学校（也称中央军委机要通信干部学校），一方面到张家口建校舍，另一方面去北平、天津、上海、杭州、长沙、广州、济南、沈阳、南京等地物色教师。经过努力，共聘请到教师59人，其中正副教授15人，还有日籍、苏籍教师四人。仅这些教师仍然不够，学校想了很多办法。当时还曾临时从国民党起义军官中选调了部分军官做教员，但部队组织装备、部队通信保障毕竟是涉密的，所以各方面工作开展受到很大限制。同时从指挥系高年级抽调了几十名学员，组成速成班，经过短时间准备，就承担起教学任务。1951年年底，国家政务院作出决定，大连工学院电讯系全体师生连同设备全部调到军委工程学校。1952年5月19日，中央军委发布命令成立中国人民解放军通信工程学院（以下简称工程学院）[③]。

对于大连工学院电讯系师生并入军委工程学校一事，西安电子科技大学保铮院士回忆时是这样讲述的：

[①] 王呈伟. 朝鲜战争中的雷达对抗. http://blog.sina.com.cn/u/1215946692.

[②] 曹祥仁（1914-1975），湖北大冶人。1929年参加鄂东南农民武装起义。参加过中央革命根据地第一次至第五次反"围剿"作战及二万五千里长征。在抗日战争和解放战争中对密码破译工作做出了重大贡献。历任中华人民共和国驻保加利亚大使、国务院第一机械工业部副部长、中共黑龙江省委书记处书记、中共浙江省委书记处书记等职。被选为第四届全国人大代表。

[③] 赵硅，周燕来. 西安电子科技大学70年. 西安科技大学，2001.

这件事大约是1951年决定、1952年初正式调过来的。当时我还是学生，具体情况也是听来的，可能不完全准确。

当时是抗美援朝时期，现代化战争需要雷达，部队要培养雷达方面的技术人才，急需开办雷达专业。当时部队里没有合适的人选，不知怎么就提到了毕德显。说毕德显在美国八年并在RCA无线电公司工作过，搞过微波，懂雷达。

部队当然不能直接去找毕德显。他们就给周总理汇报，说部队里需要懂雷达的人。周总理就问，在我们国家哪里有这样的人？他们就提到了毕德显。周总理问了毕德显的情况，说那好，就把毕德显调到部队里来。周总理又补充说，光调毕德显一个人还不能起作用吧？是不是把他这个单位整个调过来？就这样，就把大连大学工学院的电讯系，连教师、学生和仪器设备，都搬到了张家口军委工校（我校前身）。大连工学院电讯系的整体并入使原军委工校发生了很大变化。因为军委工校建立之初，虽然从全国搜罗了一批专业人才，但专业人才还是比较少，因为那时许多知识分子对共产党还缺乏认识。这些人中，有一批1949年刚刚毕业的大学生，比如像蔡希尧同志等；另外，也请了一批老的教师，比如像金有巽教授等。他们中的很多人水平不错，但多数人毕竟是刚毕业，或刚参加工作不久，也没有形成团队。

毕德显从大连带过来的就不一样了，是一个比较完整且水平较高的教学班子。在这批教师中间，从美国留学回来的就有4位，毕德显、吴鸿适、胡征和周光耀，其他还有相当多的教授、副教授和讲师。这些人到了张家口以后，学校教师队伍的面貌发生了很大的变化，专业人才得到充实。除了毕德显率师生加盟外，1951年、1952年的时候，学校不断从外面吸收了很多人。比如像吴万春、樊昌信同志等，就是从北京大学毕业分配来的；叶尚辉、谢希仁、汪茂光同志等是从清华大学毕业分配来的，他们都是高材生[1]。

---

[1] 强建周，秦明，吴秀霞. 保铮院士："以人为本"在高校关键是建设一支优秀的教师队伍. 西安电子科技大学报. 2010-05-01, A6.

1951年12月的一天，大连工学院电讯系全体师生突然接到到大礼堂集合开会的通知，会上军委总参谋部通信部罗若遐①副部长宣读政务院命令，将大连工学院电讯系并入中央人民政府革命军事委员会工程学院第一部。全体师生听了这道命令之后，又惊又喜，惊的是这一消息来得颇突然，喜的是可以成为光荣的人民解放军中的一员了。在抗美援朝的影响下，大家参军热情很高。从小生活在沦陷区的王越，更是渴望能保卫祖国，打击敌寇列强，所以积极要求入伍。但是并不是任何人都有资格成为其中一员的，在去张家口之前，学校进行了严格的政审，不少同学被淘汰下来，只好退学了，也有少数几个不愿参军的同学被开除了。

1952年2月底，在毕德显率领下，大连工学院电讯系师生奔赴工程学院。一辆专列将大连工学院电讯系的24名教师、187名学生以及仪器设备等全部家当搬到了张家口。在胡征的回忆录②中记录了搬迁过程：

> 在凛冽的寒风中，我们乘坐一列包车，从关外的大连经沈阳、天津、北京向塞外的张家口进军。这不是硬卧铺车，也不是硬座车，更不是软卧车，没有餐车，而是一列混合列车。既有座位，也有用座椅和凳子搭起来的卧铺，大小行李、家具、用具则混杂其间。这样的混合列车，过去我们没有乘坐过，后来也没有乘过。当时我们大家都没有怨言，因为我们理解那时正在开展"三反"运动，浪费也在反对之列，谁也不许作过高的要求。
>
> 这不是直达列车，但也不是每站都停的慢车，现在已记不起经过几个昼夜才到达张家口的。那天，张家口正下着大雪，军委工校第一部的首长率领不少干部和战士，来到车站迎接我们，我们很受感动和鼓舞。今后我们就要在解放军里生活、学习和工作了。

---

① 罗若遐（1907-1988），湖南浏阳人。无线电专业毕业。1933年加入中国共产党，参加了中央苏区反"围剿"和长征。曾任红军总部电台报务主任、无线电营营长、高等军事学院通信联络教研会主任等职，是军队无线电信工作重要领导人和专家。1955年被授予少将军衔，获二级八一勋章、二级独立自由勋章、一级解放勋章。

② 见：胡征．从大连到张家口．http://bbs.xidian.edu.cn/forumdisplay.php?fid=63．

在张家口军委工校工作的最初日子里,给我们的印象是"团结紧张,严肃活泼"。解放军的军号声,代替了一般学校的电铃声,严格的作息时间代替了自由散漫的老百姓生活,要出早操,要排队,要齐步走,在思想方面开展批评与自我批评等。这些,最初是有点不习惯,不知经过多少日子,也就习惯了。

从大连工学院到军委工程学院,不仅仅是换了一个学习的地方,更重要的是身份的转换,王越从此成为一名光荣的革命军人。所以学校也给每位学生提供了方便,可以在去军校前和家人见面。当王越得知从大连的专列过天津时,非常激动,就立刻给母亲写信,约定好时间和母亲在天津车站会面。父亲当时上班不能随意请假,另外,王越父亲成分比较高,那时讲要划清界限,为了回避,王百先没有到车站和儿子见面。参加解放军后,王越就没有回过家,也很少和家里进行书信交流,直到大学毕业。

加入中国人民解放军后,王越的大学生活发生了很大变化。一到张家口,学校就进行入伍教育和思想改造,让学生首先感觉到普通大学生与军校大学生的区别,穿上军装就不能再像普通大学生那样随便说话办事儿。部队实行严格的军事监管制度,有严格的纪律约束,比如站岗、笔记保管制度等,跟家里断绝经济来往,部队明确规定,入伍后不能用家里的钱。这对于王越来讲是一个极大的锻炼。1950年刚上大学时,由于王越父亲是银行经理,每月的收入是180元,家庭收入属于城市中上等水平,所以不能享受助学金,王越的父亲每月给他寄来生活费。1952年2月参军后,生活必需品都是部队供给,割断了家里的一切经济支持,每个军人必须服从。部队的生活培养了王越服从于国家需要、社会需要的作风,所以在以后的生活和科学研究中,只要是国家需要的研究项目,王越会全力以赴努力去做。

张家口的自然环境非常恶劣,位于张家口东山坡的工程学院更是条件艰苦,和大连工学院的生活、学习环境差距很大。学校最初的校舍是接收日本军队撤退时留下的一个宿舍区和一个仓库,老师和学生都住在平房,

图 2-2　张家口解放军通讯工程学院政治部及器械操场（西安电子科技大学校史馆提供）

没有暖气，冬天房间里的水都会结冰。吃的几乎都是粗粮，大部分是高粱米和荞麦面。高粱米饭装在一个大木桶里，大木桶敞口放在院子里，学生自己打饭回到宿舍去吃。本来张家口地处山区，风大天寒，所以经常风声呼啸，吃饭时，塞北草原的大风沙一来，黄土遮天蔽日，尘土沙子便飞到装高粱米饭的大木桶里，于是大家开玩笑，高粱米饭就沙子——培养咬牙精神[1]。

站岗，是当兵的必须科目。成为军人后，站岗是天经地义的事情。往大里说，站岗是为保卫祖国，保卫人民安定生活；往小里说，站岗是为保卫部队、首长安全，更好地完成各项任务，同时也培养和锻炼了每位军人负责、慎独的精神。张家口的冬天很冷，晚上温度可达 -20—-30℃，可想而知，在户外站上一个小时的滋味。据王越讲：

　　站岗要有军姿，脚要像钉子一样钉在地上，纹丝不动，但眼却在时刻观察情况，不可以随意走动。遇到晚上站隐蔽岗哨，还要注意隐蔽观察，比如晚上一点到两点，站一个小时，脚几乎都冻透了，回到宿舍后，脚一直是木木的，到天亮也暖不过来。站岗都是单人岗，对胆小的同学来说是一件很受折磨的事情，但是很锻炼人的意志和负责精神的[2]。

---

[1]　王越访谈，2010 年 11 月 15 日，北京。资料存于采集工程数据库。
[2]　同[1]。

当时的工程学院，不只是培养年轻的军人大学生，也有一些高级的培训班。高级培训班中的学员后来授衔基本是上校，个别还是大校。20世纪50年代，国家的高级军衔较少，上校（师职干部）已经是很高的军衔了。他们往往都是身经百战，有实战经验但是缺少军事理论，所以就到工程学院指挥系来继续深造，主要来学习通信、雷达的知识和技术。据王越讲，学院有个玩笑，是讲高级培训班的故事。高级培训班的学员在这里学习两年，他们感觉环境很艰苦，在部队里都有警卫员，到这儿学习，一是学校管得非常严格，另外生活条件也很差，所以就开始发牢骚，于是他们之中有人就开玩笑说："我们建议把张家口卖给外国人，还能收点钱。"可见当时自然条件和生活条件的艰苦。后来院长周维[1]听说后就严厉地批评他们。

1952年到了张家口之后，由于家庭成分较高，王越就很少与家里交流。儿行千里母担忧，很长时间收不到儿子的信，母亲姜锦甚为担忧，以为王越去朝鲜战场参战去了。于是就给王越写了封信，说"如果你学习工作太忙，就不用写回信，只在信里签上你的名字给妈妈寄回即可"。收到母亲的信后，王越立刻给母亲回了信，告诉她一切都好，不必担忧。其实母亲的担心也不是毫无根据，解放军军事通信学院有一个班（比王越高一级）的同学的确上了朝鲜战场，如果抗美援朝战争不结束，他也可能上了朝鲜战场。尽管一直从事军事信息方面的研究，但是经历过抗日战争的王越对和平的热爱是毋庸置疑的[2]。

从小生长于富足家庭中的王越，在生活上是比较讲究的，所以在老师眼里他并不是一个很能吃苦耐劳、严格守纪的学生。到张家口后，来自家中的经济支持彻底决断，他必须改掉一些生活习惯。经过后来四年的艰苦磨炼，他彻底改掉了自己身上那些富家子弟作风，把自己打造

---

[1] 周维（1906-1970）原名邹维浚，江西南昌人。1933年参加中国工农红军，1936年加入中国共产党。曾经参加中央革命根据地反"围剿"和长征。曾任中国工农红军通信学校教员，军委无线电分队报务员、报务主任，红五军团无线电分队长，红四方面军二纵队、红三十一军电台台长。新中国成立后任军事学院通信教授会主任，国防部第五研究院二分院副院长、院长，第五研究院副院长。1955年被授予少将军衔。曾获二级八一勋章、二级独立自由勋章、一级解放勋章。

[2] 王越访谈，2010年11月15日，北京。资料存于采集工程数据库。

成一个较坚强的革命战士,能较好地适应后来极为艰苦的科研、生活环境。

从电信到雷达

这次转校,王越不仅仅是身份上发生了转变,学习专业也发生了转变,由民用无线电转为军用雷达。

工程学院成立之初,设有三个系,指挥系、有线系和无线系。所谓有线电,其实就是电报电话专业;无线电则为通讯和广播专业,培养的目标就是电台的维护工程师。抗美援朝战争爆发以后,国家对雷达技术的需求急剧增长。1952年,为适应国家需要,毕德显和学院的领导、教师共同组建了雷达工程系。

雷达是英文radar的音译,为Radio Detection And Ranging的缩写,意为无线电检测和测距的电子设备。其原理是雷达设备的发射机通过天线把电磁波能量射向空间某一方向,处在此方向上的物体反射碰到的电磁波;雷达天线接收此反射波,送至接收设备进行处理,提取有关该物体的某些信息(目标物体至雷达的距离,距离变化率或径向速度、方位、高度等)。测量距离实际是测量发射脉冲与回波脉冲之间的时间差,因电磁波以光速传播,据此就能换算成目标的精确距离。在实际应用中,雷达所起的作用和眼睛、耳朵相似,当然,它不再是大自然的杰作,它的信息载体是无线电波。事实上,不论是可见光或是无线电波,在本质上是同一种东西,都是电磁波,传播的速度都是光速(3×10^8m/s),差别在于它们各自占据的频率和波长不同。

雷达概念形成于20世纪初,但是直到第二次世界大战前后,雷达才得到迅速发展。早期,欧洲和美国的一些科学家已经知道电磁波被物体反射的现象,1922年,意大利人G. 马可尼发表了无线电波可以检测物体的论文,美国海军实验室发现用双基地连续波雷达能发觉在其间通过的船只。1925

年，美国开始研制能测距的脉冲调制雷达，并首先用它来测量电离层的高度。30 年代初，欧美一些国家开始研制探测飞机的脉冲调制雷达。1936 年，美国研制出作用距离达 40 千米、分辨率为 457 米的探测飞机脉冲雷达。1938 年，英国在邻近法国的本土海岸线上布设了一条观测敌方飞机的早期报警雷达链。然而 30 年代时，雷达比较笨重，体积较大，很难实现飞机和舰船的搭载，这对雷达的应用是一个极大障碍。1939 年，英国发明了工作在 3000 兆赫功率的磁控管，地面和飞机上装备了采用这种磁控管的微波雷达，使盟军在空中作战和空—海作战方面获得优势。1941 年英国科学家发明了一种产生和发送短波的空腔磁控管，使得雷达技术有了质的飞跃，机载雷达成为现实。第二次世界大战后期，美国进一步把磁控管的频率提高到 10 千兆赫，实现了机载雷达小型化并提高了测量精度。在高炮火控方面，美国研制的精密自动跟踪雷达 SCR-584，使高炮命中率从战争初期的数千发炮弹击落一架飞机，提高到数十发击中一架飞机。1947 年编制的《国防部第六厅特种电讯器材修理所三十六年度工作报告书》中曾有这样一段描述："日美中途岛海战，日海军以四倍优势兵力进袭美军，而美军利用雷达先发制人，日军惨败，日军当局遂认为雷达亦为出击重要武器，见解改变……"由此可见"二战"期间雷达刚刚起步，只有英美等少数几个国家拥有这项技术，连一度不可一世的日本，也是在吃了亏之后才开始重视雷达技术的。

新中国成立之前，我国电子工业十分落后，雷达工业几乎是空白[1]。1945 年 8 月，日本投降以后，日本留在中国的大部分装备被国民党接收，其中就包括 100 多部雷达（大部分已损坏）。1946 年 8 月，国民党军参谋总长陈诚下令："降日所缴雷达机器，交由第六厅负责整修，并计划运用[2]。"1947 年 4 月，国防部第六厅在南京水西门灯笼巷 10 号买下了一座庭院式的旧房子，正式挂牌为"国防部第六厅特种电信器材修理所"。

1948 年 10 月，中华自然科学社出版的《科学世界》发行了一期雷

---

[1] 吴祈耀. 炮瞄雷达 [M]. 北京：国防工业出版社，1979.
[2] 黄加佳. 策反——数学大师谷超豪早年的一段传奇 [N]. 北京日报，2012-02-09.

达专号，孟昭英、葛正权、徐璋本、蔡金涛、萨本栋、黄玉珩、马大猷、毕德显等学者撰文介绍了雷达技术及理论。徐璋本在此雷达专号上撰写了卷首语，并发表了《雷达之定时线路》。黄玉珩于1947年编写了200余页的《雷达》一书，交由中正书局出版，目的是为了将雷达知识介绍给国人，推动中国雷达技术的学术研究。孟昭英在《科学世界》专号上发表《雷达通论》，向国人介绍了雷达的基本原理、微波的应用等专业知识，并于1948年在清华大学将美国麻省理工学院辐射实验室的卓越成就及雷达的最新发展详尽介绍到国内，开设了无线电学、电波学等课程，引用美国《马萨诸塞州理工学院辐射实验室丛书》(*Massachusette Institute of Technology Radiation Laboratory Series*，简称《雷达丛书》)初稿的内容作为教材。

1949年5月，中国人民解放军接管了特种电信器材修理所，标志着新中国雷达工业的发展从此揭开了序幕。1950年改为雷达研究所，人员只有100多人。后又改名为"第一电信技术研究所"，属军委通信部领导。通过扩充和扩建，成为我国第一支从事雷达工作的队伍。

据王越的班主任李文璞[1]老师讲述，国家原计划是让清华大学和北京工学院先成立雷达专业的，但是这两个学校当初没有接受这个任务，所以王铮[2]部长就说，既然没有人搞，我们来搞，于是就从大连工学院调集人才力量，到解放军通信工程学院创建雷达专业。20世纪50年代国家在十余所高等院校和一批中等专业技术学校开设了雷达专业课程，这些学校成为培养雷达专业人才的摇篮。工程学院1952年设置雷达专业，这是中国最早设置雷达专业的大学之一，王越也由原来的无线系转到了雷达工程系学习，开始专攻雷达。

毕德显是王越进入雷达研究领域的带路人。王越没有读过研究生，六年的大学生涯，毕先生在学术上给予了他重要的影响。特别是毕先生开

---

[1] 李文璞（王越在解放军通讯工程学院的班主任）访谈，2011年11月24日，西安。资料存于采集工程数据库。

[2] 王铮（1908-1978），江苏武进人。1930年参加革命，中央苏区和红军无线电通信事业的创立者，新中国电子工业的开拓者和卓越领导人，电子工业部第一任部长，中国人民解放军高级将领。

设的雷达原理、天线和半导体物理学等课程为王越日后从事雷达研究工作奠定了坚实的理论基础，同时也培养了他对国际电子学发展的前沿技术的敏感性，不断地将新的技术进展应用到新雷达设计中。

1952年，中国人民解放军通信工程学院（现西安电子科技大学）以毕德显从大连带来的电信系为基础，在通信工程学院正式成立了雷达工程系，毕德显被任命为雷达教授会主任，并开设了雷达原理、电磁场理论等课程。他讲课深入浅出，生动而富有启发性，强调基本概念的掌握，既传授知识，又指出研究方法，受到学员欢迎。随后，为了加强中国的国防建设，根据上级决定，他担负了创建雷达工程专业的重任，并把它作为电信系当时的主攻方向。为此，毕德显主持了这一专业的课程设计工作，提出了该专业的基本教学要求和所要达到的目标。那时，雷达是一门新兴的技术，资料和人员缺乏。为建设这一新专业，他四处写信聘请教员，自编自译教材，有的课还亲自登台讲授。毕德显是最早组织编写出中国自己的雷达工程专业的主要教材的人，也是最早把自动控制技术、脉冲技术、微波技术和检测理论等编入雷达工程专业的教学课程中的人。毕德显1953年翻译出版的苏联爱金堡的《天线》一书是中国最早出版的一本天线专著，为中国天线的发展起了很大作用。王越非常喜欢毕先生的雷达原理课，此课程使王越系统掌握了雷达的原理、结构，在以后的雷达研制过程中，使他能很快发现问题的所在，并提出解决方案。王越在一篇文章中回忆：

图2-3　毕德显院士

> 1952年院系调整后，全系师生转入军事通信学院雷达工程系，自然涉及微波和超高频领域，在当时属前沿领域，没有教材也很少有参

第二章　作为军人的大学生

考书，要开这方面系列课难度很大，毕先生便组织全系教师包括回国之教授副教授参考杂志文章及工作实践自编教材，开出了系列新课，毕先生以身作则率先开出微波天线、电波传导等课，这些课在国内高校中可以说是领先开出的！记得四年级有一门重要专业基础课——微波电子学，开始是由吴鸿适教授授课，他编的讲义起点高、内容新，用量子力学及电磁场理论来讲述微波管子电子发射及形成电子束之微波能量交换等机理。吴先生讲课很精彩，但学期中间，因国防紧急任务而调往其他单位，接课教师又是毕先生，课讲得同样精彩。1956年临毕业前，彩色电视当时是新事物，同学们觉得学雷达也应懂些彩电原理，还是毕先生出马，40学时的彩电原理，三色原理、彩管结构、图形伴音、调制解调、信息容量、UHF、城市建筑多路径形成重影等要点一个不漏，并结合过去学过的基础课讲授，使我们很快便掌握了彩电之基本原理，再次有力地证明基础课和基本功之无比重要性[①]。

此外，在毕德显的倡导下，工程学院自20世纪50年代始就筹备建立了雷达军用机实验室。毕德显在教育工作中非常强调打好基础。他时常教育学生要重视基础理论课，学好基础理论课，努力使自己理论基础牢固，知识面宽，适应性强。他形象地比喻说，根深才能叶茂。

毕德显在教育工作中还注重跟踪世界电子高新技术的发展来培养人才。那个时期的大学教育，老师并不主张阅读很多的参考书，而是强调把教师讲的核心原理深刻地掌握。工程学院在1952年开始开设雷达课，当时根本没有参考书，像微波电子学，英文原版教材也很难购进，国外的非公开资料很难获取，所以教师们只能通过英文杂志了解当时的先进技术，当然也会想办法通过其他的一些渠道获得，但主要是浏览英文杂志，加上老师们过去在国外学习的基础，毕先生就带领教师编写微波电子学讲义，所以所讲授的知识是与世界前沿进展密切相关的。20世纪50年代

---

① 王越. 育人润物于无声中——忆我终生受益之导师毕德显院士[M]//杨学生等编. 毕德显. 北京：中国科学技术出版社，2002：214-217.

初，自动化技术在我国刚刚起步，毕先生组织人员编写了《自动控制原理》教材，在学院开设了这门课，在我国最早把自动控制原理用于雷达装置。40年代末晶体管在国外问世后，他于50年代初就在学院开设了半导体物理学这门新课，这为后来王越主持设计中国第一台晶体管化炮瞄雷达打下了坚实的基础。1956年电子计算机在我国刚开始进入研制，他就派人出去学习。50年代初期，毕德显从国外杂志上看到几篇有关信息论的论文，立即引起了他的注意。他预见到这门科学在未来通信和雷达中将有广阔的应用前景，于是他邀集几位理论基础厚实而又有进取心的教员，组成研究班子，由他指定要看的书和资料，开始了对信息论的研究。不久就陆续在本院院报上发表了一些研究文章，并取得了初步研究成果。

除了本校固有的师资，苏联专家也为工程学院的教学付出了很多心血。20世纪50年代，苏联政府协助我国进行社会主义建设，派一批苏联专家来华工作。中央军委决定聘请六名苏联顾问到工程学院协助工作。1953年初，两位苏联顾问到达学院，一名是来自苏联红旗通信学院的副院长任首席顾问（少将衔），另一名是通信顾问（上校衔）。他们协助学校制订训练计划，调整教学组织机构，制订有关教学制度等。一年后，第一任首席顾问离去，由苏联顾问团另行派来顾问组，成员有：首席顾问（少将衔）、战术通信顾问（上校衔）、无线工程顾问（上校衔）、有线工程顾问（上校衔）、雷达工程顾问（中校衔）、训练部顾问（中校衔），还有一名顾问组打字员。顾问组直属苏联顾问团领导，在首席顾问领导下工作。首席顾问是作为院领导的顾问，对训练任务和教学计划的制订以及有关重要问题和工程学院领导共同协商处理，训练部顾问协助训练部长组织教学工作，各专业顾问协助有关教授会主任工作[1]。

1953年，在苏联专家的帮助下，工程学院根据上级指示，结合我国的实际情况，制定了通信电子技术方面的教育计划，参照苏联红旗军事通信学院设置系和专业。苏联红旗军事通信学院的课程体系是围绕系统类型或

---

[1] 西北电讯工程学院校史（1947–1987），第48页。

者是重大产品设置系和专业，例如坦克系、雷达工程系、航空系等，课程的设计也是围绕产品或系统来进行的。这种围绕产品的课程体系非常切合国防工业技术的迅速发展，培养的学生在工业界很快能发挥作用，对于迅速提升我国某些军事产品的制造能力很有帮助。

1953年，中国人民解放军通信工程学院已经设置了指挥、有线、无线和雷达工程四个系的专业课程。雷达工程专业课课程体系设计是围绕雷达产品的组成、原理进行的，专业课有无线理论基础（236学时）、接收机（210学时）、发射机（274学时）、军用机（100学时）、天线（180学时）、电波传播（120学时）、电工电信测量（150学时）、电报（80学时）、电话（80学时）、雷达理论基础（175学时）、雷达指示设备（155学时）、雷达接收设备（210学时）、雷达发射设备（186学时）、军用雷达（130学时）14门课程；还有16门公共基础课，包括政治（900学时）、军事（904学时）、俄文（574学时）、工程画（144学时）、物理（300学时）、化学（180学时）、数学（580学时）、理论力学（154学时）、材料力学（146学时）、机动学（70学时）、电工原理（500学时）、电机（200学时）、化学电源（40学时）、内燃机（120学时）和电子管（220学时）。

除了雷达专业课非常完备外，毕先生等一批从美国回来的教授，也非常重视基础课程，他们为学生开设半导体物理学、自动控制原理等基础课程。所以王越感觉那个时期人才培养比较全面。据王越讲述：

> 在大学时期我们就对苏联以及世界先进的雷达系统进行过详细的解剖分析，对其原理已经摸得很透，对于雷达研制过程中的问题知其然，也知其所以然。这为后来的雷达研制打下了良好的基础。像毕先生他们这批从美国回来的教授，知道基础比较重要，所以一方面按照雷达产品设置专业课程。但是，另一方面学雷达工程之前，必须把通讯的课程全部都学完，所以雷达的理论基础也比较扎实[①]。

---

① 王越访谈，2010年11月15日，北京。资料存于采集工程数据库。

正由于这些努力，在 20 世纪 50 年代初，新中国终于培养出了王越、保铮[①]、丁鹭飞[②]、张范基等一批雷达工程专业技术人员。王越的同班同学及前后届毕业生及时改变了我国雷达科研人员极其缺乏的现状。他们毕业时所掌握的雷达专业知识基本代表国际先进水平，并掌握了当时全世界无线电发展的前沿技术，所以，毕业后他们迅速成为雷达研究领域的核心力量，并逐渐成长为雷达研究领域的专家和领军人物，为发展中国雷达技术做出了突出贡献，其中王越、保铮两人当选为中国科学院院士。

追着老师问的学生

王越的大学读了六年，寒假几乎就是很少的几天，根本谈不上长假，暑假顶多也就是两个礼拜左右。大学六年他仅在 1951 年暑假回过一次家，1952 年学校从大连迁往张家口途中，在天津火车站与母亲见过一面。1954 年妹妹王超去苏联留学，王越向学校申请回家探亲，学校没有批准。六年的时间，他几乎把所有的精力都用在学习上，他对于学习的理解不仅仅是会做老师出的题目，而是积极思索，从原理上理解所学内容，并学以致用。大学的学习为他日后的研究工作打下了坚实的基础。

王越大三时开始上通讯的专业课，专业课有无线电接收设备、无线电发射设备、无线电电源、无线电信号处理、无线电调制及解调、电路与基础、军用通讯机等。

---

① 保铮（1927-），江苏南通市人。院士、博士生导师。1953 年毕业于解放军通信工程学院（现名为西安电子科技大学）雷达系，并留校任教至今。1984 年至 1992 年出任西安电子科技大学校长。1991 年当选为中国科学院院士。曾任国务院学位委员会学科评议组成员，国家自然科学基金委员会评审组成员，国家杰出青年科学基金评审委员会委员，陕西省科协副主席。现任雷达信号处理国家重点实验室学术委员会主任，解放军总装备部科技委员会顾问，空军科技发展与人才建设顾问。

② 丁鹭飞，教授，1956 年毕业于中国人民解放军通信学院，后留校任教，直至退休。

通信专业课学完之后，就开始雷达课程的学习。雷达有很多种类，频率不一样，功率不一样，作用就不一样。涉及雷达的专业课程有电路、发射设备、接收设备、控制设备，基础课程有微波电子学、微波电路、微波传播，由波导传输一直到天线，还有相关的控制系统课程。天线要精确地跟踪，需要自动控制，与之有关的显示课程也要开设。总之，所有涉及雷达系统的课程全部都要学。这种以系统或产品为核心的苏式课程设计，使学生可以全面了解产品的结构、原理，知识面比较宽，实践能力也得到很好的锻炼。

这些课程与现在雷达工程专业的课差不多，但是考试方式和内容与现在有很大差异。考试采取口试形式，也有些课程考的是实际操作。譬如，电源课包括电站发电机（以柴油或汽油为原料）内容，实验时要求把汽油机全部拆掉了再重装，所以内路、油路、滑润路、电路，包括汽油机的点火次序，学生都得会调。当然那时汽油机比较简单，现在的汽油机就比较复杂，有很多控制块，个人很难调试。考试都是面对面考试，前面坐一排教授，主讲教师在场但不能提问。每个人的题目也是随机抽取，根本不可能存在抄袭现象，考试成绩的确能反映学生对课程的掌握程度。据王越讲述：

> 口试不会出大量的试题，但是概念需要非常清楚的，思路也要非常清楚的，学得好不好一眼便知晓。学得越不好的，答案写得越啰唆，抓不住重点。考试时先进去抽题，三道题。先进去两个人，第一个人开始答题时，第二个人就要做准备。每个人给20分钟答题思考，在第一个同学答题的20分钟内后一个同学应该在黑板把答案写出来。有个规律，越学得差的学生，回答抓不住要点的，教师问的问题就越多，因为教授要摸清他掌握的程度，时间就长。如果答题直中要点，老师可能只问几个深入问题，六七分钟就可以结束。我们都希望前面的同学比较差，这样就有充分的时间准备了。所以半个小时出来的往往是3分，六七分钟出来是5分。我有好几次考试都是几分钟就把答案写出来，也不写太多，但是核心要点写出来，教授一

看，就这个问题再深入地问两个问题，如果能轻松正确回答，教授一般会给 5 分。所以到我答题时，教师会说别急别急，20 分钟还不到就结束了，那时候考试很有意思。所以很多同学不愿意排在我后面考试，因为我答题太快了[①]。

曾于 1952 年担任王越所在班级班主任的李文璞曾这样评价王越：

  王越不是死读书的人，他思路开阔、理解能力强，担任多门课程的课代表，提出问题比较深刻、尖锐，虽说他学习成绩不是班里最好的，但是思维敏捷，能举一反三，在班级里绝对是一流的。考试的时候，他的答题步骤太简单，有时也会出一点符号方面的小错误，所以他有时拿不到满分。王越大学时候喜欢踢足球，大冬天经常在操场上长跑。他的 400 米的成绩也是很不错的[②]。

正像李老师所说，王越在班上思维非常活跃，可能课程刚刚讲到第三章，他就已经开始思考第四章的内容。他习惯于从原理、规律上理解问题的实质，其实从小时候组装收音机开始，就养成了从原理上考虑问题的习惯，当线路走不通，或出现噪声时，他就会考虑问题的根源在哪里。但小时候他的基础理论知识还不够丰富，所以有些问题并没有得到很好的解答。当所学的知识能够解答自己的困惑时，他就会立刻兴奋起来，求知欲表现得非常强烈，会进一步思考更深刻的内容。据王越回忆：

  当时教师的讲课有一些特点，没讲之前要先提问，而且对即将讲授的新内容进行提问。这要求学生一边学习，一边复习学过的内容，思考下一节课的内容，目的是让学生要主动思考。老师上课之前通常会对本节课即将要讲的内容提问我，坦率地说，他并不是故

[①] 王越访谈，2010 年 11 月 15 日，北京。资料存于采集工程数据库。
[②] 李文璞访谈，2010 年 11 月 24 日，西安。存地同上。

意难为我，他是想把本节课的关键问题先提出来，引起同学们的注意力，但是老师问的大部分问题我都能答出来。我答出来之后，老师再问其他的同学，问我答得对不对，很多同学说我答得不对，老师说我是对的。

我上学时闹过很多的笑话，大学三年级时，应用力学有个老师，考前教我们复习注意什么，他出了一道题，这题看起来挺难，他刚在黑板上写完题目，我想了一下便站起来说，"刘老师，你这问题的结果是等于零的"。他好像有些不高兴，题目刚出完，他还没解释，我就说结果等于零。于是他就问，你怎么判断等于零的，我就给他讲我是怎么分析的，他点点头说你也太快了，其他同学还没反应呢[1]。

大学四年级时，吴鸿适先生教微波电子学这门课程，吴先生课讲得很生动，深入浅出。有一次上课他提出一个比较深奥的问题，没有人举手回答。王越当时也在积极地思考，基本原理和思路已经很明确，但是最终的答案还没有解出来。吴先生就点了王越的名，王越分析了那道题的基本原理、解题思路和解题过程，吴先生说王越的思路是对的，但是解题过程有点问题。下课后，同学们都去吃饭了，王越却拉着张范基[2]研究那道题的解题过程，最终两个人得出了正确答案。期中测验，吴先生恰恰出了那道题，全班只有王越和张范基答对了。

据李文璞老师讲述：

王越思维活跃，是电路、电磁场等课的课代表，所以除了自己提问题外，可能要把同学们没有搞懂的问题汇总出来问老师。他总是有很多问题，有时他的提问很有深度，老师要很久才能给他解答。据说有些老师不愿那么快给王越答案，因为给了答案，他又会问别的问题了[3]。

---

[1] 王越访谈，2010年11月15日，北京。资料存于采集工程数据库。
[2] 张范基，王越的大学同班同学，786厂总工程师，已去世。
[3] 李文璞访谈，2010年11月24日，西安。资料存于采集工程数据库。

正因为有了这些努力，王越的学习成绩一直很好，并分别在1952年2月、1955年9月和1956年2月三次获得通信工程学院颁发的国家学术优秀奖。1955年的那张证书王越至今还完好保存，但其余两张分别捐给别的单位了。当时班里的女同学丁鹭飞学习认真，而且非常细致，因此成绩比王越好，据说每门功课都是5分，毕业后留校工作，现在是西安电子科技大学非常著名的教授。

图 2-4　1955 年王越获得的国家学术优秀奖证书

从王越大四、大五的成绩单中我们可以看出，与雷达相关的课程均为5分或4分，包括天线、雷达接收传播、雷达设备等。可见他的聪明和努力。

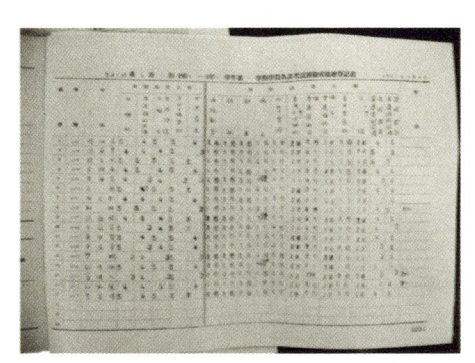

图 2-5　王越大学四五年级时的成绩单

王越 1953—1954 年第二学期各科考试测验成绩

政　治	俄　文	无线电发射机	电波传播	雷达指示设备
3	5	4	4	5

王越 1954—1955 年第二学期各科考试测验成绩

内燃机	中共党史	雷达接收传播	天线及电波传播	军用无线电机
5	5	5	4	4

在六年的大学生活中，王越接受了无线电、雷达专业的系统而完整的训练，摸清了雷达的基本原理和结构，为日后从事雷达研究奠定了坚实的基础。正如786厂总工程师顾汉新[①]讲述：

[①]　顾汉新，黄河机械厂总工程师，毕业于南京无线电学校，1955年被派到苏联学习，1957年回国后到786厂工作，一直到退休。

王越的基础非常好，一到786厂就迅速展露出来。雷达研制过程中遇到什么问题，他能迅速判断出根源所在，并找到解决的方案。他的外语也很好，苏联的图纸资料（俄文的），他能很迅速地阅读和翻译，纠正了很多以前翻译不准确的地方[1]。

最后一个入团

除了接受雷达专业知识训练外，王越在思想上也经受了历练。通信工程学院严厉的思想政治工作、张家口艰苦的生活环境，把王越锻炼成一个钢铁般的战士，使他有足够的坚韧承受日后生活和科研工作中的艰苦环境。

从大连工学院去张家口时，王越班里有52人，毕业时只剩下25人。一门课不及格就要给退掉。生病缺考也不行。据王越讲，班里有一个叫刘廉昌的女同学，在大四考试前生病了，她住在大境门疗养院休养，王越曾受命到那里给她补过好几次课，结果考试时没法参加，学校就让她退学，她只能转业走了。

除了学习不好被淘汰之外，李文璞老师认为，当时被淘汰的大部分学生是因为家庭出身问题，王越班里的同学有相当一部分家庭成分都比较复杂，有些是从国外回来的，如从新加坡、印度尼西亚等归来的华侨。1954年"肃反"时，学校审查很严格，很多同学就被淘汰了。

王越是一个积极向上、对学习和工作都充满热情的人，但他却是全班最后一个被批准入团的人。主要原因是他思路开阔、往往不受束缚，让老师和同学感觉他很自高自大。

1953年，李文璞调到校办，高淮清老师开始担任王越的班主任。1954

---

[1] 顾汉新访谈，2010年11月26日，西安。资料存于采集工程数据库。

年 9 月 21 日，高淮清老师在 1954 年度四班学员升级鉴定中给王越的评语是这样写的[①]：

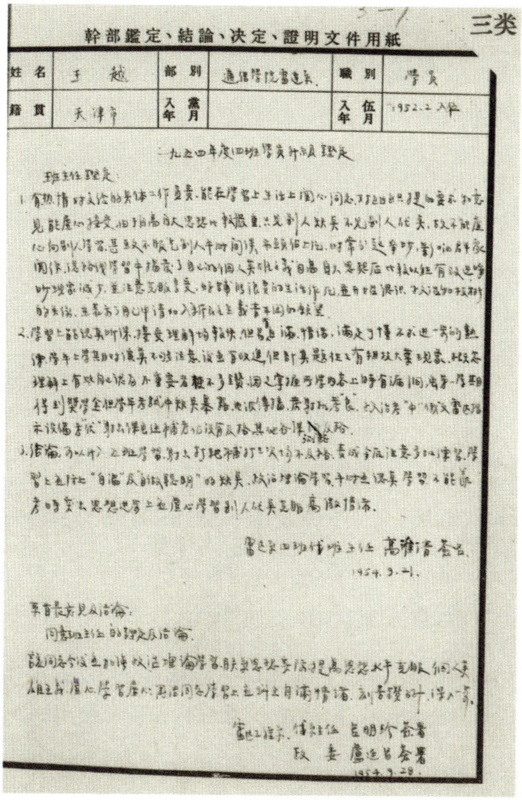
三类

幹部鑑定、結論、決定、證明文件用紙

姓名	王越	部别	通信學院雷達系	職别	學員
籍貫	天津市	入黨年月		入伍年月	1952.2 入伍

一九五四年度四班學員升級鑑定

图 2-6 班主任高淮清在 1954 年度四班学员升级鉴定书上给王越写的评语

（1）有热情，对交给的具体工作负责，能在学习上、生活上关心同志，对组织提的要求和意见能虚心接受。由于自高自大思想比较严重，只见别人缺点，不见别人优点，故不能虚心向别人学习。在总路线学习中揭示了自己的个人英雄主义、自高、自大思想后比较以往有改进，争吵现象减少，并注意克服享受、好铺张浪费的生活作风，并意识到政治和技术的关系，并表示了自己加入共产主义青年团的愿望。

（2）学习上能认真听课，接受理解较快，但有自满情绪，满足于懂，不求进一步的熟练，学年上学期对演算不够注意，虽有改进，但是计算题往往有粗枝大叶现象。概念理解上有些认为不重要，不重要者便不多钻，因之掌握所学内容有漏洞。虽然第一学期得到奖学金，但全学年考试中缺点暴露，电波传播、射击考“良”。

高老师的这份评语足以反映出大学时期王越的性格特征、学习状况和

① 高淮清老师 1954 年给王越的评语。存于北京理工大学档案馆人事档案室。

思维方式特点。从小熟知孔孟之道的王越，真可谓"仁者不忧，智者不惑，勇者无惧"，他真诚、热情地给同学补课、讲解疑难问题，但是遇到是非问题，他却从不让步。对于老师和同学提的意见或建议，如果是正确的，王越很愿意接受，并能决心改正；如果自己认为正确的事情，他就勇敢地坚持，从不退缩，因此不可避免和同学之间会有一些争执，虽然这些争执是对事不对人，但还是给老师和同学留下"自高自大的"的印象。对于为什么老师认为他是"自高自大的人"，王越是这样讲述的：

上大学时我们的作业并不太多，做作业时，我通常看一看题目，把思路一写，关系式一列，旁边写上"按此式推演，必然得到正确结果"。老师看后就对我有些意见，说我是自高自大。其实我认为原理上搞明白了，就可以举一反三，没有必要浪费很多时间去做一些看来毫无意义的事情。但是老师却不这样认为，说我是自高自大。有很多老师盯着我，因为上课老师和班主任说我比较不按常规，另外说我小资产阶级知识分子的气味特浓，又不太守规矩[①]。

从小出生在殷实之家的王越，喜欢比较西式的娱乐，例如打桥牌、踢足球等。这些爱好让老师和同学都感觉到他身上带着小资产阶级的味道。所以他的入团问题迟迟没有解决，直到大学毕业前夕，全班三分之二的同学都已经是党员，班长找王越谈话，说："全班党员比例很高，团员就差你一个就满堂红了，你要努力啊。"在大学的最后一个学期开学之初，也就是1956年2月，经沈梅琴同学介绍，王越终于加入了中国共产主义青年团，成为一名团员。

入团以后，王越在政治上有了更高的追求。1956年大学毕业前夕，王越向党组织郑重提交了入党申请书。但是由于家庭成分较高和复杂的社会关系，他的入党之路坎坷。从1952年参军到1956年毕业，四年间王越接受过好几次严格的政治审查，他是一个内心无比坦诚的人，对自己出身和

---

① 王越访谈，2010年11月15日，北京。资料存于采集工程数据库。

社会关系开诚布公，他认为这是客观存在的，是一个人无法选择的，所以他从不回避自己的出身和社会关系。

据王越回忆，那时班里也有一些同学故意隐瞒自己的家庭出身和社会关系，闹出了一些事情。班里有一个叫兰建人的同学，是马来西亚的华侨，平时表现不是特别好，有一个女同学就经常批评他，他怀恨在心，就偷了那个女同学的保密讲义烧掉，丢了讲义的同学受了处分。恰巧曾推荐兰建人回国上学的一位马来西亚中学校长被英国人杀害，学校便开始审查兰建人的出身和社会关系，结果发现兰建人是烈士子女，他的父亲是张鼎丞[①]的秘书，大革命时期被错判为叛徒，后被红队暗杀，他母亲就带他去了马来西亚。

兰建人事件后，组织上对每个学生的出身和社会关系都进行了一次严格审查和甄别。王越的大姑妈家有一个表哥叫陈仁怡，毕业于上海交通大学，搞通信工作。王越在上海读高中时，由于爱好无线电，表哥曾给过他一些无线电实验的器材。但那时表哥已经40岁左右，和王越的年龄差距比较大，王越对他具体的工作单位和工作内容一无所知。新中国成立前夕陈仁怡去了香港，王越就和表哥失去了联系。在1952年、1955年、1956年学校的多次政治审查中，王越所在学校对其表哥陈仁怡的情况进行了详细调查，1955年政治部的人告诉王越，陈仁怡曾在美军的海军电台工作，新中国成立前每月拿的工资是美金。有这样复杂的海外关系，所以组织上根本不可能将他列入发展对象。

毕 业 之 后

1956年7月，王越大学毕业了。那个时代，专业技术人才极为短缺，为了实现高层次人力资源的配置能够最大限度地与国家发展的目标一致，

[①] 张鼎丞（1898-1981），福建永定人。闽西革命根据地主要创始人之一。1927年加入中国共产党。土地革命时期，参加并领导了龙岩、永定、上杭等县的农民武装暴动。解放战争时期，任华中军区司令员。新中国成立后，任福建省委书记、中共中央组织部副部长。

国家对大学毕业生采取国家指令性分配。学校在国家统一分配政策和分配计划的约束下，只有毕业生与用人单位之间"一个萝卜一个坑"式的搭配权，毕业生和用人单位都没有多少选择权。

军人是一个神圣而光荣的职业，特别是在新中国成立初期，人们对于军人的崇敬远远超过今天。然而在大学毕业前夕，国家要求中国人民解放军通信学院的大部分学生转业。同学们难以接受转业的现实，就向上级反映，但被告知是国务院高层领导决定，于是最终还得服从大局。部队需要人，但是部队总不能用小米加步枪去应对敌人的导弹、原子弹。新中国成立初期，中国的重工业领域，如军事工业、钢铁工业、航天工业严重落后。因此工业领域急需发展，没有制造业的发展，部队就没有好的装备，总不能空手打仗。除了留校的同学以及家庭出身比较好的同学分配到了政府机关，班里有一多半的同学都转业了，分配到各个工厂和研究所工作。留苏未成的王越和张范基、张进禄、金麟荪、王蕴芳、刘云兰、吴廷赞、朱允和刘清润九位同学分配到786厂；段经文、吴道章、闵荣宝、刘德林等六人分配到784厂。王越的入团介绍人沈梅琴分配到了中国人民解放军军事工程学院（简称哈军工），余雄南和丁鹭飞留校任教，石旭民分配到通信兵部，周文彩分配到武汉雷达学校（现中国人民解放军空军预警学院）。

1956年，中国人民解放军军事通信学院还没有形成正规的毕业照制度，但是授衔以后，大家穿着军官服神采奕奕，都想留下珍贵的一刻，所以班里同学就自行组织合影留念（见图2-7）并邀请系主任吕明珍和政委卢廷昌参加。

除了班里有两三个同学被授予上尉，其余均为中尉，王越被授予中尉军衔。

1956年毕业前夕，王越收到学校的通知，做好准备去苏联留学。当时苏联的科技基础是令国人仰慕的，所以当班主任通知王越准备去苏联留学时，他心中充满了喜悦。妹妹1954年去苏联留学了，他也想去看看分别五年的妹妹。于是在1956年9—11月到国营南京720厂设计所完成实习之后，王越从11月至次年7月在北京二机部十总局赴俄培训班里学习俄语，准备出国，一同去的还有班里的张范基、吴廷赞、黄国昌等人。在赴俄培

图 2-7　王越大学毕业照（1956年）（前排左起：黄国昌、张进禄、陆仲良、吕明珍（系主任）、卢廷昌（系政委）、翟经魁、石旭明、杨友烈、刘德林；中排左起：段经文、丁鹭飞、沈梅琴、刘云兰、吴道章、余雄南、王蕴芳、刘清润、闵荣宝；后排左起：朱允禾、王越、李宗阳、周文彩、金麟荪、关肇华、吴廷赞、张范基、唐建阳。李文璞提供）

训班里，除了学习俄语外，还做一些出国前的准备，办理护照、签证，服装置备，预定火车票，等等，一切准备就绪。但1957年上半年，中苏关系突然紧张起来，导致留苏人员数量剧减，国家也调整了人员派出结构，采取"多派研究生，一般不派大学生"的方针[①]，这样王越的留学计划也就"夭折"了。

"失之桑榆，得之东隅。"留苏受挫，但王越很快就迎来了一桩美好的婚姻。在720厂实习期间，他结识了终生相伴

图 2-8　1956 年王越被授予中尉军衔

---

① 20世纪50年代，中国以不同途径向苏联派出大批留学生。1950-1953年，采取"严格'选拔'，宁少毋滥"的方针，共派遣1708名留学生；1954-1956年，采取"严格审查，争取多派"，共派出5853名留学生；1957-1958年，派出留学生锐减到1654名，大学生仅60名。

第二章　作为军人的大学生

的夫人於连华。那时於连华是720厂的技术员,第一眼看到这位清秀俊雅的南京姑娘,王越便被深深吸引,可以说两人是一见钟情。由于王越从小受母亲的熏陶,很喜欢古典音乐,同时也是交谊舞高手,实习期间没有了学校的严厉管教,周末可以轻松地参加军人俱乐部的活动,于是南京军人俱乐部里突然多了几位年轻的姑娘,她们就是於连华及三位姐姐还有表姐们。於连华是一位和善友好的女孩,周末时常请王越和他的同学们到家里玩。

1957年,王越到西安786厂报到工作。几经周折,这位漂亮的南京女孩舍弃了南京优越的生活,跟随王越来到西安,1958年两人结婚。婚后,於连华被调到786厂检验科工作。

第三章
与新中国雷达事业一起成长

初到 786 厂

新中国成立初期,国防建设迫在眉睫。当时,中国人民解放军的主要装备是从抗日战争和解放战争中缴获的武器,品种繁杂,而且多是美、日等国在第二次世界大战期间生产的,性能落后,加上零件已无来源,大多已经不能供作战使用,很难肩负起有效保卫国家安全的任务。在抗美援朝开始后,中共中央为了加强对兵工生产和建设的领导,保障部队需要,于 1951 年 1 月批准成立中央军委兵工委员会(简称中央兵工委员会),周恩来总理兼主任,代总参谋长聂荣臻、中央财经委员会副主任李富春为副主任。尽快加强国防工业,生产出精良的武器来装备人民解放军,是摆在中国面前的一项十分紧迫而又艰巨的任务。为此,1951 年 10 月,中共中央政治局扩大会议决定,集中力量建设重工业、国防工业和其他相应基础工业。

为加强对电子和船舶工业的领导,1952 年 8 月中央人民政府委员会

没有盲区的天空　王越传

第十七次会议通过决议，成立管理国防工业的第二机械工业部（简称二机部），负责管理兵器、坦克、航空工业，任命赵尔陆为部长。1953年4月10日政务院批准原第一机械工业部电信工业局划归第二机械工业部，电信工业局改名为第二机械工业部第十局。十局的主要任务为：第一，为陆、海、空三军提供战略战术通信装备；第二，为航空、兵器和造船等军工部门提供配套的通信、导航等产品；第三，为国民经济各部门通信建设提供有线和无线电通信设备；第四，为宣传毛泽东思想，发展我国广播事业提供成套播送设备；第五，向广大人民群众提供收音机、扩音机和电唱机等消费类产品。西安国营786厂是中央第二机械工业部十局的下属企业，从成立之初就划归中央第二机械工业部管理。

1953年国家开始发展国民经济的第一个五年计划（简称"一五"计划）的大规模建设。为审议国防工业的"一五"建设计划，1953年1月22日，毛泽东主席主持召开了中央会议，出席会议的有刘少奇、周恩来、朱德、陈云等。毛泽东在会议总结时指出："无论抗美援朝战争结果如何，都要搞国防工业的建设与军工生产。朝鲜战争证明，已不能靠夺取敌人的装备来武装自己了。"[1] 这是中共中央在国防工业创建初始召开的一次十分重要的决策会议。"一五"期间，国家开工建设的大中型国防工业项目有100多个。

786厂属于苏联援建的项目之一。1953年5月，中央政府与苏联政府签订协议，决定由苏联协助我国建设一个高炮炮瞄雷达厂。当时，地空导弹尚未大量装备部队，炮瞄雷达控制高炮射击飞机是当时最先进的地面防空武器。因此，生产炮瞄雷达的工厂很受国家重视，保密级别很高，保密管理很严，总装、总调车间及设计所需要专门通行证，并由武装警卫守护；关键设计资料为绝密级。到了60年代中期，研制、生产地空制导雷达保密工作更严格。1953年6月，中央二机部（53）机二秘字270号正式命名高炮炮瞄雷达厂为国营第七八六厂（简称786厂），9月命名为黄河机器厂。

---

[1] 谢光，等. 当代中国的国防科技事业[M]. 北京：当代中国出版社，1992, 11.

1953年3月，786厂在西安东郊破土兴建。1954年7月，齐一丁[①]、郭子平[②]和史铁夫[③]到任，齐一丁任厂长，郭子平任党委书记，史铁夫任总工程师。"一五"期间生活非常艰苦，但是对生产建设抓得很紧。齐一丁提出工厂建设的主要方针是"边试制、边生产、边基建"。他指示筹建小组，厂房第一个要先盖工具车间，然后才是其他，这样可以早日开工投产。工厂一号厂房1955年开工，仅仅用两年的时间就在1956年盖起来了。1956年3月，苏联第一批设计资料到达北京，10月苏联的图纸、资料复制完毕后，786厂就开始组织人员消化这些资料并进行生产准备。但那时，无论是厂里还是国家，技术人员奇缺。齐一丁厂长非常着急，就决定从外面聘请专家。二机部部长赵尔陆亲自做了批示，从苏联、国内雷达老厂720厂和714厂聘专家。聘请的专家包括张锡熊、黄日绵等。张锡熊是国民政府老厂720厂的雷达专家。黄日绵是720厂搞仪表技术的人才，是王传义[④]的夫人；从714厂聘请来的专家比较多，有朱凤元、陈云飞、朱泽瑜、谭秋帆、曹国瑞、王世杰等人约30人，还有一批技术老工人。他们成为786厂建设发展的技术力量基础。

1957年夏天，王越留学苏联未成后，被分配到786厂。当时正是中国第一个火控雷达生产研制厂建设初期，也是国家积聚多方力量创建火控雷达的关键时期，熟悉雷达技术的科技人员十分短缺，使王越得以参与到这一开创性工作中。在这一重要过程中，王越将自己的兴趣和社会、国家的需求紧密结合在一起，实现了角色的重要转变，从一名大学生转变为一名

---

① 齐一丁（1920-2001），1920年7月出生，直隶（今河北）平山人。1954年后历任786厂党委书记兼厂长，黄河机器厂、大众机械厂党委书记兼厂长，中共陕西省委委员，第三机械工业部十局副局长、分党组书记，1961年任785厂党委书记兼厂长，1964年任第四机械工业部副部长。
② 郭子平（1919-），1954年7月从河北邯郸市委副书记调任黄河厂筹备组的副组长和党委书记，后调至陕西省电子局任局长。
③ 史铁夫，生卒年不详，曾任786厂总工程师，主持中国第一台炮瞄雷达的仿制。
④ 王传义，生卒年不详。786厂实验科科长，曾在301雷达试制与302雷达系统改进中作出重要贡献。

国防工程技术人员。在张锡熊①、王其扬②等雷达专家的带领和影响下，王越迅速成长起来。

就在这年夏天，工厂厂房相继建成，去苏联实习和留学的张建和、顾汉新、鞠文杰、徐连山、龙在天等学成归来，老厂支援输送的技术骨干和管理骨干以及大专院校毕业的大批学生陆续到达786厂，厂里顿时人头攒动，热闹非凡。自此786厂进入了边基建、边试制、边小批量生产的阶段。

人员到齐后，原来"生产准备办公室"的历史任务胜利结束，接下来786厂就开始考虑设计部门的机构设置。1957年产品试制开始后，按各设计人员的特点结合工作需要，在总工程师史铁夫指导下，确定了人员的组织方案和职责分工，并听取了苏联产品设计专家吉凯尔的意见。1958年春节刚过，南京720厂的张锡熊、殷裕昌、黄日绵和冯若渠四位同志正式调入786厂。1959年，工厂正式成立300余人的设计所。按当时的情况来看，可谓机构完备、阵容强大。张锡熊任设计所所长，易寅亮、朱凤元、王其扬任副所长。1960年2月张锡熊调任786厂副总工程师，设计所的工作由易寅亮全面负责，但是仍请他参与共同研究。随着工作的开展，设计所人员逐步增加，组织机构日益健全。设计所下设四个科：①实验科，负责线路设计，有总体、发射、接收、天线和显示五个实验室，各实验室有室主任，科长是王传义；②设计科，负责结构设计，成立与实验科相对应的各室组，科长是朱尚斌和张进禄；③元件科，负责电源设备和自制电气元器件设计，主要是各式变压器设计，科长是姚金英；④仪表科，负责仪器计

---

① 张锡熊（1925-2008），浙江嵊县人。高级工程师。1949年毕业于浙江大学电机系。历任南京雷达研究所技术员、电信修配厂工程师、设计科科长，786厂设计所所长、副总工程师，西安导航技术研究所副所长、总工程师，电子工业部雷达局副总工程师、高级工程师，中国电子学会第三届理事。参加了我国雷达事业的创建工作，主持了我国第一部微波雷达的设计。

② 王其扬，1932年12月生，晋江市安海镇人。1953年厦门大学电机工程系毕业。1956-1957年在苏联进修，曾任上海航天局工程副总设计师，局科技委员会常委，804研究所顾问、研究员，西北工业大学兼职教授。中国电子学会雷达分会委员，也曾任786厂设计所副所长。上海有线电厂厂长、副总工程师、八机部科技委员会常委，中国电子学会第二届理事会理事。长期从事航天事业，1987年获航天部科技进步奖一等奖，1992年获航空航天部科技进步奖一等奖，1988年获国家级科技进步奖三等奖，1989年获国家级发明奖三等奖。1992年获国务院政府特殊津贴。曾任"导弹与航天丛书——防空导弹系列"编委，并任该丛书Ⅲ——86分册主编，曾在多种科技刊物上发表文章。

量、修理和专用测试设备的设计制造,并兼"西北地区无线电计量站"的职责,科长是黄日绵。此外还有标准化室(主任是曹国瑞)、情报室、资料室和试制工厂。以上机构除试制工厂外,全部在工厂 6 号楼内办公。王越被分配到实验科显示实验室。

786 厂是国防工业生产重点单位,厂内按照密级分区域实行管理,王越所在部门的密级较高,上班时工作人员先到资料室去领自己的文件包,下班时需要把文件包交到资料室,任何人都不允许把研究资料带出单位。因此每个人的保密意识都很强,同事之间的交流,一般不会谈及工作的相关事宜。在通信工程学院上大学时,王越已经养成严格保密的习惯,因此对于 786 厂的保密规定没有丝毫的不适应。直到今天,我们同王越谈及一些保密项目时,他都会特意回避。

就在王越刚参加工作不久,国内各条战线上都开始了轰轰烈烈的"大跃进"运动。1958 年 3 月 5—12 日在北京举行的国务院科学规划委员会第五次会议向全国科学技术界提出:科学必须为生产大跃进服务。在这个人环境中,王越与其他科技工作者一起解放思想,拓宽研究思路积极投身科研工作。

1958 年,786 厂某一苏联专家态度高傲不太热心,使王越感觉国防的科研创新必须依靠我们自己。1960 年苏联单方面撕毁合同,撤走全部专家,对我国雷达工业影响较大,形势迫使我国更加坚定地走自力更生的道路。后来,当王越回忆总结这一段科研经历时认为 1958 年"大跃进"的思想,想快点发展的思路是可取的,但是"大跃进"有很多冒进的东西,又是不可取的; 在"大跃进"的环境下科技工作者打开了思路,虽然开始走得很困难,或者步子不太大,终究是迈出了自我创新的一步,尤其是思想解放,不再让外国的产品、做法和技术把我们束缚住,这一点特别重要。王越是这样讲述在"大跃进"中雷达技术改进情况的:

> 那时我刚毕业,谁不想做一点儿新的事情啊?!我们的厂长是一个老干部,挺开放,他叫齐一丁,他也主张我们一方面照着苏联的技术做,另一方面改进苏联的技术。当然改进的技术,有些有一定道

理，有些改变也不见得特别有价值，这跟我们当时的研究水平有很大关系。但更重要的是要树立解放思想，自力更生研究设计雷达而不是一味仿制苏联雷达的决心和信心。

中国第一台炮瞄雷达——301系统

炮瞄雷达是用于自动跟踪空中目标、测定目标坐标，并通过指挥仪控制高射炮瞄准射击的雷达，又称火炮控制雷达。世界上第一部炮瞄雷达是美国陆军通信队于1938年研制成功的SCR-268型雷达。它用于控制探照灯在夜间照射目标，引导高射炮对目标射击，但它还需要手动控制高射炮跟踪目标。1943年，美国又研制成功微波炮瞄雷达SCR-584，这是第一部自动跟踪炮瞄雷达，它与指挥仪配合，大大提高了高炮射击的命中率。1944年德国发射V-1导弹袭击伦敦时，最初英国击落一枚V-1平均需发射上千发炮弹，而使用SCR-584后，平均仅需50余发炮弹就可击落一枚V-1导弹。20世纪50年代中期，炮瞄雷达多用于控制大中口径高射炮。50年代中期以后，转向发展控制小口径高射炮的炮瞄雷达。

中国的第一台炮瞄雷达是"一五"期间苏联援助研制的雷达之一，苏联的编号是CON-9，也称之为"松九-A"，中国的国家编号是301系统。这种雷达在体制上属于单波段（S波段）圆锥扫描角自动跟踪炮瞄雷达，属于美国20世纪40年代研制的雷达体制，50年代初期，西方各国基本都装备了这种雷达。在这个产品研制中，苏联援助了整套图纸，包括工艺设计图纸，并派一批专家来指导工作，这给研制工作提供了极大的帮助，所以"松九-A"的研制工作基本是仿制，照着图纸生产。1956年10月，苏联提供的"松九-A"图纸复制完毕后，在苏联专家杨谢列夫指导下，由总工程师史铁夫主持仿制"松九-A"炮瞄雷达，迈出了中国火控雷达史上的第一步。

炮瞄雷达通常由发射系统、接收系统、天线馈电线系统、天线控制系统、测距和环视系统、数据传递系统、电源系统等组成。在301系统的研制之中，王越被任命为测距显示系统的技术负责人，负责解决测距显示系统的技术问题。以测距显示系统内含的晶体振荡器为基准形成的雷达定时分系统是使全雷达有序协同工作非常重要的时间基准。尽管苏联提供了全套的图纸，而且也有苏联专家在现场指导，但是，301系统研制过程中还是遇到了大量的困难。首先是资料的翻译上存在很多不准确的地方，在执行设计时存在异议，阻碍了设计工作的顺利进行。这些资料之前是由情报室的人员翻译的，但是翻译人员多为非技术人员，所以很多专业术语的翻译不准确，存在歧义。发现问题之后，王越开始修改翻译的错误。他翻译了大量试制技术文件，解决了试制中很多技术问题，保证了测距显示系统的正常设计进程。王越谦虚地认为自己的俄语水平不如英语好，但是从他的大学成绩单中，可以看到他每学期的俄语成绩均为5分。一部雷达涉及的零件五六千种，大部分零件需要中国自制，由于生产工艺和材料质量的差距，导致自制的零件和苏联原装雷达的零件之间存在误差，因此在设计时需要根据实际情况及时调整各零件的精度。从1957年8月到1958年12月，王越主要负责解决301炮瞄雷达测距显示系统在研制过程中遇到的问题。对于遇到的技术问题，王越依然像在学校一样喜欢直接提问、直接指出，所以他在雷达研制方面的进步要比其他人明显。在学校，老师喜欢爱提问的学生，但是到了工作岗位以后，并不是所有的领导和专家都喜欢爱提问题的工作人员，苏联专家也是这样。王越所在的实验科有一名苏联专家，他的名字叫基戈，在王越印象中，这名苏联专家并不太友好。王越清晰地记得自己咨询基戈的问题，他始终没有给予答复。

坦率地说，我对我们实验科的那个苏联专家印象并不好。因为他很傲慢，有点看不起中国的青年科技人员，所以我们并不欢迎他。我记得问过他一个问题，我说："您提供的资料不太对"，他说："不可能"。后来我从电路上分析证明是不对的。他无言以对，就说那我想想吧，以后我会告诉你的。直到他离开中国，也没有给我一个满意的答复。实际上，他虽长时间没答复我，但我已按原理纠正了资料中的错误。他们从1959年就陆续离开中国了，所以创新和研发必须依靠咱们自己。他之所以这样，我分析有两个原因，一个是他们内部有管理体制，不能把核心的技术透露给我们，"以免教会了徒弟，没了师傅的位置"，苏联的大国地位受到威胁；二是苏联的专家大部分是生产技术专家，他们在生产工艺、流程方面有丰富的经验，但是在设计思想、原理方面也不很清楚。当然有些专家是很好的，我记得苏联专家普利瓦洛夫是很友好的，他是苏联斯维尔德洛夫斯科一个工厂的一名工段长，技术很过硬的，他还利用工作空闲，编写了《雷达调试中的故障问题及解决方法》一书，无私地献给中国人民[①]。

在301系统的研制过程中，王越等一批新毕业的大学生的能力迅速得到展现，并逐渐成为雷达研制的中坚力量。正如顾汉新所言，他们当时基础扎实、系统，所学内容接近当时的先进技术，所以能迅速将研制中遇到的问题用所学的知识解决，很快就在雷达的研制中撑起大梁。王越在不断地遇到问题、思考问题、解决问题中形成了科学研究的基本思路，对于雷达设计的流程和步骤有了一个比较清晰的把握。

1958年5月中旬，301雷达进行跟踪飞机做天线先调轴试验，需要自制零件5000多个，并要求9月10日齐套。同时需要外协单位供应400多种零件。1958年10月，301系统试制成功，工厂验收后投入生产。1958年11月25日，国家对工厂建成投产进行验收。1958年12月25日，786厂建成并举行隆重的开工典礼。

图3-1 1958年12月国家对786厂建成投产进行验收并举行开工典礼（源自《情系黄河》）

① 王越访谈，2010年11月15日，北京。资料存于采集工程数据库。

301系统试制成功后，王越又开始了另一个绝密项目的研究，并担任该项目的技术负责人。从1958年12月，王越开始接手Pn-2y空空导弹制导雷达编码制导系统，任系统的技术负责人，负责解决系统研制中的有关技术问题。当时该系统定为绝密，也没有设计资料，只有一台样机和使用说明书，在这样的基础上，成功地研制出国产样机。但后来因苏方不提供导弹资料而不列装，没批量生产，该系统是后述201雷达的制导分系统。

图3-2 786厂特殊设计所模范团小组合影
（后排中为王越。1960年10月）

对雷达事业的无限热爱使王越参加工作后，迅速将自己的所有精力投入到雷达的研制工作中，为了解决雷达研制中的问题，他从不计较个人得失，经常加班加点，得到了很多同事的好评。1959年初，党组织找王越谈话，准备发展他入党，但是不久反"右倾"就开始了，单位又开始对王越等进行政治审查。因为社会关系问题，王越夫妇政审不合格，尽管他从来没有隐瞒自己的社会关系。据王越讲述，於连华的父亲本身没有什么问题，但是她的叔叔和姑夫都是国民党教育界的高级官员，叔叔是国民党的督学，而且叔叔家的堂兄於有文新中国成立前去了台湾，这些都是重要的海外关系。因为这些原因，於连华就不能参与技术工作了，被下放到车间干检验工作。王越也被迫退出了绝密级的研制队伍，入党问题也由此搁浅。王越认为客观事物（他的社会关系）无法改变，但是为党的最终目标而努力奋斗，积极工作，向党靠拢，这是自己主观上可以做到的。所以他的入党问题一次次搁浅，但他从未放弃加入中国共产党的信念。

1960年12月，全国产品质量整风开始。在下发的文件中有贺龙元帅在东北检查一个工厂质量时提出的批评："人民节衣缩食，你们在制造废品。"① 这句话何等深刻，786厂全厂领导职工极为震惊，于是786厂开始调查301系统的质量问题，首先将设计资料进行复查，然后查外购件资料的具体情况，最后将产品存在的质量问题一一分析。为了解决301系统的质量问题，1961年8月王越又开始接手301系统总体工作，这次，他不再承担显示系统的设计，而被任命为总体主管设计师，负责小批量生产中的技术问题。自此，王越的工作从显示系统设计逐渐过渡到总体设计，为后来独立承担雷达研制工作积累了经验。

301雷达批量生产后，立即大量装备了部队，在保卫国家和人民安全方面发挥了重要作用。20世纪60年代初期，为窃取我国核武器发展情报，美国U-2高空侦察机②多次侵入我国西部某战略基地上空。1962年9月，一架美国U-2侦察机在我国南昌地区被击一个多月后，又有U-2再次窜犯大陆，但是，我方发射的三枚导弹全部脱靶。中央军委对发生此事十分重视，广泛发动军工部门研究解决。786厂张锡熊、王其扬为首的研究人员分析出U-2使用了回答式干扰方式，并利用我方制导雷达发射扫描所暴露的信息形成假信息造成我方错误制导使导弹全部脱靶。针对此问题，我方针锋相对地通过加装照射天线隐蔽发射波束扫描，有效地破坏了U-2的回答式干扰，从而击落了第二架入侵的U-2侦察机。但是，美方当时却不掌握中国击落第二架U-2的对抗原理，误以为中国改装的制导雷达为X波段，故将X波段高性能"12系统"装入U-2上，但因分析错误根本不起作用，后续两架U-2继续被击落。而且，高科技的12系统落入我方之手，帮助我们获得了一个高科技微波功率行波管。

在击落第三架U-2过程中，我空军巧妙地利用301雷达系统先期跟踪U-2，从而避免了制导雷达早开机而导致U-2逃遁的发生。1963年11月1日，由台湾桃园机场起飞的美制U-2高空侦察机，深入西北地区完成侦察任务后，上午11时飞至江西上饶地区，当它在距我导弹防区100千米时，

---

① 陕西黄河集团有限公司编. 黄河50年 [C] // 情系黄河. 2008, 30.
② U-2侦察机，是由美国洛克希德·马丁公司研制开发的单发动机涡喷式高空侦察，首飞为1955年。主要用于执行战略或战术的照相和电子侦察任务。1956年开始装备美国空军，是"冷战"时代美国重要信息收集方式之一。

被301雷达捕获,距75千米时,测得其位置参数,并将距离、方位角等输给制导站。这时,制导站立即开机,并采用发射端接上负载(不对空发射),使敌机系统无法预警,但导弹已瞄准了它。这时U-2高空侦察机大模大样地向导弹基地方向飞来,在距离35千米时,制导站迅速对空发射,301系统探测、跟踪精确,三枚导弹同时升空,一举击落U-2。这次作战不仅生擒国民党少校飞行员叶常棣,还完整地缴获了美制12系统,我方可谓捡了一个大便宜。786厂设计所的科研人员迅速分析美制12系统管子的性能特征,为后续研制新型管子提供了有利条件。

美国新研制的12系统末级是一功率行波管,它是雷达中比较重要的微波器件之一,是当时美国休斯公司的新产品,广泛运用在需要把1万兆赫高频讯号放大的雷达、导航和通信系统中。截获之后,我国微波电真空器件专家对这根管子进行了详细解剖,并仿制为我国所用。这根管子的性能深深地印在王越脑海之中,以至于50年后他还可以随笔写下这根管子的性能指标和分析(见图3-3)。

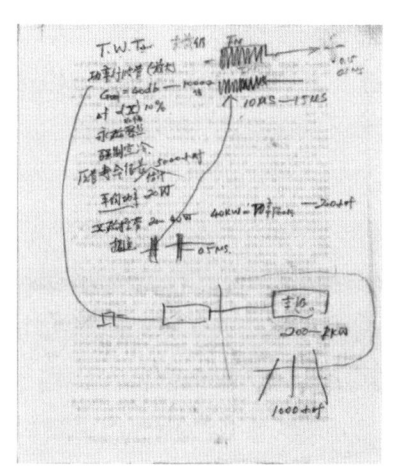

图3-3　王越对12系统性能描述手稿
(2011年5月)

据王越讲述:

> 功率行波管末前级,截获后我们对其进行分析和仿制,在306系统中,我们就用它作为很好用的末前级管子,雷达末级(输出级)功率更大。微波管仍旧是我们发展的一个重点,过去差距很大,如工作寿命短,我们的勉勉强强可以工作到1000小时,而国际上这种管子大概是5000—10000小时的寿命。现在国产微波功率管性能又有所提升,但尤其到毫米波段仍有差距。这涉及微波电子学、制造工艺、材料等一系列问题。实际上涉及国家科技工业水平的进一步提高[①]。

---

① 王越访谈,2011年4月13日,北京。资料存于采集工程数据库。

第三章　与新中国雷达事业一起成长

301系统虽然是完全仿制苏联的"松九-A",技术没有任何创新,但它填补了我国精密炮瞄雷达的空白,大部分零件实现了国产化,奠定了我国自行设计、制造雷达的基础,进而对火控雷达产品的研制过程有了一个基本把握。在301系统的仿制及生产中,王越逐渐掌握了雷达设计的流程和步骤,掌握了雷达设计、调试的方法和手段,积累了经验。对于调试过程出现的故障,他能很快正确判断原因所在,及时排除故障。在中国第一台火控雷达的仿制中,王越逐渐从一名大学生成长为一名技术熟练的工程师。

中国第一台海防雷达——861系统

新中国成立后,台湾方面不断突袭大陆沿海城市。1961年开始,蒋介石叫嚣反攻大陆,使海防前沿非常紧张。大陆海防部队依靠火炮迎击沿海岛屿的国民党海军,而火炮的射击精度很大程度上依靠炮瞄雷达,当时我们还没有海防雷达,于是国家下达紧急研制命令,雷达的编号为861系统。

海防雷达也称岸防雷达,是用于对海防御探测和控制岸防武器的雷达,它包括海岸警戒雷达、岸舰导弹制导雷达和海岸炮瞄雷达等。而861系统属于海岸炮瞄雷达,用于海防守岛部队火炮控制。海防雷达不同于防空雷达是在于它必须具有较好的抗海浪杂波干扰的能力。其安装形式有固定式和机动式2种,固定式岸防雷达安装在永备工事内,机动式岸防雷达安装在车辆上。海岸警戒雷达一般设置在海岸和岛屿的高地上,以增大对海面和低空目标的探测距离。

在301雷达研制中,王越积累了雷达设计的经验,并从王其扬和张锡熊等前辈那里学习到一些书本上学不到的实践经验和创新思路,加上在大学时期奠定了坚实的理论基础,到1960年时,王越在工作中已经能够独当一面,从技术员提升为工程师。于是当国家需要紧急研制海防雷达时,王越就被任命为海防861系统总体主管设计师。这是王越接手的第一个总体设计项目。

由于时间非常紧迫,不可能重新设计海防雷达,王越就决定利用301系统雷达作为基础,修改一些关键部件,以适应海上探测需要。301雷达是对空雷达,探测空中目标,实现对空校射和打击;而海防雷达是对海上目标进行探测、跟踪,然后控制火力实现打击。这两种雷达在最基本原理上是相同的,但是当时,针对海防炮瞄雷达功能任务,它有两点特殊性:第一,控制岸防大口径加农炮远距离(30千米左右)射击敌舰,并能精确测出首发射击距离偏差,并进行校射(加农炮射击角度精度高,但距离误差大故需及时校正);第二,海面形成雷达反射杂波很强,会影响雷达探测舰船。后来,通过利用一部301雷达到海边实际测试弄清了,海杂波虽然很强,但是,衰减也很快(按随距离增加8次方衰减,若距离大于8千米,杂波在雷达荧光屏上消失)。大口径加农炮射击距离是大于10千米的,因此,在861雷达设计中克服海杂波是不成问题的,而最大的难点是校射。进行校射最好的办法是雷达直接测出炮弹落点距当时舰船的位置偏差,再加以误差修正射击,从而提高雷达效能。这是因为火炮射击不像导弹,可不断自行修正误差高精度命中目标,所以炮兵的射击常规是第一发炮弹往往起校射作用,第二发快速地(保持误差不变)进行校正,就可以较容易直接击中目标。但在实践中的很大困难在于对海的雷达校射很难看到距离军舰很近的炮弹,因为炮弹和军舰相比,是一个很小的目标。雷达对准船,船的雷达反射波很强,接收机需压低信号放大量,防止信号饱和。信号压下去之后,旁边小目标(炮弹)就被压住了,所以根本探测不到炮弹。船的目标信号太大,炮弹的目标信号太小,王越就想能不能在船和炮弹之间找一个适中的目标来进行校射。

新中国成立初期,国外对军事武器的封锁极为严密,所以可借鉴的研究资料很少,但是坐等不是王越的性格,于是他亲自到海防前沿进行调研,并与军方进行交流讨论。站在波涛汹涌的海边,看着卷起的波浪,一个念头突然出现在脑海,选水浪作为信号进行校射。但是当炮弹落入水中爆炸时,水花四溅,无法判断是否击中目标。同时,舰船有装甲,如果用着发瞬间引信,碰到船体就爆炸,根本达不到破坏舰体的威力,对船来讲传统炮弹射击达不到良好的效果,而需要炮弹进入船体内爆炸才可以达到好的效果。经过与军方的多次讨论,王越决定结合对舰体毁伤,利用短延期引信技术[①],如果炮弹没有命中舰船,而是落入海中而且入水一定深度才爆炸,这样水面就激起来一个高高的水柱,水柱的反射面积比较大,可以跟船比较。水柱起来的十几秒中,雷达可以测到水柱,然后以水柱为校射点,测算出偏离的距离,这样就可以控制火炮进行准确打击了。

海防雷达的原理搞清楚了,再根据特殊情况,只用了半年左右,雷达样机就改制出来了。然后,紧急地生产了一批,大约30套,送到海防前沿,服役了十余年。在861系统的研制中,王越实现了由分机技术研究(显示系统)向总体研究转化的过程,并逐步掌握了雷达改制的核心技术和工作程序。

中国第一台全天候歼击机机载雷达——201系统

201系统是王越工作后独立承担的第二个总体项目。20世纪50年代末期,台海局势紧张。由于大陆方面的飞机上没有装载雷达,所以没法生产可夜间作战的全天候歼击机。于是,中央决定从苏联引进机载雷达爱尔波-5和爱尔波-2乌控制空对空导弹,国家编号是201系统。201系统是我国的第一代歼击机火控雷达,可以全天候用在歼-5和歼-6的飞机上。201系统原是上级分配给780厂的研制任务,但是由于780厂的建设推迟,而转到了786厂。《齐一丁纪念文集》[②]中描述了786厂接手机载雷达研制的情景:

> 1958年,原定承担机载雷达生产任务的780厂的建设推迟,而机载雷达的试制生产又迫在眉睫。因此,上级又将机载雷达爱尔波-5

---

① 短延期引信,是弹丸进入碉堡、桥梁等工事内发生爆炸,目的是破坏敌人的重要工事目标,消灭敌人的有生力量。

② 《齐一丁纪念文集》编委会. 齐一丁纪念文集[M]. 北京:电子工业出版社,2004.

和爱尔波-2乌的试制生产任务安排给786厂。齐一丁同志在困难面前始终以大局为重，以国家利益为重，他又一次坚定果敢地接受了这一任务，并在技术力量已经十分紧张的情况下，重新抽调人员，组成专门的技术队伍，开始了紧张的试制任务，经过艰苦努力，分别于1961年和1964年试制成功，并经过小批量生产后将全套设计工艺资料及工艺装备移交给780厂。

1958年下半年，786厂接到试制201系统（也称"三号产品"）的任务，当时只有一部样机，苏联资料过不来，于是党委决定照样机测绘图纸，工艺下放车间，设计人员带样机下去，和车间结合进行测绘，各个车间也成立了试制组。钟俊谋负责结构设计，张进禄①总负责并兼任负责电子部分设计。

201系统的研制从1961年开始。1962年底，头一轮试制失败，张进禄也调到别的单位工作。当时的一批骨干谁都不愿意接这个产品，原因是这个产品研制完后，还是要转回到780厂，因为780厂是一个专门的空用火控雷达厂。也就是说，这个产品系列在786厂是短期的，不能可持续发展，所以很多人不愿意接。后来领导就硬压到王越头上，王越起先也不太愿意接这个产品，坦率地说，即便接了做成了也是第二次才做成。王越1960年刚提工程师，那时连党员也不是，完全可以找个理由推掉。但是他静下来想一想，在国家需要面前不能太计较个人得失，这样他就接受了这个任务。

王越接手201系统之后，首先要分析1962年设计失败的原因。他认为主要原因就是没有考虑到中国的条件，而是完全按照苏联的设计照抄照搬。实际上，有些条件已经发生了变化。这个产品是苏联大约在1953年的时候研发的，到20世纪50年代末，苏联同意转给中国，到60年代，一些电子技术和元器件的制造已经发生巨大变化。786厂没有这个产品，因

---

① 张进禄，1931年12月生，辽宁省海城市人。1947年底参加革命，1948年底被组织送到大连深造学习。1949年到大连大学学习，后转入解放军军事通信学院学习雷达工程。毕业后分配到786厂，参加地对空导弹、空对空导弹制导雷达的工作，并任主持设计师。先后参加了许多飞机和雷达的研制工作，成为高级工程师，并获国家科技进步奖一等奖。

为紧急需要，苏联给了部分生产加工的资料，但是不够完备，尤其是没有产品元器件细节的设计，第一轮失败的原因就在这儿。王越认为必须重新审查电器方面的设计，更改不合理的地方，然后才有可能过关。

首先，201空载雷达工作条件非常苛刻，要求在-40—80℃可正常工作，因为歼击机高度到达10000米时，所处温度就是-40℃左右，当时我国的晶体管研制刚刚起步，在低温下还不过关，所以必须用小型的电子管。而电子管的设备开机时通常需要预热，机载雷达在10000米高空冻上一段时间，就很难启动，启动不起来就算失败。所以机载雷达在材料、元器件、设计各个方面的要求，比地面的产品要求要苛刻得多。实验的时候，要经受-60—80℃间的温度变化，比地面雷达的要求高很多。

其次，201空载雷达设计还必须紧凑精致。歼击机体积和重量都比较小，所以要求安装的设备也要很紧凑。火控雷达既要精确跟踪，还要装载到飞机上，必须将体积和重量都压得比较小，所以需要精确设计。机械加工、装配都要求精度很高，不少零部件都有重量要求，有的要精确到克。还有许多特殊工艺，如镁合金、铝铅点焊等。那个时期，苏联与我国的关系已经很紧张了，所以，虽然是总体上按苏联的型号仿制，但是设计资料并不完整，也没有专家指导，因此仅按照苏联的图纸仿制有很多技术过不了关。

此外，在重新设计的过程中，王越发现苏联提供的图纸的确也有些错误。因为，像雷达这样的产品有数以万计张图纸，每一个小部件都有一张图纸，所以从图纸设计出来到试制生产、到定型，中间要修改很多次。稍微不配套，就会发生问题。修改图纸要发命令，在工厂叫"更改命令"，发"更改命令"一定要经过批准。

王越发现这些问题以后，就想不能再经历第二轮失败了，破釜沉舟，非要干出来不可！接手之前，生产线上依然在继续生产，因为当时对这些产品的需求很急，有批量生产的要求。于是王越就比较大胆地跟副总工程师张锡熊报告，要求前一轮设计的产品生产线全部停下来。零件、各种部件的生产就停了下来。据王越讲述，他当时没有权力叫停，但是他可以建议生产停下来，所以当他上报到总工程师那里时，全厂哗然。

检查完设计之后，王越带领大家开始调整电路。在车间也有一套实验设备，调试的时候设计人员直接下到车间，几乎通宵达旦地干。半夜，厂里免费送来白馒头和红烧肉，不要粮票专供加班人员。1963年粮食还是很紧张，别人就讽刺他们，开玩笑说他们完成任务是红烧肉吃得很多，说他们是"红烧肉队伍"。

随后，王越带领设计人员开始修改设计方案。201系统电子管上的元器件都是我国制造的，雷达各部分有很多精细的设计，譬如说，电路的高低温的温度补偿要在元器件上体现出来。元器件有的是正温度系数，有的是负温度系数，就必须选择好补偿，尤其在核心部分。假如这些地方不精心设计，在常温下做出来好像还可以，但是，一经过环境试验或者精细的测试，就会问题百出，根本过不了关。王越仔细检查它的设计，中间发了很多道更改命令。要知道在工厂里，一旦设计出图纸，就不能随便更改，更改必须一道道发更改命令，然后存档，每一步修改责任分明。苏联的图纸问题很多，几乎每部分都可能有问题，所以需要一个一个先把它研究清楚，从原理上吃透，然后再解决问题。不能贸然地改，因为如果下命令改图纸，总设计师签名后，还要总工程师签名。更改之后，要想再改回来就是非常麻烦的事。在这一点，工厂的生产跟学校里做研究完全不同，是必须按照规范来做。这样才会有底可查，责任分明，但是，这套规范欠灵活性。于是王越就先拿老样机做试验，找毛病，修改苏联的设计。

对于某些电路，从元器件选配、等级确定到温度系数和精度，这些都要重新计算和实验。怎么实验呢？在常温下问题显现不出来，所以需要在-60℃进行试验。王越向厂里提出需求，专门买了一个大冰箱，这个大冰箱人是可以进去的，到低温下，设计人员要穿着皮衣服才能进去。-40—-60℃啊！机器放在冰箱里，但是仪表在外，技术员把测试线拿进去，现场测各个关键点。比如，对于组合的部分电路，低温下它就工作失常了，就得人进去测，一级一级地测，查看到底哪儿出了问题。王越和设计师经常轮流进冰箱里去测，精细地检查每一项设计，然后修改原先设计不合理的地方。原来的设计有很多错。譬如，有一个距离搜索截获电路的设计，它应该碰到目标信号，距离上自动截获，到-20℃还是正常工作，但是随着温度下降,到 −23℃、−24℃它突然就不工作了。等到温度升上来,它又开始工作,就这样反复。到底什么原因?原来的图纸上只有设计结果,没有设计的原理分析和计算,要找到电路中哪一级出问题,不是简单的事。看着图,再想着可能哪里出问题了,到哪个测试点去检查,从示波器上看那个搜索波门还走不走,搜索波门靠电压控制,再要看那个电压表,然后看电压产生的电路,最后再修改这个电路的设计,就得这样一道一道地去找。所以要先理论上去找出可能存在什么问题,然后做准备、修改,这时还要发设计图纸的更改命令,然后到低温冰箱里面做试验。因此几个关键部分实验时间拖得比较长,最后高温、低温都过关了。军代表也很辛苦,每做一道试验,他们都必须在现场签字。如果军代表不签字,将来就不验收,试验就不算完成。那时候军代表也非常敬业,监督也很严格,程序一道道过。那段时间王越在车间里每天工作十四五个小时,每天基本是夜里两三点钟回家,早晨8点半又去上班了。据王越讲:

> 从9月份开始,几乎三个月时间没和我爱人说上话。我回家的时候,一般是半夜两三点,爱人已经睡着了,早晨我起床时,她已经上班了。那时我们是分三班吃饭,同一个白班分班吃饭,她是第一班,七点半就去食堂买饭,我是设计所,是第三班。从9月到12月,我们基本上就没有机会说话,家里的事都落到我爱人的身上,她从来没有怨言,一直都很支持我的工作。
>
> 1963年的最后一天,我记得很清楚,我们从9月开始做实验,一直到12月31号晚上11点,就是一道道做,最后把雷达整机架在实验台上做模拟飞机振动试验。当时没有这么大的实验台,只能用分布式工作,我用四个实验台分载雷达整机震动,震动2个小时。这个耐震性是很厉害的,如果焊接等装配不好,元器件就可能掉一地。
>
> 我们厂长是个长征的老干部,他叫李传常[①],长征时只有十几岁。他对这件事也很关心,经常到车间看看。他对我说:"王越,我

[①] 李传常,786厂第二任厂长,十一级干部,曾是红小鬼,曾参加抗战时期著名战斗——夜袭日军阳明堡机场。

们今年 786 厂能不能全面完成任务，就看你的了。"我记得 1963 年的 12 月 31 日，我们正在实验室里做试验，李厂长来了就说："王越啊，我们厂今年的其他任务都完成了，现在就看你这个 201 任务能不能完成！你完成了，我们全厂的任务就完成了。"到 1963 年 12 月 31 日（晚上）12 点，我们完成了最后的整机试验。所以说，那一年全厂都完成了任务。我记得很清楚，1963 年发了一些奖金，我是全厂奖金比较高的，我得了 40 块钱。相对于其他部门来讲，我们这个设计队伍发的是最高的[1]。

1964 年，201 系统设计出来之后，出了三套样机。军方先进行总体验收，验收完毕之后，一套样机放在厂里做全程实验，另外两套用于外场实验。王越 4 月去外场试验，一直到 7 月底才结束。实验在空一师进行，这是一个装备歼-6 的部队。之前歼击机上用的是从苏联进口的雷达，后来中苏关系紧张，歼击机机载雷达的供应就断链了。王越带领研究队伍把 201 系统试验样机装到歼-6 飞机上，然后进行实际试验。厂领导一直很关心 201 系统的试验进展，7 月底的时候，张锡熊给王越打电话，询问试验进程。据王越回忆：

我记得很清楚，正好那天我刚做完试验，我们的副总工程师张锡熊打来电话说："王越，好久没得到你的消息，你到底怎么样，需要不需要我们支援？"我说："张总，我今天通过了！"他说："那太好了！"我们到现场的只有五六个人，有工人，有检验科的人，还有调试人员，组织成一支精干队伍，很多问题在现场全都要解决。那时我只是个工程师，还不是领导干部，但是我带的这支队伍很团结，大家齐心协力地把事情做好[2]。

两套产品通过了外场试验，786 厂就生产了 40 套。之后，786 厂把产

---

[1] 王越访谈，2010 年 11 月 15 日，北京。资料存于采集工程数据库。

[2] 同[1]。

品移交到780厂。王越亲自带领科技人员去780厂进行技术支持，和他们交流，提供一些帮助，当时连钳工师傅都去了。

201系统的成功，使王越获得了参加全国青联会议的机会，并得到了毛泽东主席、周恩来总理等国家领导人的接见。王越回忆当时接见的情景：

> 1964年我已经超过30岁了，团籍已经没有了。那时候对青年团团员最高年龄的界定是到30岁，我就转到全国青联。那时青联和学联一起开会，毛主席接见了我们。我当时被选为全国青联代表，到北京参加全国青联和学联第四届二次会议，我住在北京前门饭店。有一天，胡耀邦来了说："报告你们一个好消息，后天毛主席接见。"很多同志激动得一夜都没睡好觉，我也很激动。那个年代，大家对毛主席很崇敬啊！毛主席、周总理接见我们之后，跟我们合影留念。那张照片现在我还珍贵地保存着。不过，"文化大革命"中我迫于压力把刘少奇、邓小平都打个叉，后来又把叉涂掉。"文化大革命"的时候，邓小平是第二号走资派，我和他一起合影，所以我也是有点儿众矢之的，那时说我是典型的白专道路，资产阶级的技术专家[①]。

在参加全国青联开会期间，毛泽东主席有一个讲话，提到"人类社会总是不断地有所发展的，有所发现，有所进步，人民总是要革命的，不会停留在一个水平上"[②]。其他代表也有一些精彩的发言。参加完全国青联会议回到786厂后，厂领导安排王越给全厂职工作报告，王越就传达了毛主席的讲话并对其他代表的发言进行了总结。在厂里讲完后，又应邀到陕西的782厂还有其他几个兄弟单位作报告，作了五六场。之后，陕西省委认为王越有良好的口才和组织管理能力，决定把王越调到陕西省青联工作。但是王越没有去，最重要的原因是他无法放弃对无线电的浓厚兴趣，他喜欢做这方面的研究工作；另外786厂的领导也舍不得放他走，主要是党委书记郭子平不肯放他走。王越的技术水平逐渐提升，研究能力在设计

---

① 王越访谈，2010年11月15日，北京。资料存于采集工程数据库。
② 毛泽东. 学习马克思主义的认识论和辩证法[M]. 毛泽东文集，1964（8）：325.

队伍里逐渐显露头角，并逐渐超越张锡熊等经验丰富的老专家。

1965年，单位根据王越的表现，又重新批准他介入绝密级研制队伍。1966年7月，786厂"四清"工作队工作组组长王德全亲自对王越进行了政治审查，认为王越同志政治历史清楚，无问题。1965—1966年，王越曾接任过防空导弹第二代总设计师的工作，但是时间很短。

201系统成功的原因，首先是大环境的因素。国家需要、国防的需要，而且是非常急迫的需求，对科研工作者产生了巨大的压力和动力；第二是王越对无线电、雷达课程有浓厚的兴趣，而且这种兴趣是有深厚基础的、持久的，不只是应付考试。王越学习起来喜欢刨根问底，对于课程里的有关规律，都要问个为什么？规律巧妙在哪儿？所以对雷达的整体思考比较多，也比较全面。搞雷达总体设计必须对整个机理和它的要点有比较好的掌握；第三是那个时期，王越从研制岸炮校射雷达（861系统）开始，已经介入总体系统，并在861系统中得到训练，逐步具备了总设计师的素质；最后是当国家需要时，他很少考虑自己的得失，怀着破釜沉舟的决心，沉着勇敢地面对。201系统的成功使王越获得了一个更重要的机会，就是被任命为303系统的总设计师，负责总体工作，后有详述。

世界上第一部双波段工作的炮瞄雷达——302雷达

第二次世界大战后，以雷达制导的地空导弹武器系统迅速发展，对作战飞机执行任务造成严重威胁，迫使各军事大国纷纷研制反辐射导弹武器系统。反辐射导弹（Anti-Radiation Missile）又称反雷达导弹（Anti-Radar Missile），是一种专门用来攻击电磁辐射源的战术导弹。它以敌方雷达或雷达干扰源所发出的电磁波作为引导信号，将导弹导向敌方雷达或雷达干扰源，将其摧毁。在现代化战争中，反辐射导弹是电子战领域中不可缺少的硬杀伤武器。该导弹除了能摧毁雷达阵列外，还能杀伤雷达操作人员，迫使敌方重新装备或长时间维修，使雷达在作战中不能有效地发挥作用，从而使防空武器和其他有关武器失效。

北部湾事件后，美国加强反雷达研究，在越南战争中，美国空军使用了 AGM-45 "百舌鸟"（Shrike）第一代反辐射导弹，用它摧毁防空阵地的高炮雷达和防空导弹制导雷达，取得了很好的效果。据美国统计，使用反辐射导弹之前，1965 年平均发射 10 枚地空导弹就可击落一架美国飞机，使用反辐射导弹之后，1966 年底平均发射 70 枚导弹才能击落一架美国飞机。

"百舌鸟"导弹是美国研制的世界上第一种反辐射导弹。这种导弹主要用于攻击敌方的地对空导弹制导雷达和高炮的炮瞄雷达以及发展到也攻击警戒雷达等。该导弹是于 50 年代末在 "麻雀" III 空对空导弹的基础上研制的。1964 年投产，1965 年便用于越南战场，并取得一定战果。越南战场上，美国用"百舌鸟"导弹攻击我们的 301 雷达，虽然战士们也采用一些电子对抗办法来对付"百舌鸟"导弹，但是还是被打坏了几部，战士们的安全也受到极大威胁，一是 S 波段工作频率暴露已久，敌方已装备杂波干扰机，因此急需在技术上进行改进。301 雷达体制的有些参数是暴露的，二是圆锥扫描雷达需要接收一系列的回波脉冲才能实现自动跟踪，受回波信号幅度起伏影响较大，限制了跟踪精度；三是圆锥扫描频率和特征能使敌方很快判断，这是一个火控雷达并可以利用暴露的圆锥频率形成回答式角度欺骗、干扰、破坏我方雷达进行目标跟踪；雷达一开机，敌方会迅速集结队伍打击我们的雷达，因此改进 301 雷达迫在眉睫。

经过 301 系统、201 系统、861 系统、Pn-2y 空空导弹制导雷达的锻炼，1960 年，王越已经被提升为工程师，特别是 201 系统的成功，使他在 786 厂脱颖而出，并成为设计所的骨干力量。但是，如何改进 301 雷达呢？王越也没有成熟的改进思想。当时张锡熊已调任厂里的副总工程师，所以由设计所王其扬副所长召集设计所的技术骨干进行讨论，张锡熊也参加了讨论。经过讨论大家集中认为要采用电子对抗技术来提高 301 系统的性能。据王越讲，原始的改进思想，应该是由 786 厂设计所副所长王其扬提出的。301 型雷达只有一个波段——S 波段，即 10cm 波段，王其扬提出增加了一个新波段 X 波段，即三厘米波段（即 3cm）；三厘米波段和当时美军机载雷达同频段，可以避开敌人的干扰和攻击，同时不再进行圆锥扫描，而是采用隐蔽圆锥扫描，在圆锥扫描频率未暴露的条件下，能抗同期回答式角度欺骗干扰，给对方判断增加困难。这样对 301 系统的改进在一定程度可以有效抵抗反辐射弹攻击。王其扬、王越、张锡熊和王传义等对 301 系统的改进进行了多次讨论，最终由王越组织实施了这种设想，把提出的改进思想变成样机，还增加了一些新的部件。改进的雷达叫大 860，是厂内的编号，后来国家的编号是 302。它是我国火控雷达领域从对抗斗争角度出发自行研制开发雷达开始的标志。

302 雷达从 20 世纪 60 年代初期开始研制，1965 年 786 厂设计所体制调整，设立第一研究室，负责炮瞄火控雷达研制，王越被任命为研究室主任。于是，王越在组织大家完成微波铁氧体器件、反射体爆破成形等关键工艺技术的专题攻关后，1966 年便生产出第一台样机。1967 年，786 厂设计所的大部分人员归属到 206 研究所，设计任务带到 206 所但生产任务仍留 786 厂。1970 年，部队作战和支援越南战场急需 302 雷达大批量生产，但是 302 雷达系统还存在不少技术问题。于是，206 所[①]派出以李传泗为组长的 19 名人员组成的工作组，到 786 厂共同开展技术攻关。最终 1971 年完成了全部生产任务，全年生产 302 雷达 220 部。经过连续几年稳定生产后，206 所的技术人员于 1974 年才逐步撤回。

在援越抗美斗争中，我国火控雷达及光学仪器控制的高炮雷达曾击落美机多达 1000 多架，受到广大指战员的好评。在《当代中国的国防科技事业》中，提及是王传义等人成功研制 302 雷达系统，而 206 所所史中列出，206 所参与 302 设计的技术人员有白永贵[②]、贺国楷、马静娴、秦泽荫，并且提到为了解决雷达的问题，白永贵曾去过越南战场。据彭家庭讲述，王越在 302 系统的后期研制中做了大量的工作。在 302 雷达系统的后期攻关中，王越是总体主持设计师，副主持设计师是负责电子的白永贵和

[①] 206 所，指中国人民解放军 206 所，简称"206 所"。原为隶属于第四机械工业部第十研究员的炮瞄雷达研究所，自 1970 年 7 月 1 日隶属于总后勤部第二十研究所后更名。尽管后来隶属几经改变但名称依然是"206 所"。

[②] 白永贵，206 所的雷达研制专家，曾赴越南进行 302 系统的调试试用；在 303 系统、703 系统研制过程中与王越有过密切的合作。

负责结构的包万正,为了验证其效果,白永贵随同样机亲赴越南前线参加过战斗。我们在访谈时同王越谈起此事,他非常平静地解释道,1967年后,我的主要精力转到303雷达上。有一些项目,一开始立项没有把你放到总师的位置上,或不是专职总师,即使你后来加入,做了很多工作也不会有记载。很多的科学研究都是建立在前人工作的基础上,一个大项目的成功往往需要很多人铺垫。

302雷达是世界上第一部共用一个天线进行精确跟踪的双波段工作的炮瞄雷达,是面对国防需要努力工作的成果。通过改进苏联COH-9A设计,采用X·S双频段和隐蔽锥扫体制,全部实现了国产化。302雷达的研制成功,标志着中国在雷达研制方面开始脱离国外产品的图纸、工艺资料和样机,开始了我国自力更生、自行研制、自行开发新雷达的历史。整机所需原材料、元器件和部件全部立足于国内,定型后批量生产,装备部队使用,并开始向国外出口。它有力地支援了越南战争。

在302雷达的研制过程中,王越从王其扬、张锡熊等前辈身上学习到了雷达设计创新的思维,并在研制302雷达的不断实践中积累了大量经验,总体设计工作开始走向成熟。

第四章
"文化大革命"岁月里的科研会战

新单位、新任务

由于王越在雷达研制工作中的突出表现，1966年前后，党组织又开始讨论他的入党问题。但是由于"文化大革命"的开始，单位里贴出大字报，说他有非常复杂的社会关系，还说"他的老婆比他的关系还要复杂"，并且攻击他"是白专典型、资产阶级专家"。在这种形势下，王越的入党问题再次被搁置。虽然有这样那样的攻击，国家对军工科研的重视和保护使得王越还是有相对稳定的研究条件和生活保障，能够继续从事军工科研工作。这一时期他又接受了新的研究任务，并和大批同事一起被调到了新成立的炮瞄雷达研究所。

1967年7月7日，正值越南战争激烈进行的时候，毛泽东主席听取了中央军事会议关于"抗美援越"战争情况汇报后，指示：要狠抓一下雷达、光学仪器、指挥仪，要能抗干扰，要提高质量、减轻重量、增加数量。毛主席的这一指示被称为"七七"指示。1967年9月16日，遵照毛主席的指示，国防科学技术委员会（[67]科字第560号文件）作出组建"炮瞄雷达研究所"的决定。炮瞄雷达研究所组建初期位于西北电讯工程学院（今西安电子科技大学）内，在西安市城南，有良好的人文自然环境。1967年，原786厂设计所人员一分为二，一部分到了炮瞄雷达研究所，另一部分到了上海机电二局。其中439人加入炮瞄雷达研究所，包括王越、周培德、白永贵等著名的雷达专家。

炮瞄雷达研究所成立初期隶属于第四机械工业部第十研究院，从1970年7月1日起隶属于总后勤部第二十研究院，并更名为中国人民解放军206研究所，简称206所，尽管后来隶属几经变化但名称依然是

图4-1　206所旧址（摘自206所史）

沿用206所。1971年10月，在国家进行的军工战略调整中，206所以紧急战备的姿态迁至陕西省内的偏僻山沟里。那里谷深林密，地势险要，从战备与保密的角度来看，的确是"三线建设"①的好地方，但是给科研和生活带来极大的不便利。经过王越等人的努力，1988年11月，206所迁到西安市南郊长安县韦曲北塬（今长安区韦曲凤栖东路）。

206所成立之初，隶属过第四机械工业部第十研究院、国防科委第十一研究院、总后勤部第二十研究院等，所里的老领导都是军人出身。1968年初王越等人从786厂设计所调入206研究所之前，所里对每个调入的工作人员都进行了严格的政治审查，政审组转告王越他的政治审查没有通过。王越那时正在北京参加303系统的研制，他没有太多时间考虑这

---

①　"三线建设"，20世纪60年代，中国周边形势十分严峻，直接威胁中国安全。为了抗御外敌，毛泽东提出"三线建设"的战略构想：把全国划分为前线、中间地带和战略后方，分别简称为一线、二线和大三线。将一大批重要的工业项目搬迁到崇山峻岭中，206所就是在这种环境下搬迁到山沟里的。

个问题，于是他说："不要我，我就走吧。"但是最终所里还是通知他说，"虽然你政治不合格，但是人要留下来工作。"在那个政治挂帅的年代，206所竟然敢把一个政治审查不合格的人给留下来，可想而知，王越在火控雷达研制中已经是举足轻重的"人物"了。

20世纪60年代末期，王其扬、王越等人创造性地研制出302雷达，极大提高了雷达的电子对抗性能，可以有效抵御"百舌鸟"导弹。但是，电子对抗问题解决后，雷达的重量问题又成了突出矛盾。在越南前线，一部302雷达重量大约是七八吨。如此重的雷达，对于行军、挖工事是非常不利的。越南属热带季风气候，气温高、湿度大、风雨多，战场经常处于泥泞之中。所以302雷达时常陷于淤泥之中，车拉不动，就得靠战士推拉，行动缓慢。在战场修工事，没有现代机械化设备，全靠战士用手作业，非常艰苦。因此亟待减轻302雷达的重量。

20世纪60年代，中国雷达的主要部件还是电子管。电子管笨重、耗电大、需预热、工作供电复杂、易老化、不能集成化等固有缺陷非常明显，而且电子管使用寿命短，一般连续工作不超过500小时。在较恶劣条件下雷达上的普通电子管，效果极不稳定，应用在移动式的军用器械和设备上使用的电子管更显笨拙，易出故障。电子管本身固有的弱点和迫切的战时需要，促使国家组织众多科研单位和广大科学家，集中精力解决火控雷达的重量问题，急于迅速研制重量较轻的火控雷达。1966年，786厂的技术人员及驻厂军代表组成调查组，已经是室主任的王越是调查组成员之一。针对大860型雷达在部队的使用情况以及了解的越南战场情况，王越认为有必要也有可能在大860雷达的基础上重新设计一种在低空快速跟踪和机动性方面更为优越的雷达，以满足作战部队的需要。

晶体管与雷达

那么如何实现雷达的低空快速跟踪和机动性能呢？在20世纪60年代

中期以后，国际上已将电子计算机、微处理器晶体管化并开始将小规模数字集成电路等应用到雷达上，使雷达性能大大提高，同时减小体积和重量，提高可靠性。王越想到了晶体管。

科学技术的飞跃，往往与某一基础科学的突破性进展紧密相关。电子学的突飞猛进，应该是从晶体管发明以后开始的。尤其是 PN 结型晶体管的出现，开辟了电子器件的新纪元，引起了一场电子技术的革命。它是由物理研究半导体中加入三个电极通电互相影响发现有电流放大作用开始的，美国科学家锲而不舍陆续取得成绩。1956 年，肖克莱、巴丁、布拉顿三人在贝尔实验研究多年后因发明晶体管同时荣获诺贝尔物理学奖。

晶体管的问世，是 20 世纪的一项重大发明，是微电子革命的先声。晶体管出现后，人们就能用一个小巧的、消耗功率低的电子器件来代替体积大、功率消耗大的电子管了。同电子管相比，晶体管具有诸多优越性：①晶体管的构件没有使用寿命限制。无论多么优良的电子管，都会因阴极高温发射材料老化和慢性漏气而逐渐劣化。晶体管的寿命一般比电子管长 100—1000 倍，称得起永久性器件的美名。②晶体管消耗电子极少，仅为电子管的十分之一或几十分之一。③晶体管不需预热，一开机就工作。例如，晶体管收音机一开就响，晶体管电视机一开就很快出现画面。电子管设备就做不到这一点，开机后，非得等一会儿才听得到声音，看得到画面。显然，在军事、测量、记录等方面，晶体管是非常有优势的。④晶体管结实可靠，比电子管可靠 100 倍，耐冲击、耐振动都是电子管所无法比拟的。另外，晶体管的体积只有电子管的十分之一到百分之一，可用于设计小型、复杂、可靠的电路。晶体管的制造工艺虽然精密，但工序简便，有利于提高元器件的安装密度。

正因为晶体管的性能如此优越，晶体管诞生之后，便被广泛地应用于工农业生产、国防建设以及人们日常生活中。1953 年第一个采用晶体管的商业化设备投入市场，即助听器。1954 年 10 月 18 日，第一台晶体管收音机 Regency TR1 投入市场，仅包含四只锗晶体管。首批电池式的晶体管收音机一投放市场，就受到欢迎，人们竞相购买这种收音机。由于硅晶体管适合高温工作，所以在电子工业领域是最受欢迎的产品之一。60 年代后期，轻便收发机，甚至车载的大型发射机也都晶体管化了。

随着电子技术应用的不断推广和电子产品发展的日趋复杂，电子设备中用的电子器件越来越多，变得非常复杂，同时也带来可靠性问题。比如第二次世界大战末出现的 B-29 轰炸机上装有 1000 个电子管和 1 万多个无线电元件。1960 年上市的通用型号计算机有 10 万个二极管和 2.5 万个晶体管。一个晶体管只能取代一个电子管，极为复杂的电子设备中就可能要用上百万个晶体管。一个晶体管有三条腿，复杂一些的设备就可能有数百万个焊接点，稍有不慎，就极有可能出现故障，所以电子设备大量利用晶体管也有可靠性问题。为确保设备的可靠性，缩小其重量和体积，人们迫切需要在电子技术领域出现一次新的突破。1957 年苏联成功地发射了第一颗人造卫星。这一震惊世界的消息给了美国极大震动，在冷战格局下是一种美国落后的失衡，它严重挫伤了美国人的自尊心和优越感。发达的空间技术是建立在先进的电子技术基础上的，为夺得空间科技的领先地位，美国政府于 1958 年成立了国家航空和宇航局，负责军事和宇航研究，为实现电子设备的小型化和轻量化，投入了天文数字的经费。就是在这种激烈的军备竞赛的刺激下，在已有的晶体管技术的基础上，诞生了集成电路，它是以半导体生长和光刻技术为基础，在一块几平方毫米的极其微小的半导体晶片上，将成千上万的晶体管、电阻、电容，包括连接线都做在一起，真正是立锥之地布千军，是材料、元件、晶体管三位一体的有机结合。它使得所有电子设备可以大幅度提升功能，同时也提升可靠性、压小体积和功耗，这样的电子设备是社会发展、国防建设、人民生活提高等的重要新生动力。

中国的半导体研究起始于 1956 年，在周恩来总理主持制定的 1956—1967 年国家十二年科学技术发展远景规划中，提出了四项紧急措施，其中之一即在我国立即开始最先进的半导体科学技术的研究，同时，调集科研力量，健全科研发展机构[①]。对中国的科学家而言，这是一个未进行过的研究课题，一切都得以自力更生为主进行发展。

---

① 参见《1956-1967 年科学技术发展远景规划纲要》。

没有盲区的天空　王越传

北京大学接受了联合五校（北京大学、复旦大学、东北人民大学、厦门大学和南京大学）共同培养半导体专业人才的任务。中科院应用物理研究所的任务则是组织全国有关科研院所及大专院校的科技人员（以中科院应用物理所和二机部第十三研究所为主体），集中到北京东黄城根应用物理研究所，进行半导体设备、半导体材料、半导体器件和半导体测试的科研攻关。

1956年11月，在北京东黄城根中国科学院应用物理研究所小楼二层的半导体器件实验室里，中国的第一只晶体三极管诞生了。自此，和发达国家一样，中国也进入了半导体新纪元。《人民日报》随后在第一版刊登了这则消息，极大地振奋了人心，吹响了中国向科学进军的号角[1]。

20世纪50年代后期，中国也出现很多的晶体管生产厂，当时的晶体管大部分是锗晶体管，主要用于收音机等家电上，在雷达上只有少量应用。辽宁省公安厅的辽河实验工厂锗晶体管的研制，虽起步于1960年，但是由于发挥了技术人员的积极作用，经过刻苦试验，很快攻克密封管口、填充料等工艺难关，迅速缩短了与国际水平的差距，能够稳定地批量生产高频和低频系列的锗晶体三极管，不仅供应本部门需要，还开始批量供给国防科委第五研究院（航天部的前身，当时由钱学森负责）、哈尔滨军事工程学院、总参三部和科学院计算机所等单位，制造出了我国第二代半导体计算机和雷达控制系统。

采访中王越讲，20世纪50年代中国对半导体的研究开始比较重视，行动比较快。但是后来受苏联和基础科研薄弱的影响，就与世界先进水平有了较大的距离。苏联科学院院士约飞[2]有个错误的判断，他认为半导体固态化的管子（晶体管），在高频永远超不过电子管，所以当时苏联在高频管上没有行动。约飞是苏联科学院院士，在苏联是技术权威，一言九鼎。他说了之后，无人敢反驳他，但是他这个判断的确是错误的。苏联的

---

[1] 吴锡九，邓先灿. 50年前中国第一只晶体管诞生侧记. 科技导报，2006（11）：77-78.

[2] 约飞（A. F. Joffe，1880-1960），苏联物理学家。圣彼得堡工学院毕业。曾任教于德国慕尼黑大学。历任圣彼得堡工学院教授，苏联科学院列宁格勒物理技术研究所所长、半导体研究所所长等职。苏联科学院院士。对半导体的研究做出贡献，在电介质物理学、晶体力学和电学性质等方面的研究也有一定成就。

微电子，尤其高频段和大规模集成落后，跟约飞有很大关系。60年代和70年代初，中国的晶体管技术与苏联、美国的差距还不是很大。后来，美国的微电子集成和高频电子管从机理、材料上有所突破，中美之间的距离就拉大了。一直到现在，在微波及毫米波的高频段高功率器件（含电真空器件）性能水平上，中国与美国等国的技术都还有明显差距，这是基础决定的。王越认为电子学是一个系统工程，必须从基础、物理、材料、加工技术上齐下工夫，才会有重大突破。基础研究，短时间看起来没什么效益，但是一旦有突破性发现，外加需求的推动，后期效益是非常强的。正如20世纪二三十年代半导体材料的发现，使电子学发生了革命性巨变一样。

中国的集成电路1965年诞生，比美国晚七年，与日本基本处于同一起跑线上，研究反应及时，开端良好，但都属于小规模的集成电路。20世纪60年代初，国内半导体器件的研究主要以锗器件为主，作过锗集成电路的尝试，作过混合电路的努力。但当时代表集成电路发展方向的技术是以硅平面工艺为基础的单片集成电路，这成为中国主要研制单位的主攻方向。60年代中期，我国硅平面晶体管工艺逐渐趋于成熟。硅平面晶体管先后在中国科学院半导体所等十院所研制成功。硅平面晶体管制造工艺的突破，为发展硅集成电路打下了基础。同时，晶体管和集成电路技术的诞生和发展，为晶体管雷达的诞生创造了基础条件。

新式雷达设计必须考虑作战环境，除了提升雷达的对抗性能外，还需要把重量大大减下来。依靠什么技术减轻雷达的重量呢？大学时期，王越从毕德显先生开设的半导体物理学课上，对晶体管就有了一个比较全面的了解，可惜那时中国的晶体管还没有研制成功，只能听毕先生描述晶体管的原理、结构和神奇。20世纪60年代，一些晶体管的电子设备相继出现，王越从一些国外的资料和产品上判断，一些先进的雷达都在搞固态化，并且国内研制的晶体管已经达到实用化要求，于是他就提出通过雷达固态化（晶体管化）来减轻雷达的重量，也就说把大量的电子管换成晶体管，以减轻雷达的重量。

由于时间紧迫，而且302雷达部队刚装备使用，对方对X波段干扰装备的生产和使用需要一定时间，王越提出新式雷达体制不作改变，依然采用302雷达系统的双波段和假单脉冲跟踪体制，改进重点是大幅度减轻重量和大幅度提高对低空快速目标的跟踪速度和精度，以此满足在越南前线部队作战急需。他的研制设想得到了上级的认可。在上级的大力支持下，技术人员进行了方案摸底试验。1966年11月组成三结合小组，讨论并确定了炮瞄雷达的总体方案。

会战303系统

1967年由通信部55所下达了"炮瞄雷达——六型战术要求"。1968年国防工办和国防科工委正式向206所下达新型雷达科研任务，国家编号为303系统，206所所内编号为小860型雷达。由于王越在861系统、201系统研制中的突出表现以及对新式雷达的一些创造性思维，被任命为303系统总设计师，负责整个系统的设计和研制。另外还有两个副总设计师，一个是白永贵，负责电子电路系统；另一个是包万正，负责雷达整体结构。

小860型雷达原计划由206所与786厂设计所联合协作研制，结果，因为"文化大革命"，786厂未能参加，改为206所与北京方面合作会战。1968年4月王越到达北京，住在车道沟附近的北京无线电厂，5月，206所设计人员到北京组织"三结合"①，与北京仪表局、交通局、汽修四厂和北京邮电学院有关人员组成会战组，研制小860型雷达。此时"文化大革命"已搞得非常激烈，开始波及这些科技人员，但是北京的单位把王越及其团队保护了起来，使他们能专心研究小860型雷达。"文化大革命"

---

① "三结合"，在1967年1月23日以前，造反派夺权后成立的领导机构，主要是由群众组织代表和少量的革命干部代表两部分人组成。此后，中共中央、国务院、中央军委、中央"文革"发出《关于人民解放军坚决支持左派群众的决定》，要求中国人民解放军"积极支持广大革命'左'派群众的夺权斗争"。解放军到地方支"左"，成为"革命委员会"内部"三结合"的构成之一。1967年11月27日，中共中央在《关于对征询召开"九大"的意见的通报》中要求，九大代表要体现三个"三结合"，即：军队、革命干部、革命群众组织代表三结合；工、农、兵三结合；老、中、少三结合。

开始不久，786厂设计所①里一些技术人员受到了很大冲击，试验科科长王传义在这场史无前例的政治运动中丧生。首先是他夫人黄日绵承受不了压力而自杀，接着他也自杀了，留下两个孩子。王传义夫妇是民国时期培养的大学生，技术水平很高，在302系统研制过程中做过重要贡献。

由于临时组建这样一个研究团队来进行303系统的科技攻关，所以试验和生活条件极为艰苦。作为总设计师，王越需要协调解决研制过程中的任何问题，首先要解决的是着手搭建试验平台。当初仪表局有一些普通的仪器设备，王越就先利用那些设备建立研究的基本条件，同时申请从西安打包搬运一些特殊的雷达实验设备。火控雷达包括发射系统、接收系统、天线系统等，王越就将各系统的设计和生产分别分配给仪表局下设的四个厂，根据专业进行分工，无线电厂搞总体接收，开关厂搞发射，低压电器厂搞微波等。

作为技术负责人，王越必须全面地考虑整个系统的每一个部分。虽然每个部分有分工，但是每个部分功能的提升和问题的解决，都得由王越全面考虑并及时解决，否则就会影响整个研制的进程。白天王越听取各分系统主管的汇报，到设计、研究现场查看工作进度，然后组织技术人员讨论技术方案。夜深人静的时候，他就开始思考各分系统遇到的各种各样的问题，并试图找到问题的根源和解决方案。可以说，在整个研制队伍中，王越的任务是最艰巨的。

据303系统的副总设计师包万正回忆：

> 雷达各部分原创的东西都在王越的大脑里了，作为总设计师，他运筹帷幄，统率整个研究团队。他将具体的研究任务分配给各个部分去实施，各部分有各部分的骨干，遇到问题，各部分会向他汇报，他就帮他们分析问题的原因，提出解决的方案。晚上仪表局大楼只有王越房间的灯还亮着，他每天都干到夜里两三点，一直坚持了两三年②。

---

① 1968年春天，206所还处于筹建阶段，786厂设计所的人员还没有转到206所。
② 包万正访谈，2010年11月24日，西安。资料存于采集工程数据库。

王越刚到北京时，住在北京无线电厂，厂里条件比较艰苦，没有床，大家在房间的地上铺上稻草，被子铺开后就当床。吃饭的时候，自己拿饭盒到食堂买。单位每天给9角的补贴，后来涨到1.3元，这在当时已经不少了。后来为了工作需要，上级安排王越到北京仪表局，办公大楼里有办公地点，晚上王越回到仪表局办公室打地铺，他每天晚上一般两三点钟才睡觉，早晨六点多钟又开始工作，睡眠严重不足。但那个时期大家都在忘我地拼命工作，干劲十足。206所的研制人员大约半年可回一次家。1969年春节，王越没回西安206所，在仪表局空荡荡的大楼中一个人由大年夜一睡就是一天半，饭都没起来吃。

将7吨降至4.5吨并不是一件简单的事情。王越首先想到的是改变基本架构材料，主要将密度比较大的钢换成铝合金，但并不是任何材料都可以随便换掉，当时的基础研究、新材料开发、加工工艺水平较低等因素都制约着雷达重量的减轻。天线、天线座都是钢结构的，馈线、波导都是铜质的，加上下面钢质的发射机架，重量加起来达2吨，此外因各分机较重，造成装载分机的机架也由钢材制成，重量达几百公斤。如果采用铝合金作为天线座材料，可以大大减轻它的重量，但内部传动齿轮不能用铝的，那会影响天线跟踪精度。天线的跟踪精度是雷达设计中一个重要指标，不能随意降低。装载雷达的车厢也都是用钢做材料的，加上需支撑较重载荷的拖车底盘自身也必须用铸钢件，由此导致拖车（含车厢）重量达4吨。要减下来，车厢里的东西也要减轻，因各部分是相互关联、相辅相成的，一些固有的设计惯例很难改变，因此既要保证精度又要减轻重量，必须采用一些新技术。

经过调研，王越认为为减轻重量采用新技术主要是指将雷达上应用的大量电子管换成晶体管，天线座改用铝合金材料。采用晶体管后工作电压和功耗降低可大大减轻电源和电子组合重量；雷达框架材料改为铝合金，雷达机身轻了使承载雷达的拖车车厢及底盘也大幅度减轻重量，如天线和天线座可由2吨减至1吨，整体减轻40%—45%。当时全部固态化的雷达设计国内没人做过，国外的火控雷达技术也是起步不久而且封锁得很严，基本没有现成技术可以参考。火控雷达用来控制武器，一开机很快就要指挥火炮、导弹的射击，是地空的白刃格斗。所以对于雷达研制中的每一个问题，王越都看得非常重要。王越是研究团队的组织者、"领头羊"，他要组织大家通力合作，集中智慧和力量全力以赴解决一个个问题。整个雷达，除了微波磁控管以外，其余全部实现固态化，包括33000伏的高压。现在的电源一般是220伏、380伏，而雷达上的高压是3万多伏，稍有不慎就会有生命危险。高压电源技术的解决是非常困难的，因为涉及材料和基础元件方面的问题很多，要从元件、高压材料、整流上下工夫。33000伏的高压，以前采用的是真空的高压管，在新设计的雷达上改成固态，风险很大。在解决高压电源的过程中，就有一位技术员牺牲了。技术员中午睡了一小会儿，夏天太热，汗湿透了身上的衣服，他起来做试验时碰到了电源，就触电牺牲了。

微波磁控管是雷达发射系统中的重要组件，它是一种用来产生微波能的电真空器件。1968年，全世界还没有将微波磁控管固态化到可以使用的程度。研制时间紧，所以王越考虑微波磁控管这部分先保留电子管比较保险。

据王越讲，提高雷达快速跟踪能力，除了加入计算反馈外，可以改进电路设计或采用可控硅控制器来代替电机放大器，这样可以减轻100千克重量。在303系统的可控硅技术上，他们遇到了很大的困难。可控硅是可控硅整流元件的简称，是一种具有三个PN结的四层结构的大功率半导体控制通电器件。用可控硅来代替过去用的两个电机放大器控制高电流，电机放大器一个几十公斤，而且反应时间不够快，所以王越就考虑用可控硅把它取代。世界上第一个可控硅整流元件问世于1957年，由美国通用公司发明。中国的可控硅整流元件问世于1962年，到20世纪60年代末期，中国制造可控硅整流元件的技术还处于研究阶段，国产的可控硅性能还不够稳定，究其原因是当时国内的加工设备、原材料和工艺方面跟国外有差距，制造出来的可控硅整流元件达不到303系统的要求。于是王越亲自向国内的一些专家请教可控硅损坏机理、科学选用及应用，外加在伺服系统中，控制电路采取措施。终于实现用国产可控硅伺服系统固态化。

经过半年多的艰苦奋斗，1968年年底，王越带领303系统研究团队完成了小860型雷达的第一台样机的总装。1969年4月，王越带领队伍到试验场测试，正赶上中央召开九大。首次打靶实验失败了。失败并不可怕，可怕的是找不出原因和解决的途径。失败之后王越立刻着手查找原因，经过系统的检查和分析，发现第一台样机设计中间和设计模型都有些问题。主要是三方面问题，一方面是探测距离不够；第二方面是高速跟踪的性能不够，达不到当时提出的跟踪速度。303系统设计的跟踪指标体系要达到三个300航路参数，即飞机飞行速度每秒300米，航路捷径300米，飞行高度300米。这个指标在当时是非常高的，特别是在低空时是很难实现的。天线在跟踪最关键的时候，旋转角速度很大，要跟住目标不丢失必须协同调整天线的位置角度，否则跟踪精度就会大打折扣。在"三个300"条件下，雷达的最大方位角速度是57度/秒，比302系统有很大提高，这在当时是一个非常先进的指标。第三个方面是应部队要求将中型越野汽车直接装载雷达改用拖车装载但拖车要轻量化。

据王越回忆：

> 失败后我们就马上着手查找原因，发现设计中间和设计模型都有些问题。设计模型当然我得负责。其他设计问题，就是跟踪和控制部分，这部分由朱志腾负责，现在他已去世。电子部分团队有分系统的负责主管设计师，同时，有对等人数的负责结构的主管，外加担任具体设计的设计师，组成几十人的设计队伍。开始时主要工作由所里技术人员担任，带教北京厂内的技术人员，逐步转移任务，这个团队合作很好。模型是我的责任，我要改模型，设计上他们也要改进。最后方案应该是没问题了，1969年又设计了第二台样机。样机做出来后，我们到飞机场去做试验，但是还不过关。我记得很清楚，全体设计队伍，几十号人，工人，还有仪表局的领导都来了，我压力很大，憋了一个多月，左找右找找不出毛病。有一天晚上11点半到12点的时候，我感觉很疲倦，靠在椅子上似睡非睡的时候，突然一下子有一个直觉，一个顿悟，这问题应该是打火管有故障，然后马上就清醒了。清醒后，我马上带上几个研究人员到了试验现场，到现场一测，果然是一个打火管有故障。找到问题之后很高兴，一天内就把有故障的打火管换掉，问题解决了。实验时，飞机过顶的时候，我们拍了很多照

片。飞机过顶时已经很大了,但是天线高速地运动跟踪着它。通常飞机低空进入是很难发现的,过高也难对付,过低也难对付。低空高速掠过,雷达往往来不及反应,但是我们的小 860 型雷达低空跟踪性能还是达到了当时的预期目标,大家都很高兴[①]。

第二台样机虽有很大进步,但是还存在着距离丢失目标、接收机饱和、跟踪无力等问题,在反复试验的基础上,又于 1970 年 5 月完成第三台样机的试制,进行了设计定型和配合 57mm 高炮系统补充射击试验。1972 年 7 月又生产了一部设计定型样机,并且进行了设计定型补充试验,试验结果表明,设计定型样机符合战术技术指标和部队使用要求,主要性能稳定,达到产品设计定型要求。

303 系统除了微波磁控管没有固态化以外,其他部分全部实现固态化,雷达的重量降到了 4.5 吨。另外,为了保证雷达跟踪的稳定性和跟踪精度,王越在 303 系统上还加了计算反馈技术。计算反馈控制其实是提取过去运动中重要的不变量以正反馈形式输入控制电路达到增强现时高速角度跟踪速度。而"提取"不变量过程是需要坐标变换计算滤波的,故简称计算反馈技术。这项技术可以保证雷达高速跟踪的稳定性和跟踪精度,解决了低空敌方的突然攻击问题。

在陆用火控雷达中,303 系统是中国第一个实现固态化的,比原来的电子管雷达减轻了一半左右的重量,它的设计已经基本接近当时世界火控雷达的前沿水平。

扎实的理论基础、认真钻研的态度、创新的思维模式、良好的合作精神,是一个总设计师成功的必备要素。当设计出现问题时,总设计师应该清楚问题的所在,或者同大家一起钻研问题发生的原因,然后给出解决问题的思路。包万正所长是这样评价王越的:

> 王越基础比较扎实,虽然是总设计师,但是对每一个具体的模

[①] 王越访谈,2010 年 11 月 29 日,北京。资料存于采集工程数据库。

块，他都认真地去钻研技术，都搞得比较清楚，所以，哪一块儿出了问题，他就能解决这些关键技术问题[1]。

作为一名系统总师，王越在技术上能深入把握每一部分的核心的技术、核心的问题，当研制过程遇到问题的时候，他和一线的设计师共同讨论，跟大家一起讨论如何解决问题。对各部分的要点问题，王越心中有一个清晰的列表，他经常亲自到设计现场查看，关注每一部分的进展和进度。因此在技术上王越可以做到运筹帷幄，统领全局。另外，王越具有良好的合作精神，他认为"一个大系统的实现，要靠团队的通力合作，作为系统的总负责人或技术负责人，该否定自己的时候要敢于否定，不能对的都是自己的，错的都是别人的。"王越给学生讲课时候经常说："一个总师要时刻拥有跟别人合作的理念，大家是一个合作的群体，为了一个工作目标，以诚相待。我当总师并不只是浮在上头，很愿意跟一线的技术人员讨论一些技术问题。在跟他们讨论过程中，我就会产生一些新的想法，然后把这些新的想法和建议提供给他们作参考，请他们经过消化和改进，然后就落实到系统中去。在大系统的研制中，相互讨论是很有好处的，同时，如果研制中出现问题，总设计师要首先承担责任，不能责怪下属。这样做也是很有必要的，不仅有利于团结和问题的解决，也可以迅速提升每个科研人员的能力。"在王越申请研究员的材料中是这样评价303系统的："303雷达是我国第一台晶体管化炮瞄雷达，该雷达的试制成功除了技术上的收获外，也培养了一批技术人员，我和同志们一起得到了锻炼。"[2]

攀登无止境

尽管获得了巨大成功，但是王越感觉到303系统上仍有太多的遗憾。

---

[1] 包万正访谈，2010年11月24日，西安。资料存于采集工程数据库。
[2] 王越档案资料，存于206所档案室。

303雷达虽然在技术上有所创新，把大部分电子管都换成了晶体管，使雷达的重量下降了一半，还加入了计算反馈技术，但是由于研究周期只有四年（1968—1972年），设计队伍整体还缺乏经验，也没有多少储备，因此雷达的对抗性能和可靠性方面并不是很理想。1973年10月30日设计定型，1974年生产了几十套后，便停产了，没有大批量生产。反者道之动，有遗憾往往就有了新目标，王越从北京回到西安后，就开始考虑改进303雷达，进行新一代火控雷达的预先研究。

303系统研制任务结束后，王越回到了206所。这时所里有两个重要的任务，一个是配合导弹的靶场精密测量引导雷达。靶场精密测量引导雷达是用来执行东风4号、5号导弹的跟踪任务，这是王大珩先生提出并主持的一个配合弹道导弹精确测量项目中的子项目[①]。另一个任务是酝酿下一代大量装备的中近程火控雷达。206所领导决定从所里的两员"虎将"王越和周培德[②]中选一个人去承担中近程火控雷达研制任务，于是所里安排王越和周培德分别在206所领导班子会上各自谈谈对新一代火控雷达的设想。结果，王越被选中去研制新一代中近程火控雷达，周培德去承担靶场精密测量引导雷达研制任务。周培德作为总设计师的靶场精密测量引导雷达项目完成得非常圆满，总项目获1978年全国科学大会奖。其实针对206所的一些雷达战略发展问题，特别是在对空雷达向其他雷达方向发展上，例如对炮位侦校雷达的发展问题，王越同周培德的意见是非常一致的。

国家为什么要研制中近程火控雷达呢？说来话长。1973年初，在四机部（即后来的电子工业部，现在的工业与信息化部）召开的会上，提出研制新一代高炮炮瞄雷达，以适应新战争模式的发展。自从越南战争以

[①] 子项目靶场精密测量引导雷达后来由206所周培德任总设计师，整个弹道导弹精确测量项目1978年获科学大会奖。

[②] 周培德，浙江湖州人。高级工程师。1954年毕业于上海交通大学电讯系。历任长江机器制造厂技术员、黄河机械制造厂工程师、兵器工业部研究所副所长、高级工程师、兵器工业部科技局副局长、局长、外事局局长兼中国北方工业公司总经理。50年代起先后担任炮瞄雷达总体设计师、地空导弹制导系统主任设计师、雷达技术预先研究总体负责人等。在相控阵技术、微波集成数学频谱分析等研究中做出贡献。

后，战争模式就出现了新的变化，在强电子干扰支持下，攻击已经变成多批次、全方位，甚至接近饱和攻击，这种攻击有不同的方向，稍微反应滞后一点，就会从不同方向遭受多批次的攻击。其实在越南战场这种新的攻击模式已经显露出迹象。新的战争模式对火控系统提出了新的要求，火控系统必须要有持续战斗力，快速的反应，要防御"百舌鸟"导弹，又要对它实施打击，斗争中还要实施各种电子干扰。所以王越认为要解决在强烈的干扰环境下，快速的、多批次的对抗问题，就要从对抗、可靠性、快速反应、多批次这几个特征出发设计一种新雷达。在火力控制方面，既要控制小及中口径高炮，也要控制导弹。

1971年瑞士"防空卫士"系统的研制取得成功，给中国新型火控雷达的发展提供了有力参考。瑞士"防空卫士"系统，可与一至三个以任意形式组合的发射装置相连接，既可控制导弹也可控制高炮。中近程的火控雷达同时要控制导弹和先进的高炮，因为，它担负着近程战斗中消灭对方、已方生存的重要任务，必须能连续作战。导弹打完之后要重新装，而高炮可以连续射击。20世纪七八十年代导弹的填装技术还不成熟，导弹的装填效率不高，通常要花半个小时到一个小时，但用现在导弹都是包装好装在多个发射车上，可以连续发射。因此当时对付多批次，尤其是低空的突然攻击，单用导弹并不是最佳选择，何况先进的小口径高炮对低空目标能准确有效毁伤，且本身成本低廉。所以，保卫国家重要的目标，如机场、桥梁、隧道等时，就考虑使用中低空导弹和先进的高炮配合进行重点目标的防御，由此，国家会提出要研发能控制导弹和高炮的中近程火控雷达。

1973年下半年在四机部736会议上，确定了新一代高炮炮瞄雷达项目代号为306，并进一步明确了306是中口径高炮火控雷达及中低空防空导弹武器系统的制导雷达。1974年正式确定列入部队装备发展规划。五机部（兵器部）7510会议上又把306列为十年规划的重点项目，要求在1980年完成设计定型。

根据上级的指示，1975年下半年开始，206所组成了厂所结合的总体组，王越任总设计师，彭家庭任副总设计师负责电子系统，包万正任副总设计师负责雷达整体结构。作为306系统的总设计师，王越深知以前的火控雷达研制,包括861、201、302、303系统都是战争急需,应急研究,没有充足的时间去做预先研究。但是从20世纪70年代中期以后,世界局势日趋缓和,雷达研制的时间紧迫性有所下降。从国际局势的发展趋势上,王越认识到306系统不是一个应急的雷达产品,而应是一个具有优良性能、有较大的未来发展空间,接近或相当于国际先进水平的雷达系统。

作为总设计师的王越深知研制一部新雷达的投入,因此,他比对待以前的产品更多了些谨慎,并没有急于形成306系统的总体方案,而是提出首先进行预研工作。他安排总体组进行技术调查研究,对雷达相关的国际最前沿的技术资料进行搜集和分析,包括雷达火控系统对目标来袭时的毁伤效能、雷达体制、抗干扰性能、信号设计、信号处理技术、天线技术等,并逐一展开专题研究,一边研究,一边进行总体方案的论证工作。一项新技术若使用得当,可以提高雷达的整体性能;使用不当,不但影响整体性能,而且会增加研究成本,延长研究时间。所以在形成306系统的方案上,王越在前期做了充分的调查研究工作。

王越带领整体组对306系统的关键技术(含结构方面)做深入的先期研究,并推演到各层次相关体制问题,如信号及信号处理体制和关联到的收发体制、雷达系统和雷达结构体制等。研究并采用新体制是总体上保证先进功能不可缺的重要工作。王越决定采用先进的雷达跟踪体制——单脉冲雷达体制。单脉冲雷达的特点是有较高的测角精度、分辨率,但设备比较复杂。单脉冲雷达早在20世纪60年代就已广泛应用,美国、英国、法国和日本等国大量装备单脉冲雷达,主要用于靶场精密跟踪测量、弹道导弹预警和跟踪、武器火力控制、炮位侦察等。据王越讲,国际上研制一种新型雷达的周期一般需要八年左右。在303系统研制过程中,王越曾想采用单脉冲雷达体制,但是,由于303系统研制周期短,时间紧,无法在那么短的时间内实现,只能沿用302的隐蔽圆锥扫描雷达体制。在306系统的跟踪体制选择上,王越毫不犹豫地选择了当时先进的单脉冲雷达体制。

在论证雷达总体方案的过程中,王越感觉到雷达系统的设计总得有一些基本的理论体系作支撑。以前国家设计雷达基本都是应急，往往只是抓住某一个主要矛盾，根本没有时间从系统上作通盘考虑。例如，尽管 303 系统技术是领先的，但是离部队的性能使用要求还有距离。国际上系统科学的发展和钱学森先生对系统工程的研究成果，给王越提供了理论基础。王越在研究系统科学的基础上，提出雷达设计的四维评价指标（详见第五章"从实践到理论"的内容），他以这些指标体系作为 306 系统的设计基础，并在 306 系统的设计中进行检验和完善，目前这个四维评价指标已经成为火控雷达系统设计的理论基础。这个四维评价体系研究当初没有公开，直到 1990 年才发表在《西部电子》[①] 上。

20 世纪 70 年代中期，在 306 雷达的论证阶段，为了说服军方代表采纳他提出的设计方案，王越采用随机服务理论（又称排队论）建立起雷达设计的模型和理论，通过对服务对象到来及服务时间的统计研究得出这些数量指标（逗留等待时间、排队长度、忙期长短等）的统计规律，利用该理论可研究雷达空间和时间域的矛盾，分析计算表明减少反应时间比增加作用距离可更有效提高防空效率，这是重要的设计原理，又能使机构的费用最经济或某些指标最优。据王越讲述：

> 军方提出的指标是雷达搜索距离为 50 千米以上，反应时间在分钟级，而我则认为雷达搜索距离不宜过远，否则天线的尺寸要加大，会牺牲雷达的工作模式切换及快速跟踪速度等，还会连带雷达尺寸重量的加大，影响雷达行军作战，所以我提议将搜索距离定为 40 千米，兼顾中空防卫需要反应时间提高到 12 秒以内。这样可以大幅度提高在激烈多批、多方向敌方攻击中毁伤效率。但是如何证明我的修改不会影响雷达的整体性能，我就考虑利用一些理论的计算和推理去说服军方接受我们的修改建议，我采用的理论就是随机服务理论[②]。

最后王越采用随机服务理论建立起的系统效能模型，对比 306 雷达的

---

① 王越，初论火控系统评价体系 [J]. 西部电子，1990（1）.
② 王越访谈，2010 年 11 月 29 日，北京。资料存于采集工程数据库。

使用要求进行分析后,提出了 306 雷达总体方案、体制要点和特征以及重要参数。比如:采用搜索跟踪共用一个双模天线,半自动快速截获方案;采用双波段,宽频带捷变频相参脉冲压缩,数字动目标显示(DMTI)以满足优良抗干扰性能;搜索距离应改为 35—40 千米,完全可满足要求,同时可增加试制成功可能性;采用雷达与火控计算机结合,向国际先进体制靠拢。

  1975 年 12 月下旬,在 206 所召集了 786 厂、612 所、207 所等单位汇报方案,对王越提出的二位一体(雷达和计算机)炮弹结合的方案和实现技术问题开展讨论,并取得一致的意见。1976 年形成了"306 雷达——中口径高炮炮瞄雷达及中低空防空导弹制导雷达"指标及初步方案设想,上报国防工办、总参四部、炮兵和空军。上报指标体系和方案保证了 306 雷达系统可控制中小口径高炮以及中低空防空导弹,使整个武器系统具有针对多批次、多方向快速敏捷地进攻敌方飞行器的先进防空效能,以及先进的抗干扰能力和光电结合能力,同时,在雷达系统已大幅度增强可靠性基础上,进一步增强了火控系统可靠性。

  就要踏上新的征程,而此时,"文化大革命"也已接近尾声,王越和他的同事们就要迎来事业的春天。

第五章
在科学的春天里

春风得意马蹄疾

1978年，万象更新。这年3月，全国科学大会在北京召开。王越并不是研究所的领导，甚至连一个科室的负责人都不是，但是他在雷达研制过程中的无私奉献和突出贡献却是大家有目共睹的。因此，鉴于王越的研究成果，二十院提出让他出席全国科学大会，于是206所就推选了他。3月18日，王越作为知识分子的代表之一，步入人民大会堂。刚刚复出工作的邓小平在大会上说，"知识分子已经是工人阶级自己的一部分"这句今天听来再平常不过的话，在当时使很多科技人员激动不已。年逾花甲的南京天文台台长张钰哲听完，流着泪感慨道：过去知识分子被当作异己，现在成为"领导阶级"的一部分，终于成为自己人了。王越感觉戴在头上的"白专典型、资产阶级专家"的帽子终于可以被摘掉了，自己可以全身心地投入到雷达事业中了。由于他所负责的303系统比原来的电子管雷达减轻了一半左右的重量，已经达到了当时世界前沿的水平，所以大会授予他科学大会个人奖。

图 5-1　1978 年全国科学大会代表证

会议归来，王越马上又投入到 306 雷达的研制中去。306 雷达最初称为综合火控雷达系统，由于采取了较多的新技术，各专题技术进展较慢，1976 年 4 月预研工作进入攻关阶段。1979 年完成了实验室研究工作，在此基础上开始进行外场试验。1980 年 306 系统开始整机研制，同年 6 月，王越出任 206 所所长。由于行政工作占用了王越较多的研究时间，为保证 306 雷达研制的顺利进行，他主动提出辞去总设计师之职，并提议由彭家庭担任总设计师。所里召开会议讨论，同意王越的提议。1983 年彭家庭被任命为 306 系统的总设计师，王越兼任总设计师。据彭家庭回忆：

> 尽管 1983 年我被任命为总设计师后，王越同志不再担任项目的具体职务，但我们的合作仍非常紧密，王越同志依然参加了各项重要的试验，参加重大问题的研究解决和重要技术文件的审查等①。

图 5-2　全国科学大会上获个人和集体奖的奖状及全国科学大会纪念册

306 火控雷达系统是我国自行创新设计的新一代地面火控系统，它的

---

① 吕瑞花 2011 年 6 月电话访谈彭家庭。

第五章　在科学的春天里　　*105*

战术性能比国内当时所有的火控系统都有大幅度的提高。在王越的带领下，在306系统中成功实现了以下三个主要性能方面的关键技术的突破：①在主要高精度跟踪X波段采用了信号脉冲压缩技术（可提高雷达的距离分辨率，提高对抗距离回答式欺骗干扰及一定程度提高抗噪声抗干扰能力）+脉间捷变频技术（雷达每发射一次频率便跳变一次，使对方难于实施有效噪声对准干扰）+侦察对方干扰强度并引导我方雷达自动工作于干扰最弱频点的自适应抗干扰技术。②两个工作波段角度跟踪都采用新式单脉冲模式。③利用单天线实现搜索——跟踪双模转换模式，压缩了雷达搜索时间，提高了搜索跟踪效率，从而压缩了雷达作战反应时间。306雷达多种先进技术要求较高，必然构成复杂电子系统，具有明显系统总体特征和蕴含相关联多层次、多剖面分局特征，对应形成复杂交织矛盾，矛盾涉及众多技术领域（雷达结构是重要部分），思考解决这些特征矛盾是必不可少重要研发工作。王越这样阐述：

  以包万正副总师为主，获得了雷达结构总体三方面主要突破。首先306雷达虽具有中空防空能力，但同时要与低空防空小型雷达具有相同的战术使用性能，如快速行军运输能力、快速"放列""撤收"能力，较方便构筑并进入野战工事等，因此雷达体积、高度有较严格限制，方便敏捷"放列""撤收"就要采用三点支持快速调水平且保持稳定的支持设计，"保持稳定"包括对付对方低空多批次快速进攻所必需的天线快速跟踪、动态稳定和静态稳定。优化重心位置需分析计算找出（并不在三点支持形成三角形几何中心，而是靠近短边某点）。在模拟计算技术和测量手段不发展的1975—1985年，解决问题是靠努力想办法。其次306雷达虽采用了半导体固态化，但复杂功能仍使散热问题成为影响雷达可靠性的关键问题之一，在较高温度下，温升近10℃将使可靠性降低一个数量级，因此在复杂电子结构中找出高温点，并通过散热通风设计是一个复杂的非线性热学问题，要通过多次、多点的实际测试解决。第三，雷达工作及运输状态的高度问题，两波段多功能使天线馈线结构复杂，使天线馈线及天线座空间占位加大，后果是快速跟踪运动刚度降低影响跟踪精度，运输时达二级高限制影响运输行军速度，必须在结构总体设计中妥善解决，体现了电子与结构设计之间的通力合作。

关于X波段所采取的系列抗干扰措施是306雷达先进水平重点之一：其技术基础是在X波段产生工作频宽达10%，能在毫秒之间随意变化工作载频的编码信号，然后级联放大产生大功率发射信号（因信号关联放大，故称相参放大链），每发射一次载频就跳变一次，这是雷达工作载频最快捷变化了，它可有效对抗对方干扰效果最强的对准式噪声干扰，同时信号脉冲内编码采用脉冲压缩信号，发射时是宽脉冲低峰值功率，接收时经反变换压缩为很窄脉冲信号，这样可以使对方难以截获分析我方发射信号，同时由于接收信号为很窄脉冲，易于识别对方距离回答式欺骗干扰，针对对方被迫采取干扰效果较差的全工作频段的压制式干扰，306雷达则针对性采取自适应变频技术，即在接收系统内增设专门侦察分析对方干扰信号强度的频率分布，找出干扰最弱的工作频率，然后自动导引306雷达工作于对方干扰最弱的频率点，对方如变化，我方也变，形成动态对抗宽带阻塞干扰过程（自适应变频抗干扰技术是王越与他指导的研究生王震宇首先提出的原理方案），此外实施这套系列抗干扰方案需要克服一系列困难，例如脉间捷变必需的高质量快速变化频率的X波段基本信号的产生和处理的核心器件的研究就是孙有为同志[1]突破提供的！又如发射系统中能产生发射高功率的功率放大管链末前级则采用了仿制被击落的U-2的12系统干扰机功率放大行波管，性能好，但更大功率的末级放大行波管（技术要求很高，制造难度很大）却要靠新研制，为了防止研制不成功而导致306系统夭折的巨大风险，采取了与三家研制单位同时签订研制合同提供研制经费，多渠道平行研制化解致命风险的非常措施。所用国产末级功率行波管寿命与美国相比仍有较大差距，只能小心使用，因为，当时国外这种行波管严格禁运！现在国产的X波功率行波管已有较大进步！

---

[1] 孙有为，1941年11月出生。毕业于西安电子科技大学，206所研究员级高工，曾任双35系统主任设计师。

关于采用新式单脉冲体制的情况是这样的：单脉冲雷达对每一个脉冲信号，天线能同时形成四个波束，将各波束回波信号的振幅进行比较，当目标位于天线轴线上时，各波束回波信号的振幅相等，信号差为零；当目标不在天线轴线上时，各波束回波信号的振幅不等，产生信号差，这样便可测出目标的高低角和方位角，用各波束接收的信号之和，测目标的距离，因此连接旋转天线馈线和不转的发射机、接收机的微波旋转关节需要三路两个波段共需六路，后续的接收机也需六路，这样就给结构、电路设计带来一系列困难，因此306雷达采用新式单脉冲体制每一波段只用两路，总共只有四路化解"六路"的困难。

关于前面已述单天线实现搜索跟踪双模转换问题王越还做了简单补充：20世纪70年代以来，随着飞机低空性能的提高，国际上发展了几种低空小高炮炮瞄雷达。为了尽量缩短高射炮系统的反应时间，采用分别搜索和跟踪的两个天线边搜索边跟踪双功能体制的高射炮炮瞄雷达，如瑞士的"防空卫士"、法国的"可劳特尔"、荷兰的"京燕"等，大大提高了对空目标的反应速度，但同时天线的尺寸受限导致作用距离较近，只有25千米左右，而306雷达要兼顾中控防御作用，作用距要求40千米。天线尺寸较大，只能安装一个天线，采用双模工作尽力提高反应时间。在双模天线的设计上，武光耀[①]是做出了贡献的，我给出设计思想，他克服了很大困难，最终研制出双模天线并发表相关文章[②]。

306雷达研制中虽然建立了四位指标体系，进行全面性能提高的研制设计，但是因当时条件限制，在发展维留有一些重要发展空间，如I波段磁控管固态化取代问题、信号处理、数字化问题……据王越讲I波段微波磁控管固态化问题主要是由张冠杰来负责解决。访谈时，张冠杰是这样讲述微波磁控管固态化研究过程的：

---

① 武光耀，毕业于哈尔滨工业大学，206所研究员级高级工程师，研制出306系统的搜索、跟踪双功能天线。

② 武光耀. 一种搜索、跟踪双功能天线系统的初步研究[J]. 火控雷达技术, 1980（1）: 27-37.

图 5-3　王越与军代表商讨方案（20 世纪 80 年代初或中期。左二：王越）

图 5-4　王越与包万正等讨论设计图（80 年代初或中期。左三：王越）

第五章　在科学的春天里

303系统中磁控管是电真空器件，不能放大且无法发射先进信号，并导致发射机采用很高电压，机柜体积也大，可能有1.5m×1m×0.7m的柜子那么大，而且外围还有辅助电路，且磁控管寿命短，产生信号差，目标判别能力就差，信号处理的精度就不高。所以在306系统中决心改变磁控微波管的这些问题。当时国内没有固态化器件，我们就通过各种渠道，从国外买了这个器件，通过反求工程剖析固态化的功率器件，然后设计集成，做试验验证。原理方案是王越制订的，我们按他的方案进行工作，每天向他汇报我们做了哪些工作，出现哪些问题，晚上他会和我们一同分析问题。第二天我们按新思路再去做实验。这项工作花了几个月的时间，最后我们终于设计出了，而且所里还能批量生产了。那时候王越真的很辛苦[①]。

1982年年底306系统的性能样机总装完毕，1983年进行总调并赴机场校飞试验，试验证明原方案基本可行，在一些重大问题上都符合原设计计算和论证要求。在性能样机基础上，就部分电子操作系统的维修工艺等进行了局部的设计修改，并于1984年底完成定型样机的大部分加工和装配，1985年二季度完成总装总调，三季度进行样机自验校飞。1985年11月兵器工业部组织专家对306系统进行鉴定，专家认为："306雷达达到了国际上同类产品70年代（20世纪）中期的水平，它的成功大大缩短了和世界先进水平的差距。"据王越口述，那次鉴定会上，我们还是很保守的，材料中我们提出达到国际70年代中期水平，其实当时有些技术是同时期国际上先进技术，但是报鉴定时，我们还是要把握好尺度，不能说得太满，否则专家会觉得我们傲气，可能产生误会和副作用。

彭家庭是306雷达系统的副总设计师，他在该系统中负责脉冲压缩专题、相参跳频及功率放大链专题、双路对数单脉冲专题、动目标显示和跟踪专题的研究。作为同行的学术专家，彭家庭非常客观地评价了王越在306雷达系统中的主要贡献：

---

① 张冠杰访谈，2011年5月20日，北京。资料存于采集工程数据库。

（1）利用随机服务理论建立起的系统效能模型对比306雷达的使用要求进行分析后提出了306雷达总体方案、体制要点和特征以及重要参数。

（2）1983年前兼任总师时，协调了电气与结构方案在重点问题之兼容性，并对结构方案中之新技术要点予以确认和支持贯彻；审核与确认上报之总体研制方案。

（3）对研制过程中一些重大技术关键进行解决和最后决策，如：天线方案的决定，天线工艺方案的最后决策；发射系统功率行波管试制厂布点，样管性能的确认；全系统可靠性指标的确定，研制过程可靠性措施的提出和审核分系统之关键可靠性措施。

（4）定型样机之改进方案的最后审定。

（5）申请设计定型的各项工作的审核和决策。

1986年11月，306雷达参加了北京1986年国际防务技术展览会，王越恰巧在南京参加国际雷达会议，所以彭家庭总设计师就在北京组织展览事宜。展览会上306雷达受到了国内外专家的好评。1987年4—6月根据总参谋部（1987）参装第69号通知，306雷达进行了部队使用试验，在靶场进行射击试验，取得较好成绩。

1992年，206所与其他研究所合作，在原306雷达上加装了电视跟踪和激光测距系统，提高了系统的跟踪能力和抗干扰能力，将雷达的整体性能提升到了国际水平，从而更加受到国内和国际军贸市场的青睐。

306雷达是火控雷达、火控计算机（指挥仪）两位一体，光电结合、弹炮结合的新型全天候地面火力控制系统，可快速搜捕和自动跟踪来自低空、中空各种干扰环境中的飞行目标，并连续测定目标的角速度和斜距离，在火控计算机中根据目标现时的点坐标诸元，实时计算出高炮的设计诸元，控制火炮对目标进行射击。该系统可配置不同口径的高炮或低空防空导弹武器，组成自动化全天候防空武器系统。1988年12月306火控系统获得兵器工业部科技进步奖特等奖，1989年12月获国家科技进步奖一等奖。此装备当时是先进水平，积累了国内所有的核心技术。

在306雷达研制的过程中，王越经过不断探索，总结实践经验，走出了一条具有自己特色的火控雷达系统研究设计的新路经，并提出了火控雷达和电子对抗系统工程的基本理论，建立了该系统的模型，并将这些理论和模型应用到306系统的研制之中，显著提高了火控雷达的性能，研制成功率、效率和经济性均有很大提升。

开辟外贸战线

1978年底，党的十一届三中全会作出了把全国工作重点转移到国民经济建设上来的战略决策。进入20世纪80年代，"冷战"结束，国际形势进一步趋向缓和。因此，在这种情况下雷达研究所和企业实行"军民结合，平战结合，军品优先，以民养军"和多试制、少生产的指导方针，使雷达新产品和雷达新技术取得了较大进展。在这期间我国又研制成功多种新型防空雷达，其中包括机械扫描和相控阵体制的三坐标雷达。这一阶段以雷达新技术不断被突破、雷达品种增多、"军民结合"、产品进入国际市场为主要标志。研制的雷达的共同特点是在技术上实现了高起点，单脉冲跟踪体制技术、脉冲压缩体制技术、多普勒体制技术、相控阵体制技术和成像体制技术等融于一体，实现了雷达设计集成化、数字化、自动化、固态化。因此，雷达具备了作用距离远、抗干扰性能好、分辨率高、高可靠的性能。

306雷达的研制成功，激发了206所科研人员的科研激情。但是新的问题又出现了，尽管1974年国家已将306系统列入装备，但是，先后两家雷达生产厂原定承接306雷达系统的生产，但厂家以自身情况考虑，中断了合作，不接外加工了。20世纪80年代末期，国际"冷战"已经结束，中国也在集中精力搞经济建设，同时也对军费进行一些压缩，因此306系统研制成功后，国家并没有立刻装备部队。研制出的产品不进行装备，对王越来说是个不小的压力，一是这么先进的雷达不装备部队实在很可惜，那时部队使用的雷达性能比306差了很多；二是，306不装备，206所就没有经济收益。大概从 1985 年到 1990 年这段时间,国家研究经费的投入急剧缩减,指令性研究任务锐减,研究人员与研究项目相比"僧多粥少",206 所争取到的研究项目寥寥无几,所里的基本运行很艰难。据张冠杰讲述:

> 306 设计成功以后,部队没有立刻装备,是由当时国情决定的。当时国家的经济状况很差,邓小平同志复出以后,首先得解决吃饱问题,国家这么大,吃饭问题还没解决,部队装备就得少订或不订,拿钱先解决老百姓吃饭问题,并且邓小平有个基本的判断,国家 20 年不会打仗。在这样一个环境下,我们得先解决吃饭问题,先解决改革问题。部队成立公司,部队养猪、种粮、搞第三产业,在这种情况下,我们研制的产品就不能生产,对技术人员来说,心里肯定很难过,但是从国家宏观发展来看大家都认可。在这种情况下,206 所如何维持下去?单位没钱投入怎么搞新的产品?怎么留住人才?怎么搞建设?这是摆在王越面前的一块"坚石"[①]。

面对困难,王越从不怨天尤人,而是努力想办法解决。为了 206 所的生存和发展,作为所长的王越决定通过外贸把 306 雷达技术降级卖到国外去。最先进的雷达当然不能卖到国外去,所以他考虑技术降级外贸。20 世纪 80 年代末,军品的贸易由兵器工业总公司下属的公司来运作,于是王越就主动联系外贸公司,准备通过它把 306 雷达卖到国外去。正好那时该公司也有了新认识,过去中国单纯向第三世界友好国家卖传统武器,现在的传统武器在战争中的地位越来越弱,只有配上电子系统,它的威力和杀伤力才具有优势。国际军贸市场上,电子系统和火力系统配套出售才具有优势,也就是说需要雷达配套。这样雷达的作用和价值都提高了,武器的先进性也就体现出来。该公司听了王越的设想后,对 306 雷达很感兴趣,所以他们也极力把 306 雷达作为外贸向外推荐。

和该公司交流之后,王越对 306 系统的出口贸易有了一个比较清晰的概

[①] 张冠杰访谈,2011 年 5 月 20 日,北京。资料存于采集工程数据库。

念。王越首先向国家提出申请,降低306系统的核心技术指标,争取外贸。国家批准之后,王越亲自去一线直接跟外商谈判,他熟知306雷达系统,英语又好,根本不需要翻译,所以谈判胜券在握。1989年,某国一次就订购了36套306雷达,每套1000万元,分五年交货。

军贸出口合同签订了,206所干部职工受到鼓舞,然而新的问题又出现了。306系统的指定生产厂家是电子工业某厂家,但该厂却不愿意生产306雷达系统,因为当时该厂正在生产双35系统,双35系统是一个国外仿制的产品,仿制产品的国内定价高,利润也相对较高。王越几次与该厂进行交涉失败后,决定自行组织生产306雷达系统。但是206所是一个典型的传统型研究所,自1967年成立以来只进行军品的研究工作,现在要另辟新径进行军品生产,可谓困难重重。所里只有一个不到200人的试制工厂,生产加工设备也很有限,生产管理经验也不足。王越的决定公布后,怀疑和否定接踵而来,甚至连上级领导机关的人也为之泼冷水,有些好心人予以劝阻,担心完不成任务。但是王越的决心很大,他首先给领导班子成员冷静分析了有利条件,使大家达成共识,统一认识。最终大家一致认为在206所开辟一条加速科技成果转化、自主研制、自主生产的产业化道路是

图5-5 王越带外商参观并对产品进行讲解(1991年)

完全可能的。在科学分析和调查研究基础上，王越组织人员制定了一整套实施军品生产的管理办法和运行机制。关键的四项措施是：①成立组织、管理、指挥、计划、考核的生产管理职能机构，即702WM生产办公室；②组织起由60多人构成的新的三师系统队伍，负责担任设计改进工作的设计师系统，负责承担生产过程的工艺师系统，负责承担售后服务工作的保障师系统；③制定生产管理制度；④组织以206所为主，联合八厂四所成立协调生产网络组织，成立厂所联合体系，解决加工制造的"瓶颈"问题。

生产是组织起来了，但是没有生产资质也还是不能进行生产。当时国家还没有研究所搞生产的先例，要生产雷达，首先要获得当时的兵器工业部的认可。为了获得生产资质，王越多次到兵器工业部，同来金烈等副部长进行汇报，其中因想法不同，甚至发生激烈的争论。经过几次同兵器部几位副部长的据理力争，王越的品质和能力得到了部里领导的进一步认可。王越讲述当时的情景：

> 我到兵器部要求授予我们生产资质。按当时的规则，雷达生产必须要交给工厂，所以他们一开始不同意我们自己生产。于是我跟几个副部长进行了很激烈的讨论。在讨论技术问题上，我不会因为他们是部领导就得什么都听从。他们问我为什么你们非得自己生产，为什么交出去不行？我讲，所谓我们生产，不是我们事无巨细全部生产，而是合作生产，研究所抓技术，抓总体，抓总负责，抓核心部件，抓总装、总调及售后技术支援服务。我摆道理、摆事实，最后部领导被我说服了，同意206所组织生产306雷达[①]。

经过大家的共同努力，206所一年零三个月生产出来三部样机。研制人员带样机去部队的一个靶场进行打靶试验，四天打下了三架靶机，这证实了306雷达的确是一个很出色的新产品。

1992年2月3日（农历大年三十）上午，三部702WM火控系统在一

---

① 王越访谈，2010年11月29日，北京。资料存于采集工程数据库。

片片鞭炮声中被送往火车站，发往国外。5月29日，如期保质、保量完成了第一批的交货任务和对客户操作手的培训任务，打响了206所自主生产军用产品的第一炮。雷达在国外打开了市场，反映良好。其他外国客户陆续订货。在306雷达的外贸过程中，兵器部下属的该公司负责联系外商，并进行商务谈判，王越则负责与外商的技术谈判，包万正负责产品的生产管理。所以306系统的外贸定价，206所并不知情。据王越讲该公司给206所的汇率没有达到市场的比值，当时是美元对人民币的汇率是1∶8。王越和包万正商量后，就派包万正去兵器部跟该公司谈判，争取到一笔外贸差额资金。206所就用这资金购买了六七台非常高级的设备，包括大尺寸精确加工的数字化高精度机床，还买了一批高精度的仪表、高精度的微波测量仪表，这些仪器是当时国际最先进的仪器，为后续的科研和生产提供了良好的基础。组成裂缝阵相控天线的波导管生产技术要求很高，需要一道一道去检验、去查、去进行切槽定位。当时使用的德国制人工操作机床精度虽高，但它不是数控，两个高级师傅需要一周才能生产一根波导管，有了高精度的数控机床，生产一根波导管大概只需十几分钟到20分钟。一部雷达天线上就有几十根波导管，如果采用人工机床，仅仅波导管的加工可能就需要半年的时间，而数字化加工设备只需1—2天就可以完成，大大提高了生产效率。306系统出口贸易为206所获得了充足的科研经费和先进的仪器设备，提升了生产加工能力，为雷达的生产制造创造了坚实的基础条件，同时研究所的经济效益也有了很大提升。

曾在206所任副总工程师的岳峻屹是这样评价王越的：

> 他有很强的预见力，现在所里的人特别感激他。在206所处于科研低谷的时期，他能通过产品外贸，把306雷达推向国际市场，为研究所的发展获得了资金，提升了206所在国内外的地位，并形成了良性循环。
>
> 306雷达降级出口以后，王越将下一个目标锁定在国内部队装备上，这么先进的雷达不装备国内部队实在可惜。我那时是副总兼科研处长，王越让我安排好所里的事，出去宣传306雷达，实现国内装备的目标。王越在全所大会上公开说，谁要能把306雷达实现国内装备，

奖励五位数字。这很了不得，我们全年的工资才几千元，这说明他决心很大。他安排我去国防科工委搞一张生产的入场券，即国内生产装备306雷达的生产许可，实际是一个文件，即306系统在206所定点生产。这张入场券突破了研究所不能生产的规定。拿到国内装备的订单后，206所的科研转化上了一个大台阶[①]。

306雷达的出口贸易很快就产生了马泰效应，兵器部也开始关注206研究所的科研能力了，很快兵器部下属的公司就给了206所两个研究项目，一个是地炮雷达，一个对海雷达，还有相应的配套研究经费。这样206所既有了生产任务，也有了研究任务，他们很快就从艰难的困境中走了出来。

参与国际交流

参加国际雷达会议

参加学术会议交流是科学家获得同行认可的一个重要途径。以雷达为主题召开的国际会议有很多，其中较为成功、较为系统和正规的是由英、美、中、法、澳五国轮流召开的系列国际雷达会议，分别由英国的国际电气工程师协会（IEE）、美国电气和电子工程师协会（IEEE）、中国电子学会（CIE）、法国SEE学会和澳大利亚CSSIP学会主办。早在1973年英国IEE成功举办了一次"非保密"的雷达会议，受此鼓舞，IEEE决定于1975年举办国际雷达会议，IEE作为协办方。全世界约有820人出席会议，影响颇大，会议能够再次举办会很好地为学会团体服务。因此，IEE同意在伦敦举办"Radar–77"会议，并决定IEEE的"Radar–80"会议在美国举行。1975年和1977年会议的成功举办引起了法国SEE学会的兴趣，他们要求1978年12月在巴黎举办的国际

---

① 岳峻屹访谈，2010年11月24日，西安。资料存于采集工程数据库。

图 5-6　1991 年王越参加中国国际雷达会议与同行专家合影（左一：顾汉新；左三：王越；左四：张锡熊）

雷达会议也加入这个"系列会议"中。于是，IEEE、IEE 和 SEE 三家主办方达成一致：以五年为一个周期持续举办国际雷达会议。中国加入后于 1986 年在南京举办了首届中国国际雷达会议，其后分别于 1991 年、1996 年和 2001 年在北京举办了三次国际雷达会议。1991 年，第二次中国国际雷达会议在北京香山饭店举行，王越、张锡熊等雷达专家汇聚一堂。ICR-2006 由中国电子学会主办、雷达分会承办，于 2006 年 10 月 16 日至 19 日在上海贵都宾馆召开，这是中国召开的第五届国际雷达会议。

早在 1980 年 4 月，张直中率领中国雷达代表团应邀出席了在美国华盛顿召开的国际雷达会议，这是我国首次派代表团参加雷达会议。1986 年 11 月，中国电子学会雷达学会在南京主持召开第一次在中国举行的国际雷达会议。参加这次会议的有美国、英国、法国、意大利、苏联、挪威、瑞典、日本、印度、科威特、加拿大、波兰和中国的专家学者共 270 人。王越和他的研究生张冠杰参加了这次国际雷达学术会议，并任学术委员会委员。他在大会上宣读了论文 702 fire control radar[①]（即 306 系统），与到会的 46 名各

---

① Wang Y, Peng J. 702 Fire-Control radar [C]. 1988 CIE international conference on radar, 1988.

国专家中有关人员进行了学术交流。在宣读论文后的交流中，王越几乎被外国专家围得水泄不通，他们对搜索和跟踪合一、计算和火力控制合一等技术创新点非常感兴趣，不断向王越提问，挖掘306雷达的技术和思想。

这次会议之后，王越的学术交流圈进一步扩大，学术地位得到了更大范围的认可。1987年中国电子学会常务理事会鉴于王越在发展雷达技术上成绩卓著，依据投票选举结果授予他中国电子学会会士称号[1]。

参观美国西屋公司展会

"王越是一位谦和而低调的老人"，他的学生和周围的同事都是这样评价他的。然而当涉及民族尊严时，他却表现得毫不让步，他骨子里不能容忍国外势力瞧不起我们的人民、瞧不起我们的国家。

1986年前后，美国在北京举办了一个电子产品展览会，美国WESTINGHOUSE（西屋公司）展出了AN/APG-68雷达。当时某重点研究所承担了这个空载的火控雷达研制，有几个技术员带着一个翻译来看展览，他们非常迫切地想跟美国的工程师探讨一些问题，便通过翻译进行提问。由于翻译不是雷达专业出身，所以很多问题翻译得不到位，美国的工程师就觉得他们有点外行，露出傲慢的表情说："你看吧，东西在这儿。"他的表情好像告诉大家，有什么问题尽管提吧，估计你们也提不出什么关键问题来。王越最容忍不了的就是外国人瞧不起我们的国家，瞧不起我们的技术人员。据王越讲述，"当时我正静静地站在旁边观看这个雷达，雷达的前罩已经打开，发射装置已经露在外边，我一看AN/APG-68雷达的管子就知道它的发射系统不是世界最先进的，因为它不是功率放大式的，不能放大信号产生部分所产生的需要的高级信号。而放大高级信号是先进雷达的重要基础，也是先进发射系统必须具备的性能。当然我不能肯定美国是否作了降级处理来展览，还是安装在F-16飞机的雷达就是这样。但

---

[1] 电子学会会士，中国电子学会向在电子信息科学技术领域中成绩卓著、学术上有较深造诣，且在电子信息科研、生产、教育和管理方面有重大贡献并具有三年以上本学会高级会员会龄的高级会员，授予会士（Fellow）称号。会士每年遴选一次，每次遴选的会士名额不超过30人。

是安装在 F-16 上的后来肯定有更好的。本来我想等到技术谈判时再讨论这个问题，但是 WESTINGHOUSE 那个工程师的傲气迫使我开了口，我直截了当地说，这个雷达的发射装置不够先进。那个工程师立刻瞪起眼问为什么。我说，末级的管子不是一个放大管，不能放大所需要的先进信号，从而影响雷达体制和性能，所以这个雷达的体制根本不是先进的体制。他立刻惊呆了，态度来了个 180°的大转弯，态度变得很谦恭，并且马上把他的上司叫了过来，很耐心地给我们介绍这个雷达的性能指标。"[1]

1986 年中国与美国政府达成"和平典范"的军事合作计划。在引进美国雷达的过程中，王越作为技术代表曾多次同美国西屋公司谈判，并到美国进行实地考察。美国虽答应转让给我们技术，但却不是最先进的，跟展览会展出的那个型号差不多。任何一个国家在兵器贸易中，都不会将最先进的卖给别的国家，先进的技术还得靠自己研发，靠买装备是不可行的。但在 1989 年下半年，中美关系急转直下，"和平典范"计划随之"流产"。中国数亿美元打了水漂不算，几架样机还被美方扣留做机械和技术解剖后再归还！

引进双35系统

或许是从那个任人宰割的耻辱年代走来，王越有着卧薪尝胆的大志——"自力更生，奋发图强，以我为主"。他说，"在高科技领域，要想获得尖端技术，即使有钱，人家也不一定卖给你，还得要靠我们自己干。""双 35"系统引进初期，有些专家提议完全仿制，他力排众议，提出"走功能仿制"的指导思想，反对一味跟随国外的设计（虽然其为名牌产品）。他的这一思想和行动，得到了国防科工委领导的首肯并起到良好效果。

在对待"双 35"系统的引进上，王越坚持功能仿制，而不是照图纸完

---

[1] 王越访谈，2010 年 11 月 29 日，北京。资料存于采集工程数据库。

全仿制。他认为简单的图纸仿制不能从本源上提升我们的技术水平，而应从功能仿制的过程中吸收先进设计思想和技术核心，提升研究队伍水平，从而为后续雷达的研制积累经验，锻炼队伍。

瑞士"防空卫士"

瑞士"防空卫士"（SKYGUARD）火控系统，是一种采用雷达的自主式火控系统，用作低空防御，可以同时控制两门"厄立空"（oerlikon）35mm 双管高射炮，所以命名为双三五毫米牵引高炮火控系统（简称双 35 系统）。"防空卫士"于 1971 年由康特拉夫斯公司[①] 研制成功基本型，当时有七个国家，包括瑞士、奥地利和美国等先进国家，订购了这种火控系统。这种系统可与一至三个以任意形式组合的发射装置——火炮和导弹（采用半主动雷达导引头，如同"麻雀"、"阿斯派德"或者"空中闪光"）相接。将"防空卫士"与火炮相接，它的作用距离为 300—4000 米；与导弹发射架对接，它的作用距离达 10 千米。通常将"防空卫士"装在拖车上用于保护固定目标，也可以将其装在发射容器内由轮式或履带车载，这样机动性更好。

"防空卫士"装有一个 X 波段脉冲多普勒搜索跟踪雷达，后增加瑞典研制生产的一个 Ka 波段脉冲多普勒目标跟踪雷达，集成电视目标跟踪装置和一台由康特拉夫斯公司生产的 CORAIIMB 计算机（目搜索雷达在使用动目标显示器时的搜索范围为 15 千米，不使用动目标显示器时的搜索范围达 21 千米）。由康脱拉维公司生产的这种发射架装配有四个可更换的"麻雀"导弹及其改型弹的导弹发射箱。这种发射架仍采用原来的导弹发射轨。为了减小发射箱的尺寸，须将"麻雀"导弹的固定尾翼换成折叠尾翼。除此之外，发射架上的导弹与空–地导弹是一样的。这种结构设计很好地满足了那些海军、空军已装备这种导弹的国家的需要。

后来该系统不断改进和完善，成为国际上最具影响力的防空武器系

---

① 康特拉夫斯公司（Contraves），瑞士著名的兵器制造厂家，它主要生产野战防空武器系统、海上防卫的近距离武器系统、火炮瞄准系统、野战炮兵射击指挥系统和光电跟踪及弹道测量系统。

统。它可形成弹炮结合武器系统，有效对付低空、超低空飞机、直升机和空地导弹等空中目标，系统反应快，抗干扰性能强，跟踪精度高，可靠性好，维修性好，操作简便，代表着国际上先进的火控系统水平。为了尽快提升我国防空、反导弹武器系统的性能，引进国外先进装备，吸收国外先进技术，快速发展我国的研制水平，加强国防建设，20世纪80年代初期，以王越为首的研究小组开始着手研究瑞士"防空卫士"火控系统。

剖析"防空卫士"

20世纪80年代初期，英国、加拿大等20多个国家都购买了瑞士的"防空卫士"火控系统产品，中国也计划引进。但是康特拉夫斯公司提出先卖一批产品给中国，然后再卖给我们生产图纸。也就是说，我们要引进"防空卫士"火控系统，首先要支付一大笔产品费用，一个产品的价格大约要几千万元人民币；卖给我们的生产图纸，也是不完备的图纸，不提供设计分析和设计思想。另外"防空卫士"的 8mm 技术（即 Ka 波段）是瑞典爱立信（ERICSSON）公司研发的，康特拉夫斯公司并没有知识产权，所以核心技术根本不可能卖给我们。面对这样苛刻的条件，王越暗暗下定决心，我们不能受制于发达国家的武器控制，必须依靠自己的科技人员不断创新，研制出性能先进的雷达。

为了充分了解"防空卫士"的关键技术，王越首先观看样机表演。1984年初，瑞士康特拉夫斯公司来中国东北沈阳表演样机，通过与办展人员交流、查看说明书、观看样机部件等，王越了解了"防空卫士"的基本性能指标，然后他利用随机服务理论和数学分析方法对双35系统进行了全面的分析，从理论上系统把握火控系统的发展方向，并撰写研究论文发表在内部刊物上，指出经理论分析，双35实例验证，双35系统利用于低空的防空特点是：压低作用距离达到压缩反应时间至6秒；在多批次快速攻击条件下，提高防空效率的技术路线是现代中低空防空系统设计原则，由此推论：中低空防空火控雷达作用距离由50千米压至40千米，反应时间压至10—12秒是合理方案（后续发展也可压至6秒），这一推论强化支持了 306 雷达系统方案。接着他提出同康特拉夫斯公司进行技术谈判，谈判主要是挖掘对方技术关键、挑对方产品的毛病，迫使对方降低价格。

1984 年 8 月，在国防科工委的组织下，组成谈判小组同康特拉夫斯公司进行技术谈判，王越是谈判小组的核心成员。谈判之前，王越已经组织参加单位 206 所、202 所等对康特拉夫斯公司提供的技术文件进行充分研究，提出 200 多个问题。1984 年 8 月 13—20 日王越一行专家与瑞士代表团做了两天半的艰苦谈判，据王越回忆[①]：

> 瑞方谈判人员分别来自瑞士和瑞典，瑞士人的名字是 Moritgbickel，瑞典人的名字是 Ingvar Qderland。谈判主要是挑毛病，压价格。谈判时，所里和局里安排了翻译，但是翻译有时跟不上思路，我就直接用英文问，来不及给大家翻译，所以谈判结束后，有些同志就给上级汇报，说我自己单独跟瑞方人员之间谈判，不经翻译进行翻译，其他人都不知道谈的内容是什么，对我的做法有意见。后来我跟部里领导作了解释，部里领导也理解了我的做法。

谈判的记录见图 5-7。在 270 次提问中，主要由王越来完成。参与研制的生产厂的副总工程师吴强也参加了谈判工作。

谈判结束后，1984 年 8 月 22 日，王越组织专家及其研究团队立刻对"防空卫士"做了一个综合评价，他们认为，此次瑞方介绍的

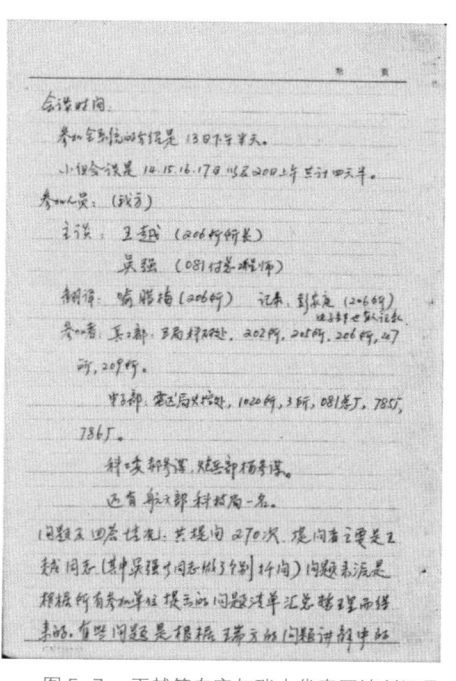

图 5-7　王越等专家与瑞士代表团谈判记录
（1984 年 8 月 14—20 日）

---

① 王越访谈，2010 年 11 月 29 日，北京。资料存于采集工程数据库。

"防空卫士"防空系统，是一个具有较先进技术、快速反应及地空性能良好、高炮和导弹相结合较完整的低空防空系统。"防空卫士"系统反应时间较短（可能在10秒左右），具有快速更换目标的能力。其系统的三部雷达，即X波段搜索、X波段跟踪和Ka波段跟踪都采用全相参的收发系统。Ka波段（8mm）的优点是抗干扰性能强，跟踪精度高，速度快。瑞典爱立信的Ka波段技术是当时的新技术，对我国的研发工作有参照性，为此王越同爱立信公司也进行过多次谈判。

1987年王越亲自带队去瑞士康特拉夫斯公司生产研发基地进行实地考察。据王越回忆，实际上瑞方邀请中国考察有另外一个企图，他们是想推介另外一个系统——指挥系统。但是王越还是利用考察的机会，挖掘出一些关于双35系统研发的非常有价值的技术。

1987年，国防科工委、总参某部、国家计划委员会在组织调查、考察研究的基础上，提出引进瑞士双35毫米牵引高炮系统。

坚持功能仿制

在对双35系统经过充分的研究之后，王越提出了对双35系统的引进坚持功能仿制的原则。理由如下：①双35系统是逐步发展的，最初的设计成功是70年代初，因此设计概念、设计所采用的技术，不可避免有历史的痕迹，元器件的采用水平也不可避免地沿用当时的器件，如采用很多中小级规模集成电路以及A/D变换片子等；采用了较多的专用二次封装或二次集成的芯片（多为康特拉夫斯公司的产品），对国产化起了制约作用。②双35火控系统属于不完全生产许可引进项目，尚有多项单体和部件属不转让技术。我们对瑞方的设计思想、试验规范了解甚少，而且，许多系统、单体和部件均不是瑞方公司研制生产，加之元器件、原材料、配套机电产品的多样化和国际化，要求先进的加工手段、测试设备，这些情况都给全盘仿制国产化带来很大困难。

同时，功能仿制的原则，引起了很大争论。双35系统整体性能基本代表当时的国际先进水平，所以有的人就主张进行完全仿制。据王越讲述：

完全仿制看来省时间和力气,但是系统的核心技术你可能永远都无法掌握。照着葫芦画瓢表面上是简单,但是我们要受制于人。包括元器件,我们要参照他们提供的参考图纸,寻找对应的国产元器件,如果没有国产的,我们只能找他们去买。元器件变化是很快的,这个原型设计是70年代末,我们开始做时已经是80年代后期,大约是1989年、1990年的时候,这时候我们如果要照着葫芦画瓢,要花很大代价。因为很多元器件已经更新换代了,你还要求人家重新生产,会受到很多限制。所以表面上完全仿制是省事,但是深层次分析之后,我们实际上并不省事。对国家来说,这个系统的价格也会很快上去。所以我就坚决反对照着葫芦画瓢。我坚持进行功能仿制的思想,就是在他们提供资料的基础上,研究系统的设计思想、系统的特点,然后进行功能的仿制。功能仿制,不仅使我们掌握核心技术,而且还能对核心技术进行研发和推陈出新的提高,从而提升整个系统的功能,并且我们不会受制于外国产品供应商。坚持功能仿制,这是一个原则的争论,我是一点不放松的,因为我是总设计师。高尔基说:"应当热爱科学,因为人类没有什么力量比科学更强大,更所向无敌了。"作为一名科学家,我对国家的技术发展负有责任,而不能过多地考虑个人的得失[①]。

王越用自己对科学的执着、对国家的负责,说服了意见不同者。1988年12月,经科工委批准建立双35牵引高炮系统"两师"系统,标志着双35牵引高炮火控系统国产化研制工作的正式开始。王越任总设计师,生产厂的吴强任副总设计师,副总设计师还有彭家庭、贺崇赢、史沛荣等。

1989年12月22—28日,在西安206所召开了双35牵引高炮系统火控系统国产化研制方案研讨会,王越宣读了自己撰写的《双35-火控系统一些问题的分析及第一次综合报告》,与会代表对王越提出的本系统国产化工作要点、结合军方提出的三个不变准则(即确保原性能不变、符合我

[①] 王越访谈,2010年11月29日,北京。资料存于采集工程数据库。

军使用要求不变、最大限度国产化程度不变)进行充分的科学研讨,统一了认识,形成了下一步的工作准则。

最终形成的双35系统国产化研制工作的指导思想是:总体性能不变,机构布局不变,接口关系不变,分系统性能不变,走功能仿制和自行研制的国产化道路。对转让技术部分进行国产化仿制,不转让技术部分进行功能仿制和自行研制。在元器件、材料、机电配套产品等方面,视不同情况采取大多数国内选购、同等替换、以高代低的原则,充分利用改革开放的大好形势。在制造工艺方面,以我为主,对关键工艺逐项攻关,同时引进少量关键设备,以提高加工质量;对特种工艺,打破行业界限,充分利用国内已有技术成果,并积极争取国家高新技术投入。在功能仿制和自行设计方面,要最大限度地利用国内已有技术成果,研制出满足系统要求的系统和单体;认真开展重大关键技术专题攻关和反设计工作,研究原瑞方设计原理和设计思想,以解决国产化研制工作中碰到的难点和元器件国产化问题,促进国产化研制工作的深入开展,进一步提高国产化研制水平。

研制过程

双35系统引进分三个阶段,王越任第一阶段的总设计师(1989—1993年),彭家庭任第二阶段总设计师(1993—1998年),张冠杰为第三阶段总设计师(1998年—定型)。在访谈中据彭家庭讲,双35火控系统实际上是国际上非常著名的"防空卫士"(Skyguard),其原型只有X波段的雷达,在其改进型中加入了Ka波段的雷达。Ka波段的雷达原引进合同中本来就没有技术转让,只有样机。1989年6月4日之后,瑞方以Ka雷达使用了美国的器件为由,提出再付给他们一笔研制费,由他们研制出替代器件。王越在和彭家庭等专家经过仔细的分析研究后,给上级(兵器部)写了一个报告,提出我们不要Ka波段的样机,改由206所自行研制。这个决定不光节省下对方追加索要的研制费,也扣下了原合同中Ka波段样机的费用。更为重要的是极大地促进了国内Ka波段雷达的研制能力。后来

206所研制出了完全达到对方技术规格的Ka波段雷达（除当时Ka波段功率行波管"转口"购入），具体研制工作由李喜民、蔡兴雨、孙有为等人完成，使206所在Ka波段雷达研制方面具有较强实力。

20世纪80年代中后期，由于行政和科研工作的双重压力，王越身体吃不消了，心脏出现了问题，即使在这样的情况下，他还是坚持工作。不能亲自到设计和试验现场，每天晚上他就召集有关同志到家里汇报试验和设计过程中的问题，然后与他们一同分析问题的原因，寻找解决问题的途径。家里没有黑板，就找一个硬纸板或把文件夹放在腿上，一张纸一张纸地写、画图、演算、推导，整个雷达都装在他的脑海里和心里，大家都说他的膝盖成了黑板架。

随着双35系统研究工作的开展，王越身上的担子越来越重。他除了要负责所里的行政工作外，还要抓双35系统的总体技术工作。1991年他们在样机进口方面又遇到了很大困难，根本无法判断什么时间样机能到货，在元器件方面也同样如此，很多重要的元器件不能直接进口，尤其是对方的专用器件更是难以搞到，因此有些专题研究无法开展。国内安排的研制新元器件的工作绝大部分又赶不上进度，对很多高性能元器件提出降低指标的要求。面对诸多的问题，王越对各部门提出加强技术攻关、对一些关键技术必须认真消化的要求。

巨大的压力和严重的身体透支，使王越病倒在了雷达研制现场。1991年6月27日，时值双35系统研究的关键时期，国防科工委副主任谢光中将到206所视察并听取工作汇报。王越非常重视，亲自准备资料汇报。在陪同谢光中将参观的过程中，

图5-8　王越陪同谢光中将参观206所（1991年。左一：王越；左二：谢光）

他突然心脏病发作晕倒在地。同事们马上打电话让医院派救护车，医院的救护车迟迟不来，大家都心急如焚。经紧急抢救，王越总算脱离危险。他从昏迷中醒来还是询问工作进展和上级领导的检查工作。

在双35系统引进期间，王越经常要到北京出差，一是向国防科工委汇报，二是组织专家讨论相关问题。据张冠杰回忆：

> 有一次，王越和我在车道沟开完会后，返回板井附近的招待所，由于车道沟到板井有一站路，我们便决定步行到板井。那个时期出租车还不太普遍。我们刚走出车道沟大院门口，乌云密布，两人便加快了脚步，刚到车道沟桥时，倾盆大雨从天而降，没有带雨具，只好躲到大桥下避雨。那个时期也没有手机，所以根本不能考虑打个电话让别人来送雨具。我们就站在桥下讨论雷达的发展问题，从306系统谈到双35系统，探讨如何提高雷达的性能，探讨如何解决双35系统研制过程中的问题，大雨一直下了一个多小时才停，我们俩就一直在桥下聊啊聊[①]。

在双35系统引进的10年间，王越撰写了很多研究报告。1984年王越撰写了《瑞士厄利空35mm高炮——空中卫士系统技术座谈会后对系统的综合评价》；1989年12月撰写了《双35-火控系统一些问题的分析及第一次综合报告》；1991年10月撰写了《双35-火控系统可靠性、可维性分析及设计指标的分配》，并在技术研讨会上进行讨论；1991年10月撰写了《国产化双三五火控系统可靠性指标分析及其保证措施》以及《再论防空卫士国产化工作的技术决策》等；1992年10月又撰写了《双35-火控系统第一套样机总装总调等总体工作有关安排》，文中表明计划于1993年完成第一套国产化样机。

在双35系统的引进过程中，王越很有远见，非常关心对青年科技工作者的培养，派出30多名年轻人到瑞士学习，不仅提高了年轻人的技术

[①] 张冠杰访谈，2011年5月20日，北京。资料存于采集工程数据库。

水平，增强了创新观念，还为206所培养大批优秀的人才，像后来快速成长的张冠杰、曹秋平、周克宏、郭敏、李喜民、蔡兴雨、王克宇、吴至宙、吕之恒等。

研制703多站联动系统

鉴于战时空情中电子干扰、反雷达导弹的出现与迅速发展，防空火控雷达的工作环境变得愈来愈复杂和愈来愈恶劣。为了改善并提高高炮防空作战中抗电子干扰、抗反辐射导弹能力，有效保护我方的防空作战效能，206所科技人员于1973年开始了703多站联动系统方案的酝酿和论证。

什么是703多站联动系统呢？简单地说，就是将雷达组织起来，进行集中指挥，以实现火控系统的联合作战，达到效能最大化。王越的学生张冠杰说，703多站联动是一个雷达网络化战争的雏形。实际上703多站联动是一个C3I系统[①]，是我国的第一套营级防空C3I系统。C3I系统就是指挥自动化技术系统，是用电子计算机将指挥、控制、通信和情报各分系统紧密连在一起的综合系统。因为指挥（command）、控制（control）、通信（communication）的英文第一个字母都是C，情报（intelligence）的第一个英文字母是I，所以西方国家又把它简称为C3I系统。美国的战略C3I系统原称全球军事指挥控制系统，于20世纪60年代建成，1995年改名为全球指挥控制系统。战术C3I系统一般由陆、海、空三军分别建立，如美国陆军有战术指挥控制系统，空军有空军战术指挥控制系统，海军有海军指挥控制系统等。根据合成作战需要也有多军种联合建立的战术指挥控制系统，如空军和陆军共同研制的联合监视与目标攻击雷达系统等。C3I系统是一种人机系统，能对地理上分布很广的资源进行集中协调，

---

① C3I系统是一种人机系统，能对地理上分布很广的资源集中进行协调，或针对某一部门面临的各种问题，采集、提供准确的实时情报，并作出决策。

或针对某一部门面临的各种问题，采集、提供准确的实时情报，并作出决策。

1977年3月，国务院、中央军委常规装备发展领导小组，批复"同意研制高炮营指挥炮瞄雷达站联动控制系统"。从此，703多站联动系统的研制任务便下达给206所和207所，其系统总负责由206所承担。1977年，由206所牵头，在某机场进行了总体方案的摸底试验。在试验的基础上，又深入细致地进行了许多试验和方案论证工作，直到1981年，在西安召开了703多站联动系统方案论证会，确定了系统方案，并在1982年由炮兵司令部正式批准了《多站联动系统方案》。

在方案论证过程中，王越做了大量的理论分析和验证工作。20世纪70年代末期，王越已经初步建立起雷达设计的系统理论和模型，在703多站联动系统研制中，王越进一步验证和完善了系统设计的理论，并在《火控雷达技术杂志》上发表了《火控系统雷达系统设计简论》[①]和《再论营火控系统之雷达系统设计》[②]两篇论文。在这两篇文章中，他详细分析了系统设计的五个主要特征，即目的性、先进性、环境适应性、相关性、集合性；给出一些系统设计的原理，例如：固定性原理、次优原理、防止偏重小概率事件原理、系统复杂性叠套原理等，并提出了系统设计的步骤和方法，即确定问题—收集资料—建立模型及性能指标—最优化运筹分析。

在《再论营火控系统之雷达系统设计》论文的手稿中，王越指出，分析结果的评估也是系统设计的重要步骤，因为建立模型和确定指标函数往往进行了大量简化，所以评估工作需要结合实际情况加以全面考虑。王越特别强调进行分析结果评估工作时需要注意以下三点：①倾听同行专家的意见和采纳使用部队同志的意见都要进行，不可偏废一方；②倾听意见时不要单限于一种方案，最好在两三种方案中选择进行；③各种意见应该独立地不相关地发表出来，应避免评估者互相影响而导致不客观地进行评估的倾向。由此可见，在大系统的研发过程中，不仅要求有

---

① 王越. 火控雷达系统设计简论 [J]. 火控雷达技术，1980（4）：1-13.
② 王越. 再论营火控系统之雷达系统设计 [J]. 火控雷达技术，1981（3）：1-37, 52.

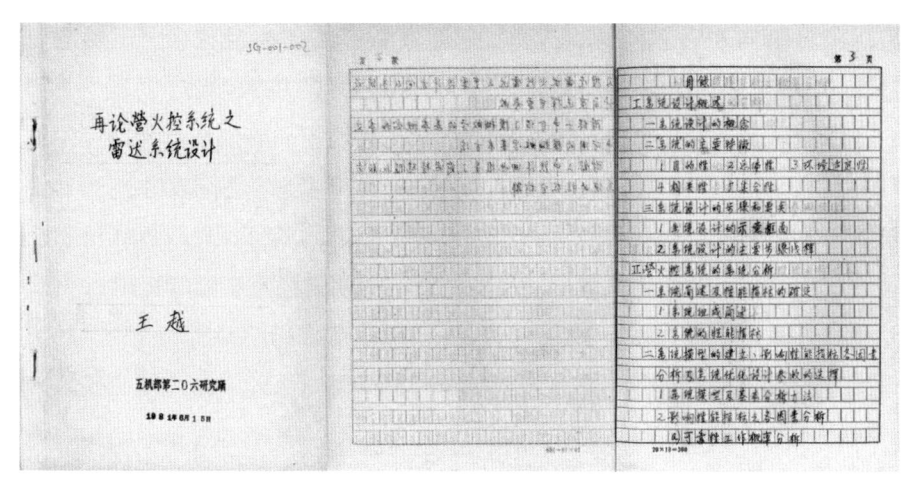

图 5-9 《再论营火控系统之雷达系统设计》论文手稿

系统的理论、过强的技术，还要虚心听取同行专家和使用者的意见，才能使系统更为完善。他提出的这些理论今天在火控雷达设计中都得到了广泛应用。

在营火控系统理论的基础上，1981 年，王越提出了 703 多站联动系统的具体方案。在王越手稿《再论营火控系统之雷达系统设计》中详细地描述了 703 多站联动系统的设计：

> 营防空火控系统由营目标搜索雷达，计算机指挥控制台，通信分系统组成营指挥所，下辖三个高炮或导弹连，各连又包括火控雷达、火控计算机、通信分系统、高炮或导弹。营目标搜索雷达之作用为快速发现敌机，并测定它的有关坐标信息，经通信系统传送这些数据至计算机进行信息变换，供指挥员综合决策、下决定及指挥用，有关指挥命令及信息也经通信系统送至各连。各连火控雷达截获目标，并跟踪目标，数据经火控计算机计算后控制武器设计。

703 多站联动系统总设计师是学雷达电子系统的白永贵，在 303 系统的研制中与王越有过良好的合作经历。1980 年王越升任为所长，行政工作比较繁忙，所以他坚持让白永贵做该系统的总师，自己做行政总指挥，帮白永贵协调人力、物力等工作。但是在实际的研制过程中，王越还是坚持参加每次的技术讨论会，解决了一些关键性的技术问题。

1984年底，全系统利用3部302火控雷达和新研制的数据传输设备进行全面的对接试验。对接试验后，就存在的一些问题进行改进，于1985年六七月全系统又在某机场进行了为期一个多月的验证试验。这次试验比较成功，取得了满意的结果。通过装备该系统使火控系统效能提高2.7倍，而成本只增加12%，填补了我国营级地面防空情报指挥系统的空白。1985年7月11日到13日在西安召开了703系统部级技术鉴定会。与会代表一致认为："多站联动"的研制成功，将会为逐步形成和建立我国独特的地面防空武器系统做出新的贡献，是研制我国战术C3I系统的良好开端。系统设计是先进的，属于国内首创。该系统1988年获得兵器工业部科技进步奖一等奖，并获得国家发明奖四等奖。

从王越的手稿《营火控系统雷达系统设计》和《再论营火控系统之雷达系统设计》中，我们可以看出，王越对营火控系统进行了大量的计算、验证和理论分析，并形成了系统的设计方案。但是，在703多站联动系统的多次获奖名单中，王越的名字却放在最后一个。据岳峻屹讲，是王越坚持把自己的名字放在最后一个的，他认为雷达设计是一个系统工程，是很多人同心协力，共同努力的结果，党和国家已经给予他很多的荣誉，所以他坚持把自己的名字放在最后一位。

从实践到理论

在雷达研究领域，向来有理论派和实践派之分，前者着重于基础理论的挖掘与推进，后者则埋头于工程实践。一些理论派的学者往往以高校为基地，侧重雷达前沿技术的研究；实践派则主要是以研究所为阵地的一批工程技术专家，致力于雷达设计、研制和整体性能的提高。当然，理论与实践不是截然分开的，实践要依靠理论的指导，而理论也要依靠实践来检验和提高。虽然王越主要的时间和精力都花在工程实践方面，但他一向重视理论的进展，一方面关注最新的理论进展并将其运用到实践中，另一方面还将自己在雷达研制过程中的经验和教训逐渐上升至理论高度，提出了火控雷达和电子对抗系统工程基本理论，建立了系统的理论体系和模型，并应用这些理论和模型成功地指导并研制出多项大型工程科研成果。这些由实践经验得来的理论成果具有极强的指导意义和实用价值，王越也因此成为将实践经验转化为理论成果的代表。

火控雷达设计理论

王越对理论的重视由来已久。参加工作最初的几年里，在201、302等雷达系列型号研制的基础上，王越对雷达的总体设计逐渐达到了日臻成熟、游刃有余的程度。不过，王越认识到，一部性能卓越的雷达的成功研制仅依靠工程经验还远远不够，他希望能找到一些更高层面的理论来指导雷达设计。从20世纪60年代开始，他就有意识地从更基础也更系统的层面上对雷达系统的研制进行一些总结。在302、303系统的研制过程中，他对雷达系统有过一些计算、推导和论证，但是那个时期交流机制并不通畅，加上研究内容属于保密范围，所以没形成可发表的论文。

1973年从北京回到西安，王越就一直在考虑影响303系统整体性能的因素。尽管303系统采用了国际先进的技术，使王越及其团队得到了锻炼，并获得1978年全国科学大会的奖励，但是303系统的整体性能并未展现出质的飞跃。这时候，科学技术领域利用系统设计的方法获得巨大成功的一些案例开始进入他的视野，例如美国的"曼哈顿计划"、"阿波罗计划"都利用了系统设计的方法，中国的"两弹一星"工程也利用了系统设计的方法。于是王越对雷达系统的研制开始有了一些源于直觉的新想法。

20世纪70年代研制306雷达时，雷达的一些研制指标跟军方的要求有差距，因此王越和军方有过一些很激烈的争论。他认识到要说服军方接受自己的设计方案，仅靠经验说服力不够强大，所以就考虑运用数学计算和理论推导说服他们接受自己的观点。于是他就利用随机服务理论建立起的系统效能模型对比 306 雷达的使用要求，进行分析后提出了 306 雷达总体方案、体制要点和特征以及重要参数。在这个过程中，一些理论研究成果逐渐成形。

在 306 系统整体方案论证的过程中，王越洞察到雷达系统的研制应该采用系统理论系统工程方法来指导。火控雷达系统十分庞杂，各种要素和关系之间错综复杂且彼此相互制约，不仅涉及敌我双方对抗的措施，还涉及实践过程中的博弈问题。然而，从系统工程的角度来说，由于多目标、多层次，约束条件问题及优化设计问题，在物理机制和理论上均尚未很好解决。因此传统的设计和研究方法主要依靠工程经验，导致雷达研究周期长，设计反复多，成功率低。认识到这些问题之后，王越不断摸索并深入思考，提出将系统工程的一般理论与电子对抗的专项技术结合，来解决雷达设计中的多维指标优化问题。在这一过程中，他引入了随机服务系统和对抗博弈理论，建立了高强度对抗环境下的总体模型和火控系统的四维评价指标体系，保证了火控雷达的发展能够适应现代化作战环境的要求，明确指出了其发展方向，从而使得火控雷达的设计、试制成功率有较大幅度提高。

王越认为，在一个复杂系统的设计中，分系统与全系统的各种关系的协调必须遵循"总体性"概念来进行，即一个系统各单元间关系必须满足总体要求，必须强调局部服从整体的概念，这是因为总体上的失败就意味着全局性的失败，要尽力防止局部可行而全局不可行的情况发生。以王越的经验看来，系统中如果过分地追求某分系统的高指标，一般说来，这样不会构成整个系统的最优，相反地会导致整个系统性能下降，甚至会使整个系统失败，因此他提出必须从系统出发全面考虑。为此他建立了一个科学的指标体系，将指标分成四个维度，即性能维、成本经济维、时间维、发展余地维，基本维度之下可分为分维，分维下再分为分子维。通过整体考虑，尽可能优化这些指标，达到成功设计[①]。四个维度及其分维（分维又可分子维）如图 5-10 所示：

---

① 王越. 初论火控系统的评价体系[J]. 西部电子，1980，1(1)：9-15.

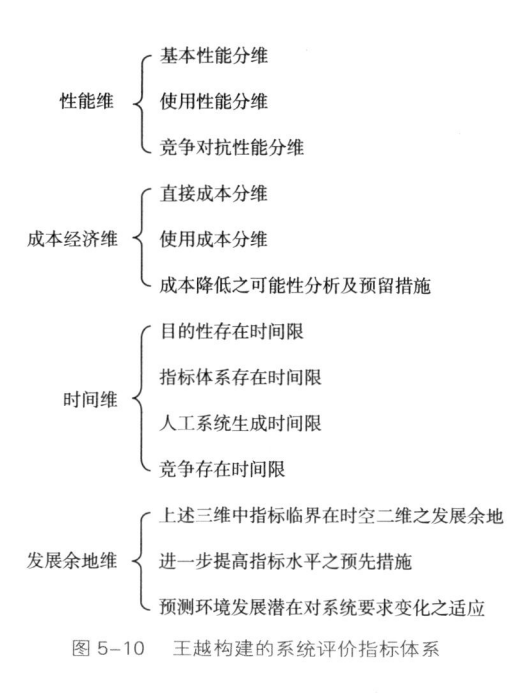

```
                  ┌ 基本性能分维
         性能维   ┤ 使用性能分维
                  └ 竞争对抗性能分维

                    ┌ 直接成本分维
         成本经济维 ┤ 使用成本分维
                    └ 成本降低之可能性分析及预留措施

                  ┌ 目的性存在时间限
         时间维   ┤ 指标体系存在时间限
                  │ 人工系统生成时间限
                  └ 竞争存在时间限

                     ┌ 上述三维中指标临界在时空二维之发展余地
         发展余地维 ┤ 进一步提高指标水平之预先措施
                     └ 预测环境发展潜在对系统要求变化之适应
```

图 5-10　王越构建的系统评价指标体系

第一维是性能维，它是很重要的。性能维下还分基本性能维、使用性能维和竞争对抗性能维。雷达虽然满足了基本性能，但是没有安全和对抗性能是不行的，因为军用电子设备都是在强烈的对抗、干扰环境下使用，所以安全和对抗性能还要单独考虑。雷达设计得很好，但是不适合部队使用也是不行的，因此使用性能维也是很重要的一个指标。使用性能维再分出很多维，譬如使用周期、可靠性能，以及部队是否容易培训、是否方便维修等，都是性能维中的指标。

第二维是成本经济维。任何国家研制雷达都要考虑经济成本，尤其常规武器，因为批量生产，成本太高是不可行的，产出和投入比太低也不行。

第三维是时间维。设计需要多少时间，制造需要多少时间，研发需要多少时间，生产需要多少时间，将来使用的寿命，这些问题都需要考虑。一个复杂系统研制周期需要 6—8 年的时间，如果仅使用两年就淘汰，则会导致产出和投入比太低。

最后一维是发展余地维，也就是未来的发展空间。一个产品最好的设计就是一代一代发展，既有量变，又有质变，但是整体框架基本不变。框架先定好，然后关键点可以逐步地发展。

实际上，这个指标体系表征了设计的概念和要害点也是具有普适性，设计框架内含多层次相互关联的众多矛盾。要满足这个指标体系，首先要建立系统设计的概念，没概念就无法建立指标体系。然后根据这个指标体系来设计306系统。

在具体理念和指标体系顶层建立中，部队使用方、国防工业集团、具体研发设计团队三者间，因为任务和所处位置不同，会产生矛盾，尤其是使用方和设计团队之间矛盾更直接和具体。对一些有客观规律、原理依据的重要指标，应尊重规律，确保性能与原理达到统一（如反应时间与作用距离之间的矛盾），而对一些有灵活处理余地的指标，在不影响总体指标的前提下，可以互相照顾达到矛盾的统一。这是一条普适性原理。但是，在研制过程中指标间进行必要的协商调整属于正常情况。在306雷达系统具体项目上，军方注重性能维，而王越认为从整体和长远来看，对国家来说还要考虑成本经济维、时间维和发展维。在论证过程中，要进行理论分析，还要用计算的结果来证明。306系统的总体方案、构思、计算核心指标全都是王越亲自设计和计算。具体的实施就分配到各个专业研究室分头进行，200多名设计人员分头实施计划。因为涉及的指标很多、很细，做出来后要联试，联试过了之后再做样机，样机做完之后，把整个的系统再联试，如此反复直至成功。正因为精益求精、反复论证，所以这个系统设计比较成功，1989年获得国家科技进步奖一等奖，这是火控雷达方面获得的首个国家科技进步奖一等奖。

其实，在306系统设计之前，王越就在考虑四维评价体系，在306系统设计过程中又得到验证，然后进一步完善，并形成了一批理论成果以论文的形式发表。

"文化大革命"结束以后，越来越多的学术期刊得以恢复，学术成果的发表越来越畅通。很多保密内容也开始逐渐解密。当时，国内复杂雷达可靠性很差，故障率高，平均原故障间隔时间（MTBF）短，而且越是先进复杂的技术可靠性就更低，无法满足"使用性能维"中的基本要求，面对这样的状况，王越提出针对可靠性问题进行较全面的分析，进行雷达系统设计，贯彻四维指标奠定基础。1978年王越在《陕西电子》1978年第2期上发表了第一篇论文《雷达可靠性之初步探讨》，论文长达29页。他通过系统的论述表明可靠性是现代雷达的重要质量指标，讨论了衡量可靠性的几个基本指标，包括可靠概率、故障间隔时间、平均修复时间、故障率、工作概率，并从元器件、工艺和环境温度等，讨论了影响可靠性的一些因素。在所能检索的中文文献里，这是最早的一篇关于雷达可靠性研究的论文。如果对一位科学家而言，36岁才发表一篇有重要影响的学术论文，并不算早甚至有些过迟。但是，对于一名工程技术专家而言，这一步却是意义重大的、也是非常艰难的跨越。这篇文章是王越从工程技术专家向科学家迈进的一个重要标志，同时从学术的角度也表明他在雷达研究技术上从分析解决突出矛盾到顾全系统整体的辨证方法的应用。

从1980年王越开始结合工作需要研究雷达研制的系统设计，并蕴含贯彻四维指标体系解决其中矛盾的基本原理。1980年12月，王越在《火控雷达技术》杂志上发表《火控雷达系统设计简论》一文[1]，这是王越开始研究火控系统设计理论的一个标志。文中强调从整个系统性能来讨论火控雷达的总体设计问题，认为系统是一个有机的整体，要根据系统的主要目标来运筹总体功能。这篇文章未全面用系统总体设计的内容与方法来讨论火控雷达的研制设计，但是考虑了一些系统设计的基本概念，强调了由整个系统性能来讨论火控雷达的总体设计问题。在文中，王越总结出火控雷达系统设计常用的五个基本原理：

（1）系统复杂性叠套原理，即每个系统只不过是某个更大系统的分系统，系统构成是很复杂又是多层次叠套的。火控雷达本身可看作是一个由各分机系统组成的系统，但火控雷达又是火控系统中一个分系统，它与火控系统中其他分系统，如计算机、通信分系统等，是并列的，在设计雷达时必须弄清整个火控系统及其他分系统的性能要求与雷达性能指标间互相的联系，以便综合考虑。

（2）明确有效的指标函数，然后力争达到指标函数重要的上限值或准

---

[1] 王越. 火控雷达系统设计简论 [J]. 火控雷达技术, 1980 (4): 1-13.

上限值。第一步是要提出明确有效的指标函数，这也是不容易的（因其不是罗列一堆分散的性能要求），如果指标函数提错了，就会引导到错误设计方向上去。整个火控系统有指标函数，各分系统也有对应的指标函数。要达到指标函数的极大值，需要弄清各因素的限制条件及与指标函数的关系。如果这些关系为非线性关系，则将超出一般数学方法范围，如非线性规划等，数学方法上的困难也是很大的。

（3）低概率事件原理，即不应过分照顾那些低概率事件涉及的性能，而使系统的基本任务受到危害。这条原理是非常明显的，但实际工作往往受到压力而没坚持，又因缺乏具有说服力的数字表征而没法坚持。

（4）次优原理，即每个分系统如果是互不相关地追求本身最优化，一般情况下不会是整个系统合理优化。同时还会出现相反情况，即不相关地片面追求分系统的改善而使整个系统性能有所下降。

（5）集中化原理。设计研制过程中有关技术问题的决策和管理在系统工程方法，模拟理论、通信技术等都有较大发展的情况下趋向于集中，即各级范围内的问题例行地由各级处理，但同时要向较高一级报告备案，以便在高一级在全局范围内必要时作出新的决策（称之为例外管理），以保证系统设计任务的完成。

以上五个基本原理是王越将系统论的理论与自己多年的雷达设计经验相结合而总结出来的，是中国从系统论角度出发研究火控雷达设计的开端。随后，他又在1981年8月发表《再论营火控系统之雷达系统设计》一文[①]，这篇文章除了介绍系统设计的基本原理与过程外，还指出了系统设计与常规设计的区别，更重要的是王越讨论了以营火系统为对象进而推行系统设计的步骤和方法。这对于火控系统设计具有重要的指导意义。

在这篇论文中，王越首先讨论了"系统"应具有的五个特征：

（1）目的性。一个系统必须具有明确的目的性，没有目的性的系统就没有存在的前提。从事大型复杂人工系统的研制，首先必须明确系统的目的性，同时还应强调目的性不能中途变更（变更目的就变成了另一件事）。

---

① 王越. 再论营火控系统之雷达系统设计 [J]. 火控雷达技术, 1981（3）: 1–37, 52.

（2）总体性。一个系统各单元关系必须满足总体要求，必须强调局部服从整体的概念，因为总体上的失败即意味着全局性的失败，要尽力防止局部可行而全局不可行的情况发生。在一个较复杂的系统的设计中，分系统与全系统间的各种关系的协调就必须遵循"总体性"概念来进行。

（3）环境适应性。"环境"可简单理解为一个更大的系统，任何一个更大的系统的子系统，必须适应"环境"，当环境不断变化时也能适应，这才有生命力，不能适应环境的变化，就变成了一个孤立固化系统，系统的生命也就会停止了，理想的系统应该具有极强的环境适应能力。

（4）相关性。一个系统内部各单元之间有相互关联相互制约的特征，而绝不是互相孤立的，因而在考虑系统问题时一定要注意到各单元间合理的关系，力求避免产生相互间的矛盾关系，从而影响系统的总体性能。只有客观存在的矛盾达到统一，系统才能生存。

（5）整合性。是指系统是由最少两个可区别的单元所组成，而整合性是强调系统的组成是既无多余，也无不足，要恰到好处。

以上五个特征在构成体系中相互间有着密切的联系，而系统之间可以解决很多问题，取得惊人的效果。

他还用示意图解释了系统设计与常规设计的不同，见图5-11。他指出：常规设计一般是由"确定系统指标及分配分系统指标"开始的，没有前面的步骤，而系统设计则非常强调前面的步骤，也就是从"确定问题"开始直到

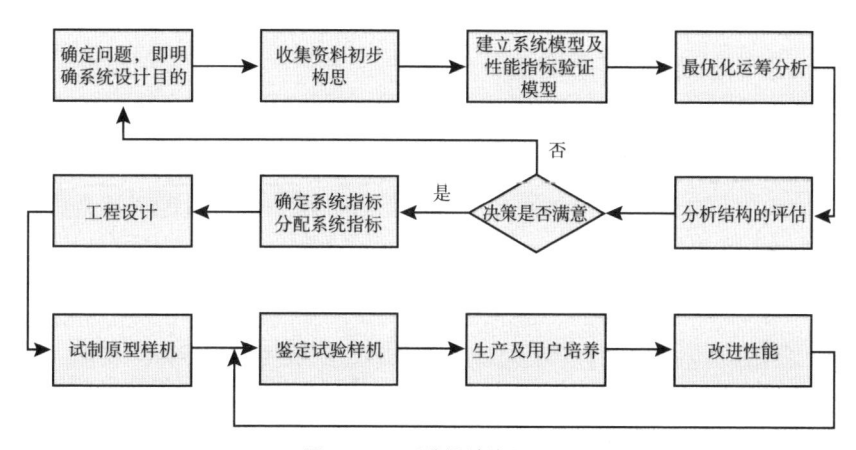

图 5-11 系统设计流程图

"决策"满意才分配指标进行工程设计,否则是不能进行工程设计的,要避免"徒劳而无功",这与常规设计有很大的不同,也是值得重视的。

最后他研究了对火控系统进行系统设计的步骤和方法,并利用此方法和步骤对营火控系统进行系统分析。这篇文章是王越将系统科学应用到雷达火控系统设计中的第一个理论与实践相结合的成果,此后王越又将自己的研究成果应用到其他型号的雷达设计之中,并逐渐发展系统设计的理论和方法。1985年,王越在中国电子学会雷达专业学会第三届学术年会上发表论文《论雷达系统设计的一些问题》,文中提出了雷达系统设计将有较大发展的论点,同时提到它的发展仍将有困难。文中结合系统设计的基本观点和原理,以及心理学中认识思维的基本过程就系统设计中战技要求的提出以及雷达总体方案拟定这两个重要环节,进行了分析,并提出了提高成功可能性的途径。

在这些文章中,王越条分缕析地阐述了自己在火控雷达设计方面的系统论,其核心就是他独创的四维评价指标体系。后来,王越又将四维评价体系融入他开设的博士生课程人工系统设计与系统理论之中。

在一系列的研究中,王越逐渐将系统论的思想、理论应用到雷达的设计和研制中,并形成了自己独特的雷达系统理论,他的理论在306雷达和703雷达的实际研究中得到实践检验和完善。今天,王越仍在坚持研究复杂系统理论,并将其应用在信息安全与对抗之中。

电子对抗系统工程理论

随着信息技术的高速发展,雷达火控系统在正常工作情况下能控制武器对空中目标构成很高的射击杀伤概率,因而对方很自然地要用各种方法来对付雷达火控系统使其不能发挥作用,形成存亡激烈的矛盾斗争。电子对抗就是敌对双方为削弱、破坏对方电子设备的使用效能、保障己方电子设备发挥效能而采取的各种电子措施和行动,形成作战称电子战。20世纪六七十年代的越南战场上,斗争得很激烈,美国的第二代战机F-105、F-111、F-4针对我方的对地攻击基本是失败的,原因就是我们部队利用了美机战术弱点,结合电子对抗技术,在其近距离干扰失效情况下直线飞行攻击,发挥我们命中解算精确的长处,大量击落美机。据王越讲述:

> 20世纪六七十年代导弹还处在绝密期,那时我们没有用防空导弹武器支援越南,越南战场我们主要是使用常规武器。在越南战场中苏联实际上也是在较量,苏联一开始并不支持越南。到抗美快胜利的时候,美国着急了,派B-52轰炸。B-52飞得比较高,常规武器打不下来,所以苏联就派出了对空导弹打下B-52飞机十余架。在那场战斗中,大部分美机是我们打下的,就是找出美机弱点,结合电子对抗原理击落1700余架。但是我们的战士也是非常苦的,因为一仗打完之后,需要很快转移阵地,否则敌方就会大量地多批次、多方向实施报复。转移时还要快速避开行军途中美机的攻击。所以雷达的重量和体积首先要降下来,抗"百舌鸟"攻击的性能也非常重要。由于当时战斗的急需,302系统就应急(改装)出来,302系统还是比较重,是7吨多。在302系统上加了一个新波段,可以抗"百舌鸟"对301系统信号的瞄准攻击和S波段干扰,但是整个体系结构没变,所以还是很重[①]。

在302雷达设计中,考虑采用双波段、隐蔽扫描来对付敌方的攻击。后来在306研制中,王越采用相参脉冲间跳频来增强雷达的电子对抗性能。在设计306系统和双35系统中,王越对雷达的电子对抗性能作了一些重点研究。1986年他在《电子对抗》上发表《雷达对抗过程某些系统考虑》。文中主要概述了现代电子对抗特点、电子对抗发展概要流程及其主要内容,分析了电子干扰软对抗过程和雷达反导弹攻击的硬摧毁方案。

1987年,王越申请晋升研究员时,作为同行评审专家的保铮院士是这样评价这篇文章的:

> 用对策论的观点,提出了多种对抗策略,分析了对抗效果的度

---

① 王越访谈,2010年11月29日,北京。资料存于采集工程数据库。

量；不仅仅限于静态对抗，而且发展到动态的对抗，设想新颖，分析结果正确，用于对抗的定性研究很有参考价值。对抗效果的度量是一个非常复杂的问题，也是国内外瞩目而又未能解决的问题，王越在这一问题上跨出了可喜的一步[①]。

1986年，王越指导学生王震宇对雷达电子对抗系统进行了研究，在《航天电子对抗》上发表了《雷达电子对抗系统动态性能分析与度量》一文。这篇文章提出了对雷达电子对抗系统的一种分析方法，即运用博弈论、随机分析及系统工程的方法，研究双方电子对抗动态过程的变化特性及其效果度量，导出了对抗过程的四大要素：双方对抗手段、竞争速度运用策略、对抗效果之间的相互关系及计算方法。最后应用这一方法对工程中的典型例子进行了分析和计算，并得到了一些非常实用的结果。

1986年，王越在《火控雷达技术》上发表《雷达火控系统反导弹攻击方法之讨论》一文，主要讨论利用小口径高炮射击导弹的方法和问题，此方法技术简单、成本低。

在以上研究的基础上，王越提出的火控雷达和电子对抗系统工程理论在实践中得到检验，并逐渐发展成熟。理论内容主要包括：

（1）在理解任务、分析任务的基础上，进行确定设计准则与评价体系研究。提出了不同环境下火控系统设计的多层次、多目标模型，准则及其原理，提出了四维空间评价体系，将火控雷达设计准则、评价体系统一到理论高度并使之规范化。

（2）约束条件结合综合矛盾研究。火控雷达与电子对抗系统的各种指标和因素，如搜索性能、跟踪性能、抗干扰性能、可靠性能、电磁兼容性能、研制周期等，系统发展适应性及经济效益等各种因素的约束机理，相互之间约束关系研究，针对不同环境和不同目标提出了复杂多层次约束系统的思想与方法，它为雷达系统设计的科学化、规范化起了重

---

① 王越档案，206所档案室。

大作用。

（3）系统合理、有效的方法研究。根据他建立的模型及工程项目背景提出了多种合理、有效的设计方法和途径。

针对王越在火控雷达设计方面实践与理论方面的贡献，北京理工大学校长胡海岩院士是这样评价他的：

> 追求卓越，王越先生是一位杰出的战略科学家。
>
> 王越先生长期从事火控雷达系统、信息系统及其安全对抗领域的研究工作，直接推动了相关国防科技领域的发展。早年，他曾作为总体主管设计师，负责我国第一代火控雷达301系统的技术引进和生产、我国第一代岸炮对海校射雷达861系统的研制。他作为总设计师，主持研制了我国第一代歼击机火控雷达201系统、我国第一部全晶体管化火控雷达303系统。改革开放后，他作为总设计师，主持研制新一代火控雷达306系统获得成功。该雷达系统实现了大幅度技术跨越。他曾因上述杰出贡献，荣获国家科技进步奖一等奖、全国科学大会奖、何梁何利基金科学技术进步奖等。

1993年，由于国家的需要，王越离开了雷达研究所，开始担任北京理工大学校长，此后他将更多的时间与精力投入到雷达的战略研究中，作为导师、作为领军人物指导年轻一代去攀登高峰。正如他本人所言，我已经不能亲自去设计雷达了，但是我可以给他们出主意。

离开206所之前他把雷达研制的工作托付给包万正以及他的战友、同事和学生们。据张冠杰讲述：

> 一个单位能培养出一位这样的人才多难啊！是靠经验积累的，靠实践磨炼出来的。当然从国家角度来看，国家需要他干更大的事，管更多的事，但对于那个他离开的单位来说是很大的损失。
>
> 他离开之前，跟我谈了很多次。他将所有雷达的设计手稿和论证方案都留给了我。然后还把未来的发展规划，包括一些未来技术发展

的制高点、一些关键的核心部件，未来产品的发展以及我们和国外的对比资料都留给了我，我至今还保留着这些珍贵的资料[①]。

在科学技术高速发展的今天，新体制雷达在陆、海、空、天等作战武器平台上正得以日益广泛地应用。近年来，雷达技术作为侦察、探测、跟踪、制导的主要手段，由于受军事需要的牵引和科技进步的影响与驱动，大大加快了发展速度，几乎每隔10年左右就淘汰一代。例如，20世纪40年代的微波雷达，50年代的单脉冲雷达，60年代的相控阵雷达，70年代与80年代以后，机载脉冲多普勒雷达、高距离分辨雷达、合成孔径雷达、微波固体相控阵雷达等，以及无源雷达、超视距雷达、双（多）基地雷达、谐波雷达、激光雷达、雷达组网技术等纷纷问世，一批抗摧毁、抗干扰、反隐身的新概念、新体制雷达，已开始在现代高技术战场崭露头角。

作为火控雷达专家的王越不断创新雷达设计，1993年离开206所之前，他已经对20世纪90年代可能出现的产品全部做出准确的预言，也为206所后续产品的发展勾画了美好蓝图，指明了发展的重点和方向。

荣誉与责任

随着社会形势的好转和个人成就越来越大，王越所得到的组织认可与社会荣誉也越来越多，同时他所承担的责任也越来越重了。

终于加入了中国共产党

1956年大学毕业前夕，王越就向党组织提出申请，因为家庭成分和

[①] 张冠杰访谈，2011年5月20日，北京。资料存于采集工程数据库。

复杂的社会关系，他的入党之路一直很坎坷。王越的父亲新中国成立前是浙江兴业银行天津分行的经理，新中国成立后被认定为资方代理人，即资本家。缺少了"又红又专"背景，所以在历次政治斗争中王越都是被审查和改造的对象。1959年的政治审查，迫使他离开所在的研制队伍，不能再从事绝密级别的研制工作。但是他依然踏踏实实地研究雷达，在201系统无人愿意接手时，毅然承接任务，201系统的成功使他有机会受到了毛主席的接见，也让雷达研究领域更多的人开始了解他。出席全国青联大会以后的宣讲，逐渐展示出王越的领导才能。1963年10月，786厂又对他进行政审，认为其历史清白，所以重新让他回归绝密级研制队伍[①]。1966年"文化大革命"开始，那时他恰好在北京组织303系统设计，因而得到了"保护"。尽管单位也贴了他的大字报，他一笑哂之。1972年，王越研制完303系统，从北京回到206所，他又开始306系统的研究，任务很重，经常要到基地去试验，所以王越正式参加政治理论学习的时间比较少，一些政治性比较强的老同志就对王越的入党问题提出疑义。"文化大革命"期间，王越还不是党员，不能担任中层干部，室主任的职务被免掉。所以他就一心一意地进行雷达研究，所里的一些人就说他是走"白专"道路。粉碎"四人帮"以后，国家拨乱反正，1977年9月王越在经历了21年的严峻考验后，终于加入了中国共产党。

成为一名预备党员后，王越对自己提出了更高的要求，吃苦在前，享受在后。受"文化大革命"的干扰，所里已有十多年没有涨过工资，1977年206所开始讨论提高工资，此时王越在思想汇报中向组织提出了不要给自己涨工资的申请（见图5-12），他是这样写的：

> 按照规定，我在可考虑范围之内，但是根据我的工资情况，希望党组织千万不要考虑我的调资问题。一是，1963年，我在黄河厂已经涨过一级工资，比1958年参加工作的同志高三级。二是，自己家

[①] 王越个人档案记载，1963年，786厂四清队对王越进行政审。

庭负担轻。三是作为一名预备党员，我更应该吃苦在前，享受或照顾在后，见困难上，见荣誉让，保持党的艰苦奋斗的光荣传统①。

图 5-12　王越的思想汇报（1977 年）

我们在采集资料时，发现了王越写给党组织的这份放弃涨工资的思想汇报。但是在访谈过程中，他从未提及。他默默地资助了贫困山区的很多孩子，帮一些年轻人想出路，我们询问详情时，他从来就用一句话带过"那是我应该做的"。

担任所长

20 世纪 50—60 年代的知识分子大多出身于地主或资产阶级家庭，用当时的视角，他们受的是资产阶级的或旧式的教育。因此，新中国成立后，他们的阶级属性被定为资产阶级或小资产阶级。

在 1955 年的"肃反运动"和 1957 年的反"右"运动中，特别是"文化大革命"中，很多知识分子受到打击，被当成"教育和改造"的对象。

改革开放迎来了科技工作者的春天，王越被推上了领导岗位，在雷达研制领域他有了更广阔的天地，规划着雷达的未来，规划着 206 所的发展。全国科学大会结束不久，全国开始落实知识分子政策。206 研究所也遵照中央指示开始调整领导班子，落实知识分子政策。之前的所领导苏长生、

---

① 王越档案，206 所档案室。

张振发等都是部队转业的老革命，研究所要发展，迫切需要一个懂技术的领导干部，王越就从一名技术人员"连升三级"直接提升为副所长。在786厂时，王越担任过室主任，"文化大革命"期间就被免职，所以这次他是由高工直接升为副所长。1978年12月王越正式担任副所长，1979年开始代理所长，1980年6月正式任所长。在所长的职位上，他一直以研究所发展为重，以身作则，为所里的事业和人才的培养呕心沥血。

制定206所的发展规划

从20世纪50年代到60年代中期，我国的雷达研制，一直在走仿制、改制的道路，60年代末期才开始自行设计。在自行设计阶段，王越明显感觉到，在工业界的产品研制中，大部分工作需要理论和实际紧密结合，雷达研制也是如此。雷达研制和发展仅有实践经验是远远不够的，要长足发展就需要一些理论指导。因此王越担任所长后，将206所的研究分成三个层次，应用基础性课题的研究、型号预研、产品试制。应用基础课题研究，是围绕国际雷达发展的新技术开展相关研究，新技术会对雷达产生什么样的变革，新技术应用到产品中的可能性；型号预研，是对国际先进雷达型号的体制的性能进行剖析，勾画新型号的功能和可实现性；产品试制是科研的最后一个层次，有了前两个基础，才能保证研发周期和产品的质量。

担任所长后，他可以调配人力资源，调整研究步伐，保证研制产品的质量，带领大家完成高端产品研制。80年代以后，"冷战"基本结束，产品的研发不再是应急，而是应该从长远发展角度进行设计、研发。在306系统的研发中，他多次调整研究计划，增加国际先进技术，使其达到一个比较高的水平。在他的带领下，306系统、双35系统、703多站联动系统等研制非常成功，均获得国家级科技奖励。

20世纪80年代，206所经历了发展的艰难时期，没有研究项目，科研经费少，留不住人才，王越打开思路，将306雷达技术降级推向国际市场，306雷达的出口贸易为研究所的发展赢得了充足的资金并得以增添先进的实验、加工设备，提升了206所的研究和生产能力。同时经过与兵器部领导多次交涉，王越为206所赢得了生产资质，开创了研究所生产产品的先河。

在王越担任所长后干的几件大事中，除了带领大家完成产品研制任务外，他还完成了206所的搬迁工作，把206所从山沟里搬了出来，这对206所的发展起了很重要的作用。据王越讲述："之前也有很多老领导、老前辈为此事做过很多的努力。但是最终说服部领导同意我们迁址方案的事情是我做的。"

早在1975年9月19日，206所党委就向五机部党组、二十院党委提出了申请迁址的报告。当时根据搬入山区四年来的实践，深深体会到由于建所时受"散、山、洞"等方针的影响，给工作和发展带来严重的困难。为了加速火控雷达研究事业的发展，所党委经慎重考虑，提出了申请迁建的报告。申述的理由如下：

第一，科研生产区受洪水严重威胁。整个科研生产区位于两河流汇合处的下游，河两岸狭窄的河滩上，暴雨经常致使生产停工。第二，环境污染严重，不符合电子产品工作环境要求。工作环境中总悬浮微粒浓度高，以至于2微米以下线条的高精度器件无法生产。第三，水源困难，影响科研工作和职工生活。第四，现有建筑面积远远不能满足科研发展的需要。就像图5-13所示，206所在搬迁之前，王越的办公室仅有几平方米，工作条件非常艰苦。另外。还有交通、生活条件较差、子女升学就业困难等因素。

根据以上理由，所里提出移址另建的申请报告。部、院领导和有关领导机关来所进行了现场考察，都对所里的困难表示同情，但是由于国家经济还比较困难，搬迁未能获准。1978年4月国防科工委检查团西北分团来所检查工作时，经过详细了解，认为206

图5-13 王越在搬迁前的206所办公室里（1987年，西安）

所亟待迁建，并将这一看法写入国防科工委简报。1978年王越担任所领导后，多次找国防科工委领导汇报此事。1979年8月终于获批。

20世纪80年代初期兵器部想安排206所搬到5228厂，在西安东郊。而在当时的情况下，很可能会产生一种工厂来管研究所的局面。为此，王越很直接坦率地和兵器部的唐仲文[①]副部长进行了一次讨论，王越认为这种工厂领导研究所的局面是不利于发展的，会影响研究所职工的积极性。与此同时我国正要引进瑞士的雷达，在当时引进这个产品的代价是非常高的。王越曾直接和瑞方的技术人员用英文进行交流，考察该防空雷达的一些技术指标，通过调研和论证认为这个产品并非像想象中的那么先进。于是他很大胆地向唐部长建议，将引进瑞士的资金拿来用于建设206研究所，他很肯定地说："我们自己就能生产出比这个更先进的产品！"事实证明，206所研制、生产的能力非常强，有很多产品在当时的国际同类产品中属于领先地位，如前面提到的306雷达系统。据王越回忆，唐部长是一个比较开明的领导，经过这次谈话后，唐部长等兵器部的领导重新对206所的搬迁问题进行了考虑，同时征求了5228厂的意见，结果两方面的单位都不希望合并或者被对方"吃掉"，因此兵器部取消了原来的决定。在王越的争取下206所从西安郊区的山沟里迁出来了！

培养后备人才

王越在206所任所长期间，非常注重年轻人的培养，通过支持年轻人读研究生、出国培训等途径为所里培养了一批骨干和专家，而今这批人才已在火控雷达领域独当一面。双35系统引进期间，他派40名人员到瑞士培训，技术和英语好的年轻的科技人员就有三十四五位。20世纪80年代末期出趟国还不太容易，很多人都看成是一项比较好的待遇，出国的补贴是月收入的好几倍。所以所里机关的领导干部以及一些老同志对他有意见，说他不照顾老同志。他认为从工作出发培养年轻人很重要，

[①] 唐仲文，上海市人。1952年毕业于清华大学机械系，历任第三机械工业部坦克厂技术科科长、总工艺师，第五机械工业部科技局处长，兵器工业部副部长，国家机械工业委员会副主任，机械电子工业部副部长。

所里的未来必须让有能力的年轻人顶起来，才能有发展前途，他是顶着压力往前冲。事实证明，这些年轻人把瑞士的先进技术、先进的产品、先进的管理，特别是先进的方法、创新思维全学到了，他们都成长了起来，成为各个领域的骨干，给206所的长足发展培养了生力军。

按王越讲述：

我安排年轻人出国是考虑到206所长远发展的。我提出多安排年轻人出国，特别是毕业不久的有能力的年轻人，他们好奇心足又具备扎实的基础理论知识，善于思考，可以学习和挖掘瑞方的技术和管理。一些做管理工作的老同志技术生疏而且容易固守思维，外语也相对差一些，学习起来困难较大。机关一些同志提出意见后，我提出通过语言和技术考试来抉择，我亲自当主考官进行口试选拔，我用英语提问一些技术问题，让他们回答。当然老同志技术好的也派了，彭家庭也去过一段时间[①]。

王越的同事兼学生张冠杰是这样评价王越的：

王越是中国火控雷达的开创者，现在几乎我国装备的所有火控雷达都是他主持设计的。我在他手下工作了12年，我的学术成长和价值观深受他的影响。他是我的领导，学术成长的领路人，技术提升的指导者，生活的楷模；他的系统思想、战略思维、合作精神令我敬佩；他的做人、做学问、为人、做事值得我们永远传承；他对国家、对共产党无限忠诚。他教育我们要时刻站在国家、民族发展的角度考虑问题；无论是在和平时期，还是在动乱年代，他对事业的忠诚、执着从来都没有改变过。他心系教育，爱才、惜才，喜欢和学生们在一起[②]。

担任所长之前，王越就认识到人才培养的重要性，他认为人才是单位

[①] 王越访谈，2010年11月15日，北京。资料存于采集工程数据库。
[②] 张冠杰访谈，2011年5月20日，北京。存地同上。

发展的关键因素。担任所长之后他就着手所里研究人员的培养。1979年王越开始带研究生，206所没有硕士点，他就与中国科技大学沈凤麟教授合作培养研究生，第一个研究生是郭新荣，毕业以后留校。

第二个研究生是王震宇（1981—1984年在学），也是王越与中国科技大学合作培养的。王震宇大学毕业后在206所总体室工作，1981年开始攻读硕士学位，毕业后又在西北电讯工程学院攻读博士学位，而后到美国作博士后，现在美国朗讯公司工作。

第三个研究生是王维嘉（1983—1984年在学）（与中国科技大学沈凤麟教授合作培养），1987年在美国斯坦福大学获博士学位，1994年在硅谷创办美国通用无线通信有限公司，专注于移动互联产业。

第四个研究生王克宇，毕业后留206所工作，王越离开206所以后，王克宇到上海航天技术研究院804所工作，现在也是大系统的总工程师。

王越还培养了张冠杰、瞿卫真、周克宏（现任西安206所副所长）、郭敏（现任206总师）等一批雷达系统专家。

王越特别看重人品，他认为人才应该是人品和技术的完美结合。人品不好，技术再好也不能委以重任。

改善职工住房条件

西安地处中国南北气候分界处，冬天最低温度在零下七八摄氏度，宿舍没有供暖设施，感觉非常冷。在山里那些年，所里的同事、孩子们冬天冻得打哆嗦的样子，他深记在心里。所以206所搬迁时，王越决定在建设时，家属楼加装暖气，同时为后升的高级工程师预建一批三室套的宿舍。上级来检查时，批评不经过允许就加暖气，还扩大三套宿舍数量，他把责任都揽到自己身上。

家属楼建好以后，大家都很兴奋。当时，分配宿舍的规则是重年龄及行政职务，但因为预留了高级工程师宿舍，科研骨干也满意。外加临时拨出10套中等面积的宿舍破格分给少数具有研究生学历的青年科技人员。总体上，职工对搬入新址、新楼是满意的。搬家时，大家放鞭炮庆祝。预留房分给青年科技骨干也作为制度保留了下来。这样，搬迁、照顾科技骨干和逐步改善待遇，改变了在山区研究所老址留不住科技人员的状态。

据张冠杰回忆：

> 按照正常的排队，我们这些年轻人中大多数是分不到房子的，我能住的只是一室一厅。但是他为了给这些骨干、优秀的人才创造一个比较好的生活、科研环境，打破常规留出10套新房，奖励给10个人。这个制度后来就一直延续下来。第二次盖房子再留10套，第三次盖房子再留10套。这样年轻人有盼头了，所里也就把人才留住了。今天我们这些人在他的关心培养下，也都成长起来，在火控雷达这个领域都能担当重任。

除了给年轻骨干奖励房子外，他还提出，所里的领导职务越高，越要住差一些的房子。他是所里的最高领导，所以他提出住最顶层，冬冷夏热，还时常漏雨。据包万正讲，他是副所长，所以分到了三楼，比王越家的楼层要好得多，那个时期王越身体不好，有时发病上楼都喘得厉害，所里的同志们看着真是心疼啊！王越带头这样做了，其他人也就没有怨言了。他一生恪守"己所不欲，勿施于人"的信条，所以在他担任主要领导期间，一些有利于单位发展的政策才能顺利实施下去。

不陪客人吃饭的所长

曾任北京理工大学校办主任的苏青曾在《光明日报》上发表过一篇介绍王越的文章——《王越：不把时间花费在陪客人吃饭上》，无论官位多高的领导到北京理工大学视察、讨论工作，到了吃饭的时间，王越总是安排其他校领导陪客人，自己就回家了。其实这种做法并不是源于北京理工大学，自从他当206所所长时就形成了这种作风。

据张冠杰回忆：

> 所里来了客人，到了吃饭时间，他就说："你们去陪客人吃饭，跟领导交流交流，放开一些。"然后王越自己就回家了，他在家里吃

饭很简单，经常是一碗粥，配点青菜、咸菜。吃过饭他可以有时间考虑问题和看书。

据王越本人讲述，他之所以不陪客人吃饭，最主要的原因，一是陪客人吃饭通常需要花掉一两个小时，太浪费时间。二是他认为自己不善于应酬，所以不愿意把时间花在自己不喜欢、不擅长的事情上。特别是当所长期间，研制任务很重、时间紧，作为所长的他，上班时间要处理行政事务，所以只能利用别人吃饭、休息的时间来考虑雷达的研制问题。那个时期，306系统、双35系统等几个项目并行，他是总设计师，别人解决不了的问题都会推到他那里，他需要时间解决这些问题，不及时解决就会影响研制进度。下班回家之后匆匆吃口饭，就回实验室了，和设计师们共同讨论设计中出现的问题，讨论解决方案。三是为年轻人和所里的其他领导多创造一些与上级领导交流的机会，以便于了解国家和部队、国防的需求，激发他们的工作热情和动力。

家中不接待同事闲聊的所长

据岳峻屹回忆：

> 206所最初是部队编制，很多老领导、老同志都是从部队直接转过来的，所以单位就有了一些部队的传统或者文化，晚上大家喜欢去领导家串门聊天。王越刚当所长时，大家还在山上，晚上同事们就去他家敲门，她爱人出来开门，说："他不在家。"其实有几次，大家看到他回家了才去敲门，所以有些人便觉得他不近人情。

王越是技术出身的所长，他既要负责管理所里的行政工作，又要亲自参与雷达的研制工作。很多疑难问题和关键技术都需要他这个专家去解决，去定夺。他清楚国家的需求，清楚雷达技术的发展，现代战争离不开精确制导的雷达，我们的雷达落后，我们的战士就要挨打。所以他必须致力于提高雷达的精确制导和跟踪速度与精度。另一方面，他热爱雷达，对雷达有着深厚的兴趣和感情。责任、兴趣使他只能选择"不近人情"。正如鲁迅先生所说:"我把别人喝咖啡的时间用在读书上",而王越是把别人吃饭、聊天的时间用在雷达研制上。

笔者访谈中曾问张冠杰,能否随便到王越家串门,他的回答令人非常吃惊,"那个时期我们大家经常去他家,一谈就是几个小时。我们这些设计师和设计人员可以随时找他汇报和讨论技术问题。我们白天做实验,晚上就与他讨论白天遇到的问题,他就帮我们分析原因,然后提出改进的方案。有时他在家里,就打电话让我们去他家讨论。"

岳峻屹说:"很多人都很怕王所长,因为他批评人很严厉。如果有谁因为偷懒而影响了整个雷达研制的进程,他会不顾情面,当众批评。"所以有些人也提意见,206所的党委班子也曾给王越提出批评同志不讲方式方法的意见,后来,王越改进了工作方式[①]。张冠杰说:"对于我们这些积极上进的年轻人,他是很包容的。即便有问题啊,他也不是批评,他会以开玩笑的方式说几句,例如他批评曹秋平'你这家伙,就爱熬夜,经常迟到早退。'你说不是批评吧,也是批评,你说是批评吧,也是爱护。"

人的性格不可改变,但是处理问题的方式和方法是可以改变的。今天的王越先生教育学生的时候很少疾言厉色,他通常是用缓和的、因循诱导的与人商榷的口气与学生谈问题。尽管他站在学术的制高点上,但他从来不居高临下,通常会通过摆事实、讲道理把存在的问题分析透彻,所以学生的开题、答辩都喜欢他来把关。正如他所讲,师之职,传道、授业、解惑也。

研究所的任务就是搞研究,但20世纪80年代末期,206所在进行科研的同时,也开展生产,并从此"一发不可收拾",这不仅开创了兵器工业研究所搞生产的先河,而且给206所带来了发展的契机并奠定了坚实的基础。雷达的生产、外贸不仅给国家换取了大量外汇,也使206所有资金可以购买国外先进的加工设备,同时也给科研提供了充足的经费。206研究所搞生产,加速了科研成果的转换,缩短了研究周期、生产周期。当然,研究所搞生产要有重点,并不是什么部件都生产,只生产技术的关键部分,工厂则生产常规部分,各自发挥优势。

[①] 引自王越的人事档案,存于北京理工大学档案馆。

被评为学部委员（院士）

因为在火控雷达研究领域的突出贡献，1991年王越通过了层层评选，当选为中国科学院学部委员（院士）。1991年的院士评选工作从1990年下半年就开始了，1990年10月，兵器部准备推选王越参加院士评选，通知王越准备材料。据王越回忆，当时他并没有过多的、太强烈的愿望，尽管他获得了一些国家级的奖项，但是理论研究的文章并不多，公开发表的文章总共超不过10篇。自参加工作以来，王越从事的都是与兵器相关的研制，很多内容属于保密，不能公开发表。但是既然是部里布置的任务，王越还是按要求准备材料，所里的一些人员也帮忙整理材料。王越回忆：

1991年当选中国科学院学部委员后，我并没有觉得很高兴，其实每次得奖，我都会扪心自问，但是我觉得并没有很兴奋、很高兴的情绪，自己的心情非常平静、淡远，每天继续忙着新型雷达的研制和问

图5-14　在当选学部委员庆祝会上讲话（1991年）

题的解决。公布结果后，所里的其他领导建议开一个庆祝会，鼓舞一下年轻的科技人员，于是在206所的主楼（科研楼）前开了庆祝会，我作了发言，强调所有成绩都是多人合作取得的，我个人很平凡。会上还有少先队员献了鲜花[1]。

1955年、1957年当选的学部委员（后称院士）大部分是从国外回来的、

---

[1] 王越访谈，2010年11月15日，北京。资料存于采集工程数据库。

国际上知名的大科学家，像钱学森、梁思成、华罗庚等。1980年又评选了一批，然后就是1991年的评选，学部委员评选开始制度化。王越1991年参加评选时不到60岁，评选结果公布是1992年。当时的兵器工业领域只有王越一个院士。

20世纪以来，工业生产的需要和技术科学的迅速发展使原来主要依赖经验积累的工程技术有了理论基础的支持与指引，各国科技界和决策层开始重视基础理论研究与工程技术的结合，纷纷采取措施推动基础理论与工程技术共同发展，强化基础理论的地位和作用，有20多个国家先后建立了工程院、工程与技术科学院等最高咨询性、荣誉性学术机构。而在我国几十年来，随着国民经济和国防建设的发展，在各条战线上已经成长起一大批优秀的工程技术专家。我国科学家、工程技术专家和有关人士，曾多次就建立中国工程院的问题积极提出倡议。此后，在全国政协第七届五次会议和中国科学院第六次学部委员大会期间，不少政协委员和中国科学院学部委员又先后提出提案和建议，希望尽快建立中国工程院。党中央和国务院领导同志高度重视这些建议和意见，就建立中国工程院的问题多次作过重要批示。

1994年初，党中央、国务院正式批准成立中国工程院，国务院批转了国家科委、中国科学院关于建立中国工程院的请示报告。李鹏总理在全国人民代表大会八届二次会议的政府工作报告中，正式宣布了这一决定。这在全国科技界特别是工程技术界引起了很大反响，认为这是推动我国工程技术以及科学技术全面发展、促进优秀人才成长的有力举措。

受党中央、国务院委托，在宋健同志的领导下组成的中国工程院45人的筹备领导小组，王越被推选为筹备委员会委员。根据党中央、国务院批准的文件规定，中国工程院筹备领导小组委托中国科学院学部主席团，经过各学部酝酿、协商后，由学部主席团推荐再由工程院筹备领导小组全体会议先后审议、表决通过，确定30名工程技术背景比较强、具有一定代表性的中国科学院院士，一并列入中国工程院首批工程院院士的名单，以体现现代科学技术相互渗透、交叉的特点，密切两院的联系，有利于我国科学技术事业整体协调发展，由此，便产生了"双院士"。钱学森、王大珩、朱光亚、陆元九、宋健等均为双院士，王越也是其中之一。

第六章
科教兴国开新篇

花甲之年接任校长

20世纪80年代末90年代初，随着经济体制改革的不断深入，教育体制改革也迫在眉睫。但是在中共中央、国务院1993年2月13日印发《中国教育改革和发展纲要》之前，各高校的改革方向并不太明朗，似乎都是处于"摸石头过河"这样一个状态，北京理工大学的教育改革也同样处于这样一个迷茫的状态。北京理工大学的前身是1940年中国共产党在延安建立的第一所理工类院校——延安自然科学院，因此国家对北京理工大学的发展极为重视，在"七五"、"八五"和"九五"期间它是国家重点投资建设的14所高校之一。为了提升北京理工大学的影响力，不断发扬学校在国防建设中的优势和特色，国家对北京理工大学新一任校长的人选作了慎重的考虑。1993年国家人事部门委托中国兵器工业总公司领导张俊九[①]

---

① 张俊九，1940年8月生，安徽阜南人。研究员级高级工程师。1990-1991年中国兵器工业总公司副总经理、党组成员，1991-1993年中国兵器工业总公司副总经理、党组副书记，1993-1998年中国兵器工业总公司总经理、党组书记。1987年获内蒙古自治区和国家机械委优秀企业家奖。

图 6-1　校长任命书（1993 年）

和王越进行了一次保密谈话，希望他能接任北京理工大学校长一职。

此前王越在 206 所担任所长已有 20 多年，科研事业的发展如日中天，科研成果也是屡屡获奖，然而在人生的关键转折点上，他听从组织的安排开始了由科学家到教育家的转变。以前王越并没有在高校任教的工作经历，但是为什么上级主管部门会想到选择王越来担任校长呢？后来据他自己的分析，可能有三方面的原因，一个是恰逢北京理工大学归属兵器工业总公司领导，而且在考虑新一任校长的人选。二是，他是当时兵器工业领域的第一个学部委员，还有一个原因是因为他的做事风格。说到他的做事风格，他笑言："我一直不是一个愿意单纯按照领导意愿办事的人，我更愿意按照科学规律办事！"王越一直坚信要按照科学规律办事，而不是做一个循规蹈矩的人。曾经有两件事情给当时兵器部的领导留下了深刻的印象。一是关于 206 所的搬家问题，另外一件事就是关于 306 雷达系统争取外贸的资金进行生产的事情。这两件事情足以体现王越坚持实事求是、不拘泥于形式的做事风格，正如他所说的："我认为按照规律办事比单纯按照领导意图办事更重要！"在他的思想里始终保持着做任何事情都要遵循事物发展的辩证规律的原则，无论是谁也不能违反事物发展的规律。他为人处世的作风也给当时兵器部的领导留下了极深刻的印象，于是有了 1993 年兵器工业总公司的领导张俊九和王越的这次谈话。当时北京理工大学校长的任命权在国家人事部，由国务院总理签发任命书。张俊九是受人事部委托来和王越谈话的，谈话后张俊九给了王越三天的思考时间。

从 1979 年王越就开始指导研究生，所以他对教育也并非完全陌生。也正是因为有指导研究生的经历，使王越深切地感受到培养人才的重要性。经过三天考虑后，王越认为人才的培养对国家的发展更重要，于是决定接任校长的职务。对于王越的离开，他的一些老同事也曾好心相劝。在206所科研、环境、人事各方面都非常成熟，工作轻车熟路，而在花甲之年到一个陌生的环境去开拓一个新的领域绝非易事。然而王越想得更多的是，国家给予了他如此多的荣誉，他就应该承担更多的责任，在国家和人民需要的时候，自己不应该考虑个人得失，应当挺身而出。1993年王越来到理工大学走马上任。从此王越开始了他的教育家的职业生涯。

教育不是产业

20世纪90年代初，受改革开放的影响，一些市场经济的理论和行为也逐渐影响到教育领域，部分学校也曾出现过利用学校名义开办企业以及教师经商等现象。王越来到北京理工大学后，在第一次学校报告中就提出了他的教育理念：教育不是产业！他认为不能将经济领域的盈利规律用在教育事业中。在访谈中，王越这样说：

> 有些概念我是比较明确的。譬如说，改革开放，经济体制在变化，这个是对的。我们必须要遵守市场经济的规律。当然，我们国家是在社会主义前提下发展市场经济，故称社会主义市场经济。但是，我认为市场的规律是经济领域的规律，跟高校的发展规律特别是重点高校的发展规律是不一样的。不能把经济领域规律盈利搬到高校来作为高校发展的规律，我反对这种做法。所以1993年左右，一些人认为教育是一个产业，这种观念我不认同。我认为，北京理工大学不能实行产业化的这套规律，学校要发展，首先应该总体定位在文化领域，成为重要的文化基地，发展传统优秀文化，从核心因素支持民族社会发展。当然我们要支援经济发展，理工科高校应从素质和能力兼

优高层人才以及科学新发展观、新应用及原创技术创新贯彻科教兴国政策。但是我们学校在发展过程中要遵循文化领域的规律而不是企业的发展规律。企业的最终目的就是要盈利,但高校绝对不能以盈利为第一。也许有些学校可以这样,但是国营的、国家办的重点学校,承担的任务主要是文化建设及人才培养,不是追求经济效益,当然在世界上有一些高校属于服务产业,WTO规则中就有一部分高校运作属于服务产业,但是它不是我国社会教育的主流[①]。

1990年6月,国家教委制定了全国教育事业十年规划和"八五"计划,计划在"八五"期间集中力量办好一批重点高校,国家为了鼓励高等教育,要支持100所重点院校建设,这就是"211工程"。王越进入北京理工大学后的第一个任务就是要领导学校争取进入"211工程"。任职后他在和干部见面的时候就提出了这一目标。他认为,要想达到这个目标,首先要解决的问题是保证学校稳定运转,抑制市场经济影响下在校园内盛行的"经商风",提高教学和科研质量。然而要保证学校稳定运转的前提就是要理念明确并改善教师的生活和工作条件。20世纪90年代初期,北京理工大学教师的居住条件比较差,很多教师都住在筒子楼里。筒子楼房间的面积实在是太小了,通常为12平方米,最大的也只有16平方米,很多家庭都把煤气罐放在走廊做饭,楼道里拥挤不堪。在这么小的面积里用煤气罐和炉灶做饭会存在很多安全隐患,一旦煤气泄漏,失火爆炸,楼里的人可能都会被困住,后果不堪设想。当时,北京的发展正在起步阶段,三环路还没修完,北京理工大学地处北京西北三环交界处,是交通繁忙、人口密度较大的一个地方,一旦这里发生火灾,造成的人员伤亡和社会影响可想而知。据当时的校长办公室主任苏青回忆,王越到任的当天下午就亲自到这些筒子楼视察,了解教师们的居住状况。看见筒子楼狭窄拥挤的状况后,王越非常担忧,以至于王越后来和笔者谈起此事来依然记忆犹新。于是他决定一定要改善这个状况,教师有了保障,学校的教育教学工作才能稳定。他非常感慨地说:

---

① 王越访谈,2010年12月7日,北京。资料存于采集工程数据库。

高校的教师不是企业家，不可能发大财，这是个规律，我们必须得承认。即使全世界著名的教授的收入和他在企业里成功工作的学生的收入也是没法比的。所以爱因斯坦有句名言，"不能让教师为抚养自己子女的面包而奔忙。"这句话我记得很清楚。我认为他这句话说到点上了。所以要让教师过上一种体面的小康生活。那我们怎么理解一个体面的小康生活呢？如果让教师一天到晚为钱所困，小孩上幼儿园都很紧张，这怎么能算得上体面和小康？但是，教师要有百万存款，恐怕也就是少数[①]。

1994年，王越在校党委会上提出一个安居工程，改善教师的居住和生活条件，得到了广大教职员工的赞同。安居工程分成若干期进行，1994年开始实施一期安居工程，1999年实施了二期安居工程。此后陆续解决了一些教师特别是年轻教师的住房问题，生活上的稳定为教师安心工作创造了条件，教师队伍基本上稳定了。

王越一直强调，高校是培养人才的摇篮，主要是培养人的素质和能力，因此教育事业的发展是一个百年大计而不是一蹴而就的事情。正是着眼于此，王越来到高校后提出要发展校园文化，树立北理工的精神。他反对学校按照市场经济的模式进行管理，认为绝对不能按照企业的盈利方式运作，因为这与大学一贯以来的运行体制背道而驰，他尤其反对教师以学校的名义经商的行为，于是他开始了一系列的校园整顿行动。1993年以前北京理工大学游泳池附近有"饭店一条街"，这里的饭店都是临时搭建的，当然有很多都是学校的教职员工或者亲戚开的，商业气氛很浓，严重影响校园的文化氛围。王越到任后首先下令关闭了"饭店一条街"的所有饭店，关闭饭店的禁令可以说是令行禁止，半年之内，"饭店一条街"所有的饭店全部都关闭了。此外还有一些利用学校名义开公司的，这些公司往往利用大学的名义为企业做担保。由于大学是国家的事业单位，在一定阶段内可以说是不会倒闭的，而这种担保凭借了国

---

① 王越访谈，2010年12月7日，北京。资料存于采集工程数据库。

图 6-2　1994 年北京理工大学"211 工程"预审会议

家单位的可"无限责任"性，等于是变相地用国家的无限责任资产去担保有限责任资产，大大支持了各种高风险商业行为，并大开了"亏了算学校的、国家的，而赚了算自己的"这种严重损害国家公共利益之门，所以说这种担保是很荒谬的。据王越讲述，当时他还曾经收到过法院的传票，因为他是学校的法人代表。在这次整顿行动中，王越要求学校机关一律不许办公司，他在领导班子会议中提出严禁利用学校的名义担保其他公司的商业活动的提议，他的这个提议得到了领导班子所有成员的一致赞同。其实在 20 世纪 90 年代利用学校名义开公司的情况几乎每所高校都有，有的还很多，但是事实证明能够为学校创收和盈利的少之又少。王越说："北大方正是北京高校中以高校名义投资并创办的比较成功的公司，即使是它也不能完全支持学校发展，北京大学发展主要靠国家。"不过由于一些历史遗留问题或者学校发展的需要，还是有一小部分公司保留了下来。由于之前的管理制度不完善，这些公司的问题很多，为了解决这些问题，学校成立了结算中心对财务问题进行严格管理，切实防止财务上出现漏洞。经过一系列的整顿，校园恢复了平静，再加上教师队伍的稳定，使得学校的管理工作开始进入良性循环，逐渐建立起具有北理工特色的校园文化。这些都为北京理工大学首批进入"211 工程"院校奠定了基础。

教学与科研并重

年近花甲的王越担任校长后，并没有只专注于管理工作，而是和普通的教授一样开始了教学和科研双重工作。在科研方面继续从事他所热爱的雷达领域的研究，并定期与国际著名研究机构进行学术交流，

图 6-3　王越访问英国皇家学会时与副会长合影（1995 年）

保证研究的前沿性；教学方面，他同时担任了本科生、硕士研究生、博士研究生的教学工作。他认为教学与科研是相辅相成的，二者同样重要。高校的责任不是生产，主要是教学、培养人才和从事基础和应用基础研究，也可以从事前沿的应用研究支持企业技术创新。但教育是培养人才和科研的基础，不能重科研、轻教育教学工作。对于大学的科研工作王越讲述了他的观点：

大学里的科研跟工业部门和研究所的科研是不一样的。大学做不了批量生产产品，在分工上，大学也不应该做这项工作，而是主要从事基础、应用基础和前沿应用研究工作，从而由更深、更广的角度支持国家创新发展。因为世界上所有的技术创新主体在企业，这是规律。科学的应用有创新，而科学本身是没有创新的，只有发现，发现前所未知的科学规律。科学规定了哪些方向我们需要研究，需要交

第六章　科教兴国开新篇

叉综合，这个方面存在创新。举例来说，20世纪40年代末50年代初，美国开始研究核聚变发电，国家投入很大，也集中了很多一流的科学家去研究。但是英国政府咨询剑桥大学卡文迪许实验室①的几位战略科学家时，他们却不建议研究核聚变发电，他们认为核聚变的研究还不到"火候"。于是英国的战略科学家建议搞射电天文，这是一个新的研究方向，别人没提出来。他们提出来新的研究方向，可以说是研究方向上的创新，就是发展方向的创新。美国核聚变实验失败了，搞了40年左右，花了四五十亿美元。从现在开始再有50年，如果能利用核聚变发电，那将是人类的一个重要成果，假如核聚变发电成功，那石油危机就会大大减轻。所以，从长远来看核聚变发电是没问题的，但是现实能不能做，这个需要评判。总之，我的意思就是说，科学规律、科学本身没有创新，但是科学发展方向可以提出新概念，定新方向，这是创新。高校主要应该承担社会和国家赋予高校的比较基础性的和前沿性的研究。用中科院的概念，像理工科的大学，有一部分精力要放在应用基础研究对应于技术科学领域上。基础研究是纯理科研究的范围，不需要大量的人，人海战术没什么效果。我个人认为，要精兵强将，支持力度要足够，而且更需要的是一种人文精神和科学精神的结合。因为做纯科学和基础科学研究，失败是大量而又普遍的，因此这种研究是寂寞而艰苦的，需要研究人员淡泊名利、不计个人得失，成为生活目的和人生观。同时国家不能用急功近利方式对待基础研究。只要尽了全力就应不怕失败！另外，在基础研究外高校需要发展应用基础研究，这方面企业很少承担，我不能说绝对不承担，也许有些很大的企业，很强的企业，会承担一部分。应用基础研究主要应该是社会的责任、国家的责任。例如，美国自然基金委员会立项已开展五年计划，再用十年完成的全新一代网络研究就是由四所著名高校和贝尔实验室（非朗讯公司身份参加）承担，经费投入巨大，现在边研究边进行应用试验。中国科学家提出的技术科学是与技

---

① 卡文迪许实验室是英国剑桥大学的物理实验室。

术结合为技术服务的科学。怎么为技术服务？它以科学的思维方法找出针对技术发展中间的具体科学规律，依仗规律来确定技术发展的方向，找出解决问题的路径和方法，这就是技术创新手段。这个路径和方法手段是要根据科学规律来掌握的，所以，这应该是技术创新的非常重要的支撑。那么高校和国营研究机构应该有一部分精力放在这上面。所以高校可以做一些前沿应用研究，但是我个人认为，少做产品的开发生产，因为高校的社会分工不在这个方面。另外，高校的工作性质决定了他的社会分工，要达到严格的产品化，高校是做不了的。由原材料进来后从加工管理，装备管理，检验、售后服务到建立档案，包括测试的仪表，一道一道工序都是很严格的。高校没有这么多编制和人员做这样的事，所以技术创新和产品研发的主体是在企业[①]。

由于王越多年在206所从事科研工作，因此他对应用基础研究的重要作用有很深刻的体会。他认为对于基础性研究高校是很有优势的，因为基础性研究是一个长期的过程，要求有很强的理论基础。基础性研究对未来人类发展的指导作用不是短期内可以看到的，而又确实必不可少，因此需要能耐得住寂寞、具有钻研精神的高素质研究人员。但是技术应用和产品化，高校是不具有优势的，相反企业在这方面具有更多的优势，因为一个先进的技术应用到人们的实际生活中需要一个规范的生产过程和实践检验，而高校不具有这种职能和保证。但是随着技术的发展和科技的进步，产品化的过程越来越难，需要具有很强的针对性的基础研究来支持。王越提出的应用基础研究正是介于基础研究和应用之间，应用基础研究相当于为理论到技术的实现提供一个桥梁。从科学发展和技术进步的历程看，应用基础研究的确起到了非常重要的作用，在访谈中王越列举了很多实际的例子：

如果没有巨磁效应、物理效应的研究，现在的硬盘不可能性能这么好。如果没有高琨先生对光纤的研究，现在的信息系统也不可能这

---

① 王越访谈，2010年12月7日，北京。资料存于采集工程数据库。

么发达。所以技术创新在于对基本科学规律的发现和应用。这就是应用基础层的魅力和重要性。高校不能放弃应用基础研究，因为这种研究企业有一部分做不了，尤其中国的企业技术实力还比较弱，国际上的重大企业也逐渐不做应用基础层了，包括贝尔实验室，因为这种研究并不挣钱，这是社会的责任。贝尔实验室曾发明了晶体管，它是由物理基础性的研究支持，这个发明的作用在信息领域里应该肯定的，是个重大的贡献。因为如果没有晶体管能有微电子吗？没有微电子能有现代这么发达的计算机吗？能解决复杂计算问题吗？所以晶体管的发明基础还是在于物理与物理材料的结合。晶体管当时是很原始的，但是就像一个小孩儿，他有很强大的生命力，他可以成长成一个巨人。但是怎么教这个小孩儿健康成长，这是重要的。这就是应用基础层的概念。很遗憾，贝尔实验室隶属企业后，纯基础研究已不做了，开展应用基础研究工作。我是坚信这些观点的，所以呢，我努力做一点事儿吧。当然这些都是处于发展过程中，来日方长[①]。

图6-4 王越访问美国麻省理工学院（MIT）与浦以康的导师Bruno Coppi 在其书房交谈（1994年）

王越从教育发展和学校职责的角度考虑，认为北京理工大学应结合理工科的优势，发展自身的学科特点。他提出要提升应用基础研究这点恰好符合了理工大学的学科定位，实现理工结合。1997年北京理工大学成立科学技术学院实体，为加强其发展，于2002年6月在院系重组中正式更名为理学院实体。它包括数学系、物理系、化学系、力学系四

---

① 王越访谈，2010年12月7日，北京。资料存于采集工程数据库。

个系和化学物理学科特区,理学院的定位重点是应用基础研究,比如说数学,更多的是应用数学的研究。理工结合说起来容易,但是实现起来很难,因为理工学科各自有不同的思维方式,要转换原有的思维方式和概念不是一朝一夕的事情。王越说:

> 我们的研究团队里头有学数学的,将数学应用于工程能发挥很大作用。但是数学思维和工程思维是不一样的,必须要有一个融合的过程。所以理工结合,第一是要有科学地思考和逻辑推理的能力,工科学生,尤其是重点学校的工科学生要具备上述基本的能力。第二是基础要打好,同时面上还要拓宽研究方向,针对一个产品来设一个专业是不对的,必须面对学科,而且学科发展快、涉及面广,所以必须要做教学改革。对于理科出身者,首先不能坚持"理科纯理论完备之上"的观点,而是面对实际找出可行并可用的理论和方法[①]。

此后于1996年,王越等北京理工大学的教师参加了"重点理工大学人才素质要求及培养模式研究与改革实践"的研究课题,该课题组由北京理工大学、清华大学、北京科技大学、北京航空航天大学、北京石油大学、北京化工大学、北京交通大学七所院校组成,课题研究目标既包括理论研究也包括改革实践。理论研究方面,对素质、模式、高等工程教育的改革背景等都作了比较广泛的探讨,取得了一定的共识;在改革实践方面,虽然试点时间尚短,但在新教学计划的制订中,除拓宽专业面有实质性的突破外,在构建新的课程体系、探索新的知识整合方式等方面还做了一些新的探索,提出了一些新思路。据王越介绍,这次的改革与实践活动具有很强的针对性和现实意义,比如人家共同研究课程体系,研究课程内容如何设置,如何去面对21世纪的发展。改革与实践的对象主要针对的是一些一级学科的专业或是大部分理工类院校比较重点的通用专业。1997年进入改革试点阶段,王越带领师生实施了一次教学改革。改革主要的试点就是

---

① 王越访谈,2012年12月7日,北京。资料存于采集工程数据库。

图 6-5　2001 年王越等人获国家级教学成果奖一等奖的证书

当时的五系（现在的信息与电子学院）。教学体系改革的研究内容和目标都非常具体，比如，提出在电子工程系必须要保证有控制理论方面的课程，专业课方面要加强微波电子场；实验班的课程中加强现代物理，利用基础加数学分析的方式进行教学，整个课程体系划分为三个层次：基础课、专业基础课、专业课。通过建立这样的课程体系来提高教学质量和效率。这次教学改革和实践，使王越及其团队于 2001 年获得了"重点理工大学培养人才素质要求与人才培养研究与改革实践"教育教学成果奖一等奖。

王越到北京理工大学任职后，不再大量地做产品的研发，而是转向了应用基础研究。他认为教学与科研应和谐对立统一，教学和科研的结合是创新的源泉。教学和科研活动紧密结合，相互促进，相辅相成，这既是保持教学活动的活力和魅力的源泉，也是推动科学研究不断进步的重要途径。因此王越在日常的教学过程中将科学研究工作和教学工作有机结合起来，不断引入学科前沿的理论和技术内容，把科学研究所取得的最新成果转化为教学内容，让学生特别是优秀学生始终能够站在科学研究的前沿来思考问题。王越比较喜欢与学生交流，他觉得教学科研的结合反过来也会促进教师不断思考，获取意想不到的科研动力和灵感。王越说："由于学生的思想比较活跃，对一些问题的看法和思路会反过来推动科学研究的进展。"正因为如此，王越特别喜欢那些积极思考、愿意给老师提出问题的学生，在他看来，科学精神中有两条很重要，第一条是科学的大胆怀疑，第二条是平等的自由讨论，只有这样，科学才能不断发展进步。其实他本人作学生的时候也是一个经常给老师出"难题"的人，正因为他勤于思考的精神才为后来的成功奠定了基础。他说："教师最大的心愿就是培养出超越自己的学生，青出于蓝而胜于蓝，是教师最本质的愿望。"

在王越上大学期间和参加工作以后，他一直从事雷达的研制工作。雷达研制是一个系统工程，需要从总体的角度去考虑问题，建立科学的模型，在这些实践过程中，没有扎实的理论基础作为工程设计中技术参数的依据是不可能完成雷达的

图 6-6　王越向王大珩请教技术科学发展问题（1994 年）

研制工作的。他本身有较好的数学功底和扎实的控制系统理论知识，从他发表的论文《雷达系统设计简论》和《再论营火控系统之雷达系统设计》中可以看出，他将系统观和总体设计方法渗透到每一个具体的设计环节，利用模糊数学的基本方法建立系统模型，其中每一个参数的设计都给出了理论依据和公式推导的过程。从他的论文中可以看出，理论研究对技术实现的重要指导作用。无论是在过去还是在步入理工大学以后，王越始终坚持用理论知识指导具体应用，这也许是他重视应用基础研究的根源之一。

王越进入北京理工大学后，在科研和教学两个领域不断追求创新，超越自我，取得了很多成就。他先后承担了 7 项学术研究课题和 11 项教学研究课题（如下文列出）。

学术研究课题

（1）分布式无源检测系统的理论与技术研究，国家自然科学基金重点项目，负责人，2002—2004；

（2）某型号系统总体及信号处理机，总装备部，负责人，2002—2003；

（3）无源探测技术，国防科工委重点基础预研项目，负责人，2002—2004；

（4）通道 SAR 的运动目标检测和成像研究，总装备部预研项目，负责人，2001—2003；

第六章　科教兴国开新篇　　*169*

（5）某型号雷达关键技术，总装备部重点预研项目，负责人，2000—2002；

（6）多活性代理信息系统及其安全对抗研究，国防科工委基础研究，负责人，2006—2009；

（7）新型通信抗干扰方法与技术，总装"十五"预研，负责人，2003—2005。

教学研究课题

（1）教育部重点理工科高等学校人才培养模式研究，国家教委教改项目，1996—2000（第一负责人）；

（2）大学生电子设计竞赛的开展与学生创新能力的培养，教育部世行贷款21世纪初高等教育教改，2000—2003（第一负责人）；

（3）以培养学生创新精神为核心，积极开展实验教学的改革，北京市教委教改项目，2003—2004（第一负责人）；

（4）重点理工大学培养的人才素质要求与人才培养模式的研究与改革实践，北京市教委教改项目，2000—2001（第一负责人）；

（5）"信息系统与安全对抗导论"国家级精品课程建设，2005—2010，国家教育委员会（第一负责人）；

（6）信息系统与安全对抗教学团队，国家级优秀教学团队，2008（第一负责人）；

（7）"信息系统与安全对抗导论"北京市精品课程建设，2004—2009，北京市教委（第一负责人）；

（8）信息系统与安全对抗教学团队，北京市优秀教学团队，2007（第一负责人）；

（9）"信息系统与安全对抗理论"北京高等教育精品教材建设，2008（第一负责人）；

（10）信息对抗技术特色专业建设，国家防工委重点专业建设，2001—2004（第一负责人）；

（11）信息对抗技术专业人才培养模式研究，北京市教学改革项目，2002—2005（第一负责人）。

2003年7月，王越正式申请将自己的正高级专业技术职务由原来的研究员转为教授，他在近10年的时间里逐步从科研领域走向了教育领域，完成了从科学家向教育家的角色转换。

教 书 育 人

进入高校后，王越越来越多地接触了实际的教育工作，如教学、教育体制改革、创办新的专业、编写教程等。同时作为校领导，他需要从整体的角度来制定学校的发展方向。长期的雷达研究使他善于从总体的角度来分析问题和解决问题，针对中国的教育发展，他认为中国的教育应该分层次，不同层次的教育要有明确的定位。因为人是一个复杂的个体，要想成才必须因材施教。对于高层次的院校他认为不宜规模太大，应该少而精，因为能够最终成为拔尖人才的本来就是少数，如果大批量的都是"拔尖人才"，那也就不能称之为拔尖了。他认为高校工作的重点是提供一个良好的培养人才的环境和文化氛围，但我国在"985高校"的精力投入还不够。

现在我就感觉到国家对"985高校"投的精力还不够。我知道国际上有的著名的一流高校对本科生从大一开始，就有一个全职教授做他的顾问，关心他学习成长，当然一个教授可带数个学生，这种做法中国做得到吗？清华能做到吗？北理工能做到吗？我们有多少全职教授从事教学，直接面对学生学习成长？（国外）那些教授也做科研啊，但不脱离教学教育。我们的教授以千为基数，教授上完了课，固定助教有多少？讲完课之后的辅导除实验课外投入还够不够[①]？

---

① 王越访谈，2010年12月7日，北京。资料存于采集工程数据库。

由于王越一直强调要教学科研并重，因此不赞成教授只做科研不上课。在国际上大多高校要求教授必须上本科生的课，特别是在国外这方面的执行力度比较大。但是在当时国内并没有硬性的要求，因此很多高校的教授，特别是在科研第一线的大教授，由于承担了很多科研项目，基本上不再担任本科生的教学工作。王越则是一个例外，他承担了多个国家项目，但是从他来到北京理工大学起就很重视本科生的教学工作，同时认为本科生的前沿专业基础课很难教好，需认真准备！王越认真备课，一直坚持给本科生上专业基础课。现在他已八十多岁，依然承担了很多教学任务，有本科生的、硕士生的，也有博士生的。他承担的课程主要包括：博士研究生的基础课"系统理论与人工系统设计导论"，硕士研究生的学位课"信息系统及安全对抗"，本科生的专业基础课"信息系统与安全对抗导论"。对于这些课程他已经有很多年的授课经验了，但是每学期开课的时候他都要重新备课，亲自写教学笔记、加入新教学实例。由于王越从事的科研工作属于保密性质的，因此他的保密意识很强，平时工作他几乎从不用电脑，都是手写讲义，然后让他的秘书协助做成多媒体的幻灯片。在采访过程中我们收集了他的大量讲义手稿，从这些手稿中可以看出，他在备课的时候会针对不同的学生适当调整课程内容，特别注重在课堂内容中增加一些新案例。比如在讲授信息系统安全与对抗的应用时，他分别用雷达抗干扰的例子、通信系统安全与对抗的例子、计算机网络的安全与对抗的例子来分析，通过分析引导学生利用系统的观点、总体的观点去思考安全和对抗中的关键问题。此外，他经常将一些具有现实意义的例子增加到课程中，比如他在多活性代理的应用分析时，增加了汶川地震的案例。在2011年几次讲解多活性代理组织信息系统应用时，他根据2011年发生的高铁追尾事件增加了高速铁路列车安全运行末端辅助驾驶系统的例子。他在课程中增加的内容很多都是当前新闻时事中受关注的一些问题。他讲的这几门课程都是以现代信息系统理论为核心，具有很强的理论性，不容易理解，但是通过一些案例的分析可以使这些理论有了现实应用的依据，有助于对总体系统论的理解，这种深入浅出的教学方式，深受同学们的好评。但是尽管如此，这门课程还是有难度的，因此即使认真听讲、深入思考的学生也未必能得高分，上过王越课的学生都说，考试很难得高分。

王越在高中时候受到了良好的国学教育，他对于老子的一些道家传统文化精髓有很深刻的理解，更难能可贵的是，他总是能够将这些传统文化精髓和国防安全、军事对抗的实际问题相结合。王越在论文《复杂信息系统构建的新方法——多活性代理方法》中提到反其道而行之、相反相成的理论，实际上这是在信息系统安全对抗理论课程中提出来的一个延伸的原理体系。这个基本概念是老子在哲理中早就提出的，王越使它更加形象化，并且在讲课的时候将我国古代的传统文化思想精髓和现代的军事思想联系起来，便于学生们理解。在访谈过程中他也是用老子的理论来讲述安全和对抗之间的关系：

> 老子说了，"反者道之动"。唯物辩证法上说的是否定之否定的规律，就是转化总是转成你的对立面。老子又说，"福兮祸所伏，祸兮福所倚"，这不就是对立转换吗？在信息安全领域中间，这两条是信息安全对抗转化的一个核心定理。结合应用可转化为一组对偶原理："在共道基础上，反其道而行之，相反相成"，"共其道而行之，相成相反"。当然，说起来这几个字不长，但是用起来，我们会对学生讲，在"反其道""其"是哪个"其"，是哪一方？哪个空间？哪个时间坐标点？要插上一个时空因子。"反其道而行之"，相反，跟谁相反？也要插上时空因子。"反其道而行之"，"相反相成"，"相成"，跟谁相成？哪一方，是自己方还是对方。是在哪个时空段？所以就这么几个字里头，有三处要插入时空因子。插进去之后思考，就可以来应用。这句话的对偶原理就是"共其道而行之""相成相反"。可以举个应用的例子，譬如在对抗环境中间，最核心的对抗措施是要保密的。对方佯攻你一下，你马上就动用核心措施。看起来你成功了，实际上则暴露了自己的机密。所以侦查对方时，人家一攻击，你相反，马上采取有效措施，表面相反相成了，深层次的意识就是成了对方。同样地，有的场合看来对方成了，就是对方是相成，但是是相反结果。在对抗中间，这种现象很多。现在网络中的诱骗蜜罐，就是诱骗你攻击，攻

击是成功了,看起来你是成功的,实际上相反的,这就是矛盾的转化,这是一种规律。那么在科技领域中也少不了。我们过去的课程好像讲思维方法,对立面的转化规律讲得比较少。经过这套训练的人,训练得比较好,自己的业务基础再比较扎实,那么碰到问题时,很快能切入,很快就能找到要点,很快能把问题的要点比较清楚地分析到,因此这种训练是有用的[①]。

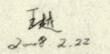

图 6-7 王越给学生王崇的回信

对待学生,王越非常耐心,特别是对于那些敢于提出问题的学生。学生的作业和提出的问题他都是亲自批改解答。有时候审阅学生们的结课论文,王越不仅批改,还亲笔回信,一一提出详细的修改意见。图 6-7 是王越给一名叫王崇的学生的回信。

王越每年带的研究生不多,通常是按照研究方向和陶然教授或是罗森林教授的课题组共同培养,但是对于论文的选题和论文的答辩王越都要求得非常严格。李炳照是王越的博士研究生,后来留校任教,他当年的博士论文《线性正则变换域的采样理论研究》曾经在 2007 年获得全国优秀博士论文的提名。他回忆起当时王越院士指导他做博士的一些情况时说:

我做的主要是采样理论研究。这是王越院士承担的一个国家自然科学基金的重点项目,有关外辐射源的研究,这个项目是利用民用设施来解决信息收集。我做的这部分是这个项目的基础理论,外辐射源

---

① 王越访谈,2010 年 12 月 7 日,北京。资料存于采集工程数据库。

是对基础理论的一个应用。对于采样研究，王老师的想法是如何将信号由连续转到离散。信息处理过程当中总会碰到一些很重要的问题，比如说计算机采集信息空间的问题、如何采样的问题，由此就有人提出如何方便高效地通过离散的点将原来的数据还原，我的研究就是由此展开的。王越院士最重要的指导就是给学生指出一个方向，具体的数学推导他不是很关心。他强调有两点：一是有一个方向，二是对于基础学科的学生要求对数学推导或是数学公式的物理概念一定要清楚。比如说采样定理，就是从连续到离散，它是如何满足关系，我用离散的信号不失真的表示原来的连续信号，在实际当中就是这样的，同时再用数学推导来证明这个关系就可以了。他对研究生要求比较高，也很严格。我们的博士论文必须他通过了才行，虽然说之前是陶然老师在管理，但是最后他会给我们一个个看过、批改后才可以。我的博士论文修改了四五稿才通过。王老师给我提出好多问题来，在论文的体系安排、结构、论述方面提出了诸多需要完善的地方修改的意见。像我们发表论文肯定会有公式的，公式的数学推导是没有问题的，但是我们不知道如何解释，就是物理概念不是很清楚。在这方面老师对我们的要求是很严格的[1]。

王越热爱教育事业，有人不理解王越为什么对教学工作如此热衷，说："即使是上课也不用上这么多啊？"他很幽默地回答："我喜欢教学，除了责任之外更多的是喜欢，而且因为我有课可以推掉很多应酬！"王越戏言这是他逃避请客吃饭等应酬的最好理由。但是上一年课容易，一直坚持在教学岗位长年上课却不是一件容易的事，更何况他如今已经是80多岁还要上课，是什么让他坚持了这么多年的教学工作呢？他说：

责任！因为我感觉到大学本科的教育是非常重要的，当然我没有教一二年级的课，我教的是专业基础课，是三年级的。但是整个大学

---

[1] 王越访谈，2010年12月7日，北京。资料存于采集工程数据库。

本科阶段对学生的影响是非常重要的。因为大学生正处于少年和青年的交界处，17岁还不是青年，这是人生中间生理上的一个节点，非常重要。18岁就变成公民了，变成一个青年，也是进入社会、人生观形成的一个客观上非常重要的时期。本科的教育是未来发展的基础，基础必须要打好。大学教育是讲发展规律，讲过程，而不是讲具体的细节。譬如，初等数学只是讲具体的方法，而高等数学从数学分析开始，讲极限，连续函数……最基本的概念都是变化的过程。进一步说，事物存在于运动过程这个概念，是要在大学里奠定的。高中对于这个概念的理解是很弱的。所以大学无论从学生的生理，从人生的理念，从学生的能力来说，都是一个很重要的阶段。每个人一生只能有一次这个时期，所以我总感觉即使我们努力地做还不见得做得很好，因为一个人的能力总是有限的。培养一个人是非常复杂的过程，所以在高校，教学和科研要并重。有些教师只管科研，不管培养，不管教育，或者把学生只作为一个劳动力，我是不同意的。反之，只教课本内容，没有前沿的知识，这也不行。所以教学和科研是对立统一的培养人的过程[①]。

重视基本素质的训练，强调理论基础与应用结合、教学与科研结合是王越培养人才教书育人的重要特点。关于教育理念，王越到北京理工大学工作后有很多的感触，他认为在培养学生方面应该注重素质教育，重视传统文化教育。虽然现在社会中也许更急需应用型的人才，但是他认为，只有应用型人才是不够的，尤其是在科技中要有新的发现、新的引领，必须要将人文精神和科学精神结合。他在谈高校发展及在科学研究中的定位问题中提出，弘扬中华优秀文化和培养高层次人才是高校永恒的主题，对于理工科高校要通过教学和科学技术研究的有机结合来实施。

在国家创新体系中，技术创新的主体是企业，而高校和国家科研单位是科技领域的生力军，这意味着高校应有别于企业。在科技方面的研

---

① 王越访谈，2010年12月7日，北京。资料存于采集工程数据库。

究课题内容应早于、深于、宽于企业，从事领域应更多侧重于应用基础研究或应用研究，而不是过多地从事具体产品"研发"和生产工作，这样才可以更好地实现产学研结合，支持经济发展。在科学技术研究中，应特别注意各领域的"技术科学"的引领作用，它是科学和技术的有机结合。其科学剖面内涵是解决技术发展难题的科学原理和路径，提供有科学依据的新技术原理方法，所以"技术科学"是取得重大技术创新的核心要素。我国著名科技专家对此多有论述，最近中国科学院向国务院提出建议，大力强调我国技术科学发展具有重要意义，弘扬发展中华优秀文化和培养高层次人才培养（教师发展和学生培养）还应融入高校的科研工作，因为一个国家、民族进步的核心因素是其文化的发展，二者相融合的切入点是人文精神和科学精神要相结合，在科研和人才的素质和能力培养中实践和贯彻。人文精神激励人自强不息，追求品德的高尚，淡泊名利，克服困难，追求真理和人生价值，而科学精神是对问题科学大胆怀疑，努力探索科学技术"所以然"的规律，因此二者的结合有助于教师以身作则，投身教育事业并在学术上不断进步，也使学生在学习中科研能力和素质同步提高，为承担振兴中华的重任作充分的准备，使我校在"国内一流、国际知名"高水平研究型大学建设中稳步前进[①]。

  高等学校教学名师奖是教育部在2003年设立的，每三年评选一次，每次评出100位教学名师。获奖教师不仅要在学术研究中取得突出成就，而且要主动承担本专科基础课教学任务，努力探索教育教学规律，采用启发式教学，将培养学生的社会责任感、实践能力和创造精神融入整个教学工作中，在引领教学内容、方法和手段改革、创新课程教材和教学模式、创建合理教学梯队等方面做出突出成绩。在高度的社会责任感的驱动下，王越不断探索教学规律，改革和创新教学方法，于2006年荣获第二届教学名师奖，2006年9月9日，也就是教师节的前一天，王越参加了在人民大会堂举行的第二届教学名师奖表彰大会，并受到温家宝

---

① 北京理工大学校报电子版第756期第02版：专版。

总理接见。

人文精神对王越的学术成长有着非常重要的影响。在抗战时期生活在沦陷区天津，强烈的民族主义精神激发了他的爱国热情，当他知道利用短波可以收到重庆、云南以及太平洋上发来的敌人溃败的消息时，对无线电产生了浓厚的兴趣，也激发了他学习无线电、振兴国家的决心。在大学期间，他在毕德显教授的影响下，培养了一丝不苟的科研精神，他勇于怀疑和提出问题，经常给任课的老师出难题，这种大胆的怀疑精神为他在后来的雷达研制工作的成功奠定了基础。比如在201空载雷达的研制过程中，他发现苏联提供的图纸中的一些错误以及与我国当时元器件生产不匹配的参数，于是对整个系统进行了修改和调整，最终成功地完成了201系统的研制。人文精神和科学精神的结合在王越身上得到了明显的体现。

创建信息安全与对抗专业，培育精品课程

信息系统对人类社会日益重要，人们对它的依赖性越来越强，但与此同时也带来了信息安全问题。信息安全问题大到影响国家政治的稳定、经济的繁荣、文化的发展和国防的建设，小到影响每一个计算机用户。为适应未来信息安全发展的需要，王越在北京理工大学率先论证提出申请在武器类专业中增设"信息对抗技术"专业，1998年得到教育部批准。北京理工大学成为首批成立"信息对抗技术"专业的四所院校之一。在实力雄厚的武器类各专业、信息类各专业发展的基础上，北京理工大学依托国家级重点学科"通信与信息系统"和"武器系统与运用工程"，2000年正式招收"信息对抗技术"专业本科生。于是从2000级学生开始，"信息系统概论"课程转为信息安全对抗技术专业基础课程，并增加与安全对抗相关的教学内容。2003年，又建立信息与通信工程一级学科下的"信息安全与对抗"二级学科，并开始招收博士生。2004年又增设硕士点。北京理

工大学多年来源源不断地为国防建设和社会发展培养和输送高素质的信息安全人才。

"信息安全与对抗"这个名称是从军事战争的概念引申过来的,"安全"指正面的不受损失的过程和结果;"对抗"是指包括"进攻"的战胜对方的激烈斗争的方法过程和达到"安全"的效果。"知己知彼,百战不殆",这是孙武在2500多年前提出的,王越曾将这个理论应用在以往的雷达设计中,因此对于"知己"和"知彼"有很深刻的理解。他认为,信息化不过就是用现代信息化的科技、信息化的系统来"知彼",比如卫星、雷达这都是信息科技、信息系统,都是"知彼"的手段。国防战争本质特征是对抗,一方要"知",对方就必然不让你"知",这是战争的性质所决定的,所以,信息化的社会,信息化的战争,信息的安全和对抗必然是一个重要的问题。北京理工大学历史上又曾紧密关联国防领域。王越和他领导的教学团队从国防建设需求出发,向学校建议尽早设立信息安全与对抗专业。信息安全与对抗专业实际上是在信息领域上设立的一个新专业,它和电子工程、信息技术、计算机领域都是密切相关的。王越在2008年人民网的《专业导航》栏目中详细地介绍了在我国创立这个专业的缘由。信息安全与对抗专业的形成是最近几年的事情,但是从科学研究的角度来看其实是由来已久了,因此也是社会和人类发展的必然。他举了一个例子来说明这个问题:

第二次世界大战期间,美国打败日本的中途岛进攻。当时美国的海军太平洋舰队的力量是日本联合舰队的八分之一左右。因珍珠港事件让日本偷袭了美国的太平洋舰队,美军损失惨重。正是由于美国注意到通信中间的安全,用人的智慧,加上技术的方法,破译了日本最机密的密码,得知日本将要进攻中途岛,所以美国提前做了准备,但是日本不知道美国已获取情报,所以中途岛战役日本吃了一个大败仗。这说明,信息安全的问题,实际上是一个社会或者国防军事斗争过程中必然存在的一种矛盾,而且越来越尖锐化。随着信息科技进入到社会,进入老百姓的日常生活和千千万万之家,这个矛盾就随着社会的进步而激化了。所以我想这个专业的创立，首先应该是社会和人类发展需要的一种必然[①]。

目前，国内的很多重点高校，比如哈尔滨工业大学、北京邮电大学、北京航空航天大学等，都开设了信息安全和对抗专业。国外对这个问题也很重视。但是由于是国防类专业，在这方面的教育教学各个国家都是比较机密的，并且是个敏感的问题。从现实的应用角度看，这个专业并非只用于国防科技方面，它在高端技术方面也有比较广泛的应用，而且也涉及普通人的生活，日常生活中的衣食住行都有可能用到信息安全与对抗的知识。比如现在普遍存在的手机短信诈骗、银行电子商务交易的诈骗现象等。

在建立了信息安全与对抗专业后，北京理工大学利用原来的微机应用实验室、通信系统实验室、信号处理技术实验室构建了信息系统及安全对抗实验中心，形成并构建了一支包括王越在内的以多位经验丰富的教授为主力、结构合理、具有较高学术和教学水平的"信息系统及安全对抗"理论与实践教学团队，这个团队中有院士、国家杰出青年基金获得者、北京十大杰出青年、教育部创新人才奖励计划获得者等。他们从专业特点和学生学习的规律出发，特别注重理工结合，开设了信息系统安全与对抗导论课程。对于课程体系的设计，王越和他的教学团队主要综合了三方面的主要问题，即教材性质的定位、课程内涵的构成和课程框架内容的具体化。将信息系统与安全对抗课程的课程目标定位于由基础课到专业课的过渡，通过学习让学生不仅掌握信息安全对抗的基础知识，而且要从更深、更高层次认识理解和掌握信息安全与对抗科学技术领域的核心概念、原理、思想和方法，并以动态发展的观点对后续课程形成高屋建瓴的认识，全面推进后续信息安全对抗领域知识的专业教学。课程内容基于普适性安全对抗模型，从信息系统固有的普遍规律和矛盾出发，辅之以系统安全与对抗的实例，采用定性基础上的定量分析综合方法，在发展进程中根据时间的

[①] 王越访谈，2010 年 12 月 7 日，北京。资料存于采集工程数据库。

图 6-8 "信息系统及安全对抗"教学团队（2008 年 5 月 21 日。左一：苏京霞；左二：张笈；左三：高平；左四：罗森林；左五：王越；左六：王耀威；左七：石秀民）

相对性，将基本理念自然地科学地联系延伸到具有普适性的信息安全和对抗领域的原理和方法中。这门课程的教材定位于学生"培养类"而非"训练类"。"培养类"教材通常应具有国际上大学的核心课程内容。科学技术领域的核心课程，主要是培养学生进行科学思维，建立运动发展观点，获得掌握知识及解决问题的能力。"训练类"课则是具体传授知识，为学生求职做准备，这类课讲究实用，但不可避免地要及时调整内容，比如信息领域计算机应用技术课就是最为典型的"训练类"。王越认为针对重点学校，电子工程系的信息安全对抗专业的基础性核心课，应定位在"培养类"，同时兼顾利于学生适应信息领域工作所需的基本概念和基本规律等多方面的内容。在 2004 年校级精品课程的评审中，毛二可[①] 院士

---

① 毛二可，长期从事雷达系统及其信号处理方面的教学和科学研究工作，现任北京理工大学学术委员会委员，兼任北京电子学会常务理事，总装备部科技委兼职委员、空军科学技术与人才培养顾问。2004 年在校级精品课程建设评审中担任专家评审。

和胡光镇[①]院士都对这门课程教材的性质定位给予了肯定。

毛二可院士说：

> 王越院士主讲的"信息系统与安全对抗导论"课程内容定位于"培养类"，主要是培养学生进行科学思维，建立运动发展观点，获得掌握知识及解决问题之能力，这个思想是非常正确的，对推动教育改革起了促进作用。

胡光镇院士说：

> 我很赞成课程的内容主要定位于"培养类"，培养学生的科学思维和发展观点，使其获得知识，掌握技术后能解决实际问题。培养出有创新思维、理论与实际结合的专业人才和精通业务的决策者。这正是我们国家所急需的，这样才能适合现代化要求，与国际接轨。因此，课程的定位是正确的。

课程内涵的构成思路的主要难点在于如何在如此广泛的信息安全领域达到培养学生的目的。按惯例做法，一般从各种现有技术方法入手，分门别类分析具体技术原理、性能、优缺点等，由此引导学生悟出深层次的理论，达到学生对基本概念、规律的掌握和能力的培养，从而提高解决问题的能力。但王越认为这样做一方面会因其内容繁杂而不易理出脉络，另一方面很容易发生"只见树木不见森林"的现象，也就是说无法将单一的技术方法和整个系统理论联系在一起，从而疏漏了重要的系统层的概念和规律。这是因为信息系统安全与对抗实质上是系统性问题，要遵守"全量大于诸分量之和"原理，分别研究，分项技术，然后简单求和并不能代表整体，也很难"整合"成整体。因此王越认为课程的建设首先要确立系统的内容思路和框架（图6-9）。经过教学团队的努力，一个较为实用的课程

---

① 胡光镇，电子工程及通信技术专家，2004年在校级精品课程建设评审中担任专家评审。

框架提出来了，见图6-9①。课程的特点是：概念和原理"由顶层至下层"展开，然后通过实例反馈；内容上由普适至专门展开，做到"普适"与"专门"相结合；作为信息领域理工科学生的信息安全与对抗专业基础课程，更多地突出安全与对抗领域的基本概念、基本原理及基本方法，鼓励学生深入思考和灵活应用。

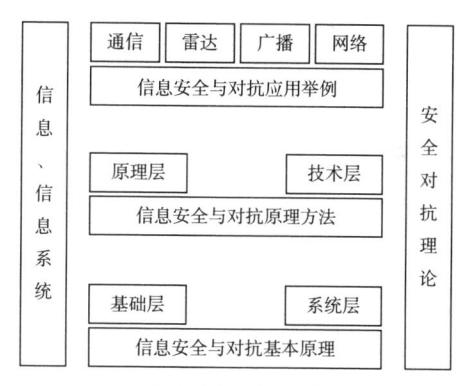

图6-9　信息系统与安全对抗理论课程框架

课程框架的具体化主要是将核心理论与实例结合并深化。如何实现这种结合和深化其实更重要的是取决于教师对理论的理解和讲解的技巧。在整个课程中贯彻矛盾对立统一运动发展演化的原理，将其融入教材中进行分析、叙述，从而导出信息安全与对抗领域普遍性的原理和方法。课程内容讲到系统功能、结构、环境间多层次、多剖面的关系所蕴含的本质矛盾，在现实条件约束下形成对立统一动态演化。"安全与攻击"是一个"正""反"问题对，由于矛盾是永远存在的，而且是在一定现实条件约束下不断动态演化着，因此一切"正－反"问题研究的结果都是动态相对的，包括理论和技术的新突破所带来的优势，在发展进程中都是有时间性及相对性的，不断发展才是硬道理，由此，可较自然地联系延伸到具有普适性的信息安全和对抗领域的原理和方法。课程中主要是通过列举一些信息安全和对抗领域典型信息系统攻击与反攻击的对抗案例，加深基本原理和方法的理解和起到"举一反三"的效果。

图6-10　北京市高等学校精品课程奖证书

---

①　关于精品课程的课程框架图和相关介绍，主要参考了北京理工大学教务处提供的2004年的申报材料。

第六章　科教兴国开新篇　　*183*

2004年信息系统与安全对抗导论课被北京市教育委员会评为北京地区高等学校市级精品课程。王越本人也因为创立该课程于2005年获得北京市和国家级的精品课程个人奖。

2006年王越领导的教学团队在信息系统概论课程的基础上，增加信息安全对抗内容，通过精心准备、认真论证，完成著作《信息系统与安全对抗理论》。该论著的主要内容包括：现代系统理论的基本内容、信息及信息系统、信息安全与对抗的系统概述、

图 6-11 《信息系统与安全对抗理论》书影

信息安全与对抗的基本原理、信息安全与对抗的原理与技术性方法、信息安全与对抗攻击的应用实例等。在第四章信息安全与对抗的基本原理中，王越总结并提出了11个基础原理：

（1）特殊性存在于保持原理；

（2）信息存在相对性原理；

（3）广义空间维及时间维信息的有限尺度表征原理；

（4）在共道基础上反其道而行之（相反相成）原理；

（5）共其道而行之相成相反原理；

（6）争夺制对抗信息权及快速建立系统对策响应原理；

（7）攻击方全局占主动地位，被攻击方居被动地位及局部争取主动全局获胜原理；

（8）信息安全问题置于信息系统功能顶层综合运筹原理；

（9）技术核心措施转移构成串行链结构，从而形成"脆弱性"原理；

（10）变换、对称与不对称性变换应用原理；

（11）对抗工程多层次、多剖面动态组合、对抗特性下间接对抗等价原理。

这11条理论观点是王越在自己的早期实践和信息安全基本原理的基础上提出的，观点融合了很多老子、孙子兵法的战略思想，形成了整部著

作的核心。这部著作成为信息系统与安全对抗导论课的主要教材。

信息系统安全与对抗导论为其他课程，如信息系统安全对抗理论与技术、信息隐藏与认证等引路和铺垫基础。为了学生的全面发展，该课程还设置信息系统的基础实验课，为学生提供具有一定伸缩性的基础实验平台，便于理论与实践互相支持，提升学习效果。上述几门课程互相贯通，互相延伸，构成较完整的专业知识体系。

随着课程体系的完善，目前已编写了一系列较为完善的教程，包括核心理论和实验两大部分。自从信息系统与安全对抗这门课被评为精品课程后，北京理工大学建立了精品课程的网站，定期发布一些课程作业、课件、上课的视频录像等内容。

核心理论教程

（1）王越，罗森林．信息系统与安全对抗导论．北京：北京理工大学出版社，2005．（国防科工委重点教材、北京理工大学精品教材、北京市精品课程教材）

（2）罗森林．信息系统安全与对抗技术．北京：北京理工大学出版社，2005．（北京理工大学校"十五"规划教材）

（3）罗森林，高平．信息系统安全与对抗技术教学实验．北京：北京理工大学出版社，2005．（北京理工大学校"十五"规划教材）

系列实验指导书

（1）罗森林，高平．信息系统模型平台基础实验指导书（TCP/IP通信）．北京：北京理工大学出版社，2003．

（2）罗森林，高平．计算机信息系统病毒技术实验指导书．北京：北京理工大学出版社，2003．

（3）罗森林，苏京霞．信息系统安全物理隔离技术实验指导书．北京：北京理工大学出版社，2003．

（4）罗森林，高平．信息系统防火墙技术实验指导书．北京：北京理工大学出版社，2003．

（5）罗森林，高平．无线信息系统安全技术实验指导书．北京：北京理工大学出版社，2003．

（6）罗森林，高平. 信息系统攻防技术实验. 北京：北京理工大学出版社，2003.

（7）李硕. 信息采集、传输、处理、控制、存储基础实验. 北京：北京理工大学出版社，2003.

（8）苏京霞，聂青. 信息系统数据加密和数字水印技术实验. 北京：北京理工大学出版社，2003.

尽管已经做了充分的课程设计，但是信息系统与安全对抗理论这门课程的讲解和学生的理解依然有很大的差距，可以说这是一门比较难学的课。王越在讲授这门课的时候首先从现象入手，通过矛盾的分析来解释安全和对抗之间的关系。王越认为：

> 这门课实际上就是信息化社会在发展过程中必然存在的一个现象。什么叫信息化社会呢？信息科技、信息系统作为各种工具，嵌入社会里来，为社会的发展运行、老百姓的生活提供很大的方便，这叫信息化社会。这是工业化社会以后的一种发展阶段。在这个阶段，社会的矛盾就会充分地反映到信息系统来。所以信息的安全保证，社会的运行稳定，老百姓能够利用信息和社会安全性提高生活质量，这个问题得同时并举。从系统研究来说，这个道理是非常明显的，因为有一条公理，就是说，大小宇宙共同进化适者生存原理。信息系统是社会大宇宙中间一个子系统，必须共同进化。共同进化以后，互相影响，社会中间的矛盾就必然反映到信息系统来。所以生活的正常运行和稳定以及老百姓能不能平稳地、安全地生活，现在跟信息系统有密切关系。所以在像五系（现在的电子与信息工程学院）这样的系里，搞信息的必须要从矛盾运动、系统的观点来看问题，这是一个客观事实。比如，现在的手机作为一个移动终端，增值的业务越来越多，但是在手机终端移动服务中间，各种的负面作用，各种的诈骗，也是大量增加，这是正常的。但是我们要用一个积极的态度来看待它，不能听之任之让负面作用发展。这就叫大小宇宙共同进化，适者生存。这是现在系统理论中间的一条定理。怎么进化？什么过程会进化呢？脑

科学家说，人类的智力水平，不敢多说，展望前两千五百年左右和展望后一千年到两千年，智力水平没什么大发展。两千年前《孙子兵法》聪明不聪明？西方的几何学聪明不聪明？音乐中七个符号组合起来表达人的感情，聪明不聪明？中国的老子聪明不聪明？都很聪明吧？古代的文学作品，包括中外名著，不聪明绝顶绝对写不出来。所以我深信，人的智力发展在几千年里已经处在稳定状态。那么社会再怎么进化？社会总得进化啊，那是靠什么？靠文化，所以文化的不断改变是一个社会进化的最基本的动力。那么文化要涉及教育，涉及高等教育。所以高等教育的改革和发展，是一个永恒的主题。社会是最复杂的一个系统，因为他都是人组成的啊，人本身就是很复杂的，人的思维能弄清楚吗？人的思维很精细，又很复杂，现在远远没弄清楚。这些信息系统本身是个系统，而且他的发展跟社会的发展是关联在一块儿的，大小宇宙共同进化。所以这个概念学生不掌握，光做信息技术是不够的。我们很早在信息领域开信息的安全与对抗专业课，目的就是这样。但是这个课的最基本概念，涉及系统理论、哲理，所以我们编这本书有好几种编法，一种就是按现在常规，分门别类讲，然后再加起来。那要很多学时。所以这种方式走不通。因此我认为首先要让学生，尤其是重点高校的学生必须要有系统的概念，要有一种发展的、对立统一运动的概念。我举个不恰当的例子，譬如说，极少数违法分子抢银行，原来抢银行是怎么抢呢？准备枪，准备大箱子，您要抢100万元有很大一堆，您要到银行去抢。而现在同样的抢银行，如果通过网络上去抢劫，从犯罪角度上，你认为哪个安全呢？当然网络安全。通过网络抢1元钱和1亿元钱有什么区别？当进入银行系统后不过就是小数点移几位就是了。因此从这个负面角度来说，信息安全问题是什么，是一个社会矛盾发展过程中的反应。所以这不光是科技问题，同时还涉及各种社会问题。但是它的核心是系统理论。任何事情有正面的，必然有反面效果，没有反面效果，就形不成对立统一，就没法发展。这种最基本的原理在信息领域中间充分体现，所以这门课我们考虑必须要开。但是对本科生呢，我们现在的教育普遍是具体的，不提倡系统整体概念，或者说比较少。但是我看，学生尤其要训练概括抽象的能力，就是分析问题本质的能力[1]。

从王越的谈话中可以看出，系统理论在这门课中是非常重要的，但是它比较抽象，不好理解。如果按照实际应用分门别类地讲解可能涵盖的内容又非常多，而且无论如何都不能覆盖得很全面，对于将来学生的实际应用不利。因此在开设这门课程的时候，王越更注重让学生理解概念，建立整体的系统观。他给学生举例子："譬如说，出去做一个具体的工作，你碰到一个很大的信息系统出了故障，那不是具体对某一个什么防火墙做一点入侵的分析，而是从整个系统出发来分析这个故障。具体知识很重要，但是要把具体知识集成为一个整体来考虑。"

在开课初期，王越自己也曾经很矛盾，不知道是通过实践让学生有了概念再教给他们系统理论，还是先帮他们建立系统理论的概念再让他们动手实践。虽然在大学里，要有一些实践的经历，但是毕竟和真正工作中的实践有所不同，对于学生来说，一些深层次的问题他工作以后才会感觉到。所以王越认为把握整体的概念有助于学生今后在工作中去解决实际问题。但是对大学三年级本科生来说，因为学生没有工作的经验，这么讲课比较抽象，但是抽象思维的能力又是非常重要的，所有的普适的规律都是抽象的。所以在规划这门课的课程体系时，王越还是坚持了自己一贯的思维方式，即首先建立整体观、系统观。虽然学生学起来和老师教起来都有难度，但是他仍然要逆流而上。

除了提供教材、实验指导书外，整个教研组还注重其他环节的实践，为学生提供更为丰富的扩充性资料，主要是提供网络服务和提供多方面的专业知识，包括基础知识、重要网站链接、论坛、讲座、系统升级、软件下载等。特别是通过技术竞赛活动"普及网络安全知识、创建网络安全环境"的效果非常突出，有600多人参与到首届竞赛中。

王越为培养学生不断追求更好的方法、更高的境界，一直组织和推动

---

[1] 王越访谈，2010年12月7日，北京。资料存于采集工程数据库。

"全国大学生电子设计竞赛"的工作,并担任组委会主任。"全国大学生电子设计竞赛"是教育部倡导的大学生学科竞赛之一,是面向大学生的群众性科技活动,其特点是与高等学校相关专业的课程体系和课程内容改革密切结合,以推动其课程教学和教学改革以及实验室建设工作,特色是竞赛与理论联系实际、与学风建设紧密结合,竞赛内容既有理论设计,又有实际制作,以全面检验和加强参赛学生的理论基础和实践创新能力。竞赛从1994年开始延续至今。2007年的竞赛,全国共有767所高等学校、6935个代表队,共计20805名同学参加,竞赛规模空前。经过多年的实践探索,这项赛事已经逐步形成了独具特色的大学生学科竞赛模式,得到社会多方面的广泛赞誉,因此获得国家教育教学成果奖特等奖1项。2007年8月,在连续成功举办四届"北京理工大学信息安全与对抗技术竞赛"的基础上,王越和北京理工大学相关领导积极推动,信息安全技术竞赛活动进一步得到了信息产业部、教育部、国防科工委的同意,在"全国大学生电子设计竞赛"中增设一个"全国大学生信息安全技术专题邀请赛",于2008年举办了首届竞赛。它的增设为全国更多的大学生提供更多的机会,对于

图6-12 王越与2008年全国大学生信息安全技术专题邀请赛参赛者合影(左三:王越)

在全国范围普及和推进信息安全技术具有十分重要的作用,将会有更多的大学生得到培养。

  王越和罗森林在课程的实验和技术竞赛活动中做了很多工作。据王越介绍,早在 1994 年就已经有了大学生电子设计竞赛,只是那时候还没有开设这门课程。当时开展这种实践,应该说是由教育部高等教育司司长朱传礼提出的,其目的就是要把理论和实践结合起来。在此期间王越曾和一些外企的高管有过一些谈话,让王越感触很深。有一次他们一起聊天,这位高管开玩笑地说:"你们到我们中国来设立分公司的研发部,你的人工成本占了很大便宜,因为中国人力比较便宜",但未曾想到那些高管却反驳说:"是便宜,但是你们中国的大学生到我企业来以后,虽然基础比较好,但是实际动手能力比较弱,我公司还要下很大的工夫去培训。"类似的话有好几个企业说,王越当时是觉得无言以对。王越认为这个问题其实可以从两方面看,人也不可能全能,有的人可能是工作上手快,但是可持续发展的潜力不一定好。譬如说,工学院学计算机软件的学生出去工作,很快可以上手,但是软件方面重要的科技人员和科学家不一定都是学计算机出身的。几位中国科学院院士都是学数理出身的,包括王选[①] 院士,他原本不是学激光照排,而是数学力学系出身,但是他依然可以在激光方面有所建树。所以他觉得有时候理科的学生上手虽然慢,但是可持续发展的潜力很大。同时存在矛盾的一面,企业是很务实的,出钱请人就是要高效率工作,支持企业获得利润。但是从总体来看,王越觉得理工科的学生确实有缺乏实践的弱势,因此需要更多地将理论联系实际。所以后来在上级领导的支持下,在大学生的电子设计竞赛的工作中王越强化了基础知识与动手实践紧密结合。目前这个竞赛面向了不同层次的学生,其中有本科生和高职学生。高职学生目前在社会中有很重要的作用,在技能方面很多大学生可能还不如高职的学生,所

[①] 王选(1937-2006),江苏无锡人。中国科学院院士,中国工程院院士,第三世界科学院院士,汉字激光照排系统的创始人。他所领导的科研集体研制出的汉字激光照排系统为新闻、出版全过程的计算机化奠定了基础,被誉为"汉字印刷术的第二次发明"。王选因在计算机应用研究和科学教育领域里的重大成就,1991 年获国务院特殊津贴,1995 年获联合国教科文组织科学奖、何梁何利科学与技术进步奖,获 2001 年度国家最高科学技术奖。

以大赛也为他们提供了一个宽广发挥的空间。现在大学生电子设计竞赛有三个邀请赛，一个是和英特尔公司合作的嵌入式系统的邀请赛，主要是面对重点学科学校、有研究生院的学校、在信息领域很强的学校，都是非常出色的学生。英特尔公司提供最先进的平台给学生，让他们做三个多月到四个月，由学生自己构思、自己命题、自己设计、自己制造、自己调试、自己演示。另一个就是信息安全技术的邀请赛，它从2004年北理工将首届信息安全与对抗技术竞赛组织成功后，由校级走向了全国，同样是面对信息安全学科领域学生的邀请赛。第三个是模拟和数字混合器件的全封闭邀请赛。混合器件在信息系统中占有很重要的地位，因此，组织学习好的学生参加邀请赛很有必要。所以，整个竞赛是面向不同的对象、不同层次的学生，目的是支持教育发展，支持课程体系建设，将基础的知识和实践动手能力结合起来。

经过一段时间的教学实践，信息系统与安全对抗理论这门课程受到全校师生的普遍好评。特别是亲身经历过的本科生都感触很深。

2000级该专业学生在评教中写道：

> 每到"导论"（指信息系统与安全对抗理论导论）课程的前夜，大家都有意识地提早休息，"上'导论'课费精神"是大家一致的看法。课堂上，抽象的理论、大量的信息让大家不敢有一丝懈怠。控制论、信息论、系统论、自组织理论、耗散结构、突变论、信息对抗攻防模型、信息对抗技术描述、信息安全相关法律……高强度地学习，如此大量的信息对于我们不能不说是一项挑战。相对于其他课程，大家在这门课的课堂上注意力更加集中，课堂气氛也活跃得多。

2001级562011班的一位同学在学生评教中写道：

> 这门课，用的是《信息系统与信息对抗导论》王越院士编的这本教材。这本教材和这门课是从较高的层次、较高的角度开始的，而没有从底层的技术出发，这对于以前没有接触过此类课程的我们来说，

刚开始还有些不适应。但这本教材无论从课程体系还是理论细节来说，都是非常缜密、非常完善的。在王越院士的指导下，从课程体系结构为切入点，我们静下心来，自己积极思考，清晰地把握了课程体系，这也好像拿到了"入场券"，可以开始进行下一步的学习了。在王越院士的课上，随着老师的思路，将课程进一步展开了，而且课程每个部分都是相互贯通、相辅相成的。就这样，从系统层到信息系统再到信息安全对抗，理解各个原理的艰辛，还有王院士的悉心教诲，虽然现在课程结束了，但王院士在讲台上的谈笑风生还是历历在目。这门课程的学习，我想对我们以后看问题、分析问题是大有裨益的。

精品课程的创立是王越从事教育事业以来的一个重要成果。2006年，王越由于之前的教学改革、创建信息安全与对抗专业、成功地创建精品课程以及开展"大学生电子设计竞赛"等诸多成绩被评为国家级教学名师。如果说被评为院士是对他科研领域中取得成就的最高肯定，那么国家级教学名师则是对他走入教育领域中取得成就的最高肯定。然而当问到他如何看待这个名师奖的时候，他说："很高兴，但是这不是我一个人努力的结果，是一个团队共同的成绩！"

校长的科研工作

王越一直提倡教学与科研并重，因此自接任校长后，他依然承担了很多科研任务。他非常关注科技前沿发展的动态，大家可以经常在他的办公桌上看见中英文版本的《中国科学》或者是英文版的 *Nature*。他认为把握科技发展的前沿和动态更重要的是从纷繁复杂的现象中找到事物生存发展的规律，系统理论实际上就是矛盾对立统一规律在系统中的表现，而关注国际前沿不光要关注具体的解决方法，还要注重别人的思路，将具体的思路上升到理论层次。

在北京理工大学信息与电子学院，以王越为学术带头人的科研团队主要由两部分组成，一部分是陶然领导的课题组，一部分是罗森林领导的课题组。以陶然为首的这个组目前有李炳照、单涛、胡进、贾丽娟等老师，都在做采样理论和系统论方向的研究；以罗森林为首的课题组主要是研究信息安全与对抗方向内多分支内容，并组织了信息安全竞赛。这两个团队最大的特点都是教学与科研并重。2009年王越带领的科研团队被评为国防科技创新团队。

图 6-13　国防科技创新团队授牌仪式及团队成员合影（2008年12月。上图，左：胡海岩；右：王越。下图，前王越；后排左一：单涛；左二：陶然；左三：刘志文；左四：罗森林）

提出多活性代理理论

在北京理工大学期间，王越取得了很多成果，其中最为重要的是提出了多活性代理理论。

早在王越任206所所长时，就在考虑将火控雷达系统的研制上升到一个理论层次，通过理论的提炼和抽象来指导实际的系统研制。从20世纪70年代到80年代的十多年的实践中，他一直在摸索实际中的经验，并将其上升上火控雷达设计理论。到北理工之后，他又开始了理论研究的第二个时期。多活性代理理论最早是在 2003 年提出的，这个理论提出的目的就是要在系统设计的时候考虑到它的活性或是持续功能发挥的问题。王越在火控雷达系统设计的经验是多活性代理立论形成的基础，然后引入基础理论，利用数学的方式将这个活性代理理论的内涵表达出来，最终建立一个较完善的理论体系。王越的博士研究生李炳照参与了多活性代理的研究过程。李炳照原是数学专业出身，数学功底好，于是王越和他一起完成了理论公式的推导。多活性代理理论与复杂信息系统密切相关，针对的是如今高度信息化的社会中，复杂信息系统在强约束条件、强对抗环境下如何保持自己的功能发挥，如何能尽量延续系统自身的"活性"等问题。代理这个词在计算机领域应用很广泛，它的内涵是其内部封装了一些使用者不必详细关心的属性和操作，从而可以完成事先制定的任务，同时又有一定独立"决策"和"行动能力"，能够主动采取一定的手段方法主动预测、适应乃至积极地寻找途径来完成委托的任务，也就是对应系统理论所要产生的新运动序必须远离平衡态的结构调整，新序表达在环境明显变化下继续发挥功能。而多代理的概念则是在各种代理间进行代替程序之间的接口，从而简化执行复杂任务时人与程序之间的操作界面，这样，将多代理用于分布复杂系统中，既可以利用它来承担复杂的任务，又可以减轻人介入分布式环境中人与系统交往的约束强度。王越提出一种基于多活性代理方法解决强对抗、强约束条件下复杂信息系统的构建思想，从而尽可能切合实际地以动态活性特性来表征复杂信息系统的功能并延伸系统理论的应用。

多活性代理的理论渊源是对耗散自组织理论的一个延伸。现代系统理论的很大一部分核心就是普里高津[①]和哈肯[②]提出的耗散自组织理论，普利高津认为只有在非平衡系统中，在与外界有着物质与能量的交换的情况下，

---

① 伊利亚·普里高津（Ilya Prigogine，1917-2003），比利时化学家、物理学家。1945 年在比利时布鲁塞尔自由大学获得博士学位后留校工作，两年后被聘为教授。他主要研究非平衡态的不可逆过程热力学，提出了"耗散结构"理论，并因此于 1977 年获得诺贝尔化学奖。

② 哈肯，德国物理学家，协同学的创始人。1927 年生于德国，1951 年获埃尔朗根大学数学哲学博士学位并留校任教，1956 年任理论物理学讲师。1960 年任斯图加特大学理论物理学教授。主要从事激光理论和相变研究。

系统内各要素存在复杂的非线性相干效应,并不断排放出内部不可避免产生的熵(废弃物)才可能产生自组织现象,并且把这种条件下生成的自组织有序态称之为耗散结构。这是个从物理角度提出的非常基础的理论。王越院士一直提倡在重点的理工科学校或者是在应用基础层要做一些理论基础研究,使应用基础层进一步延伸更联系实际。通过总结多年来的科研经验,他提出了一些与实际信息安全相关的关键问题,一个就是在信息安全中建立一套信息安全对抗的原理模型,这已经在研究中;另外一个就是要将建立模型提升到与系统理论结合,做基础理论的抽象和延伸。重点就是延伸普里高津的耗散自组织机理,加入现实客观环境的影响,考虑其实际"存在"情况,称为活性自组织机理。他认为,耗散是一个过程,所以耗散自组织物理应该是有条件存在的过程物理。在谈到这个理论时王越说:

> 自组织特征在日常的环境中间并不是永远都保存的,有的时候它会死,这个自组织机理会丧失。为什么会丧失?因为有环境变化,有对抗,有矛盾。所以我们在概念上,把这个自组织理论推到活性,就是它能够生存,能够发挥正面作用,预定的正面作用。因为在现实中信息系统弄不好往往就产生了负面的影响。譬如,如果把假的信息当真的,不但没有得到需要的重要信息,反而被对方骗了。再比如现在的民航的售票系统,现在完全靠信息系统,人工逐渐地退出,万一信息系统一出问题,如果没有相应的应急措施民航就要大乱。这就是负面影响[①]。

王越认为自主组织理论所论的系统包括各种人工系统,它的自组织的特征并不是绝对的,而是相对的,所以他提出一个"活性"的概念,目的是要在预估这个环境时,要让自组织特征发挥正常的作用,不能消失,不能走向反面。这就是自组织机理推到活性这个概念的过程。

将延伸后的活性理论应用于当前的实际中可以解决很多问题。王越利用真实环境中处理人工系统的过程讲述了多活性代理理论的应用。

---

① 王越访谈,2010年12月7日,北京。资料存于采集工程数据库。

处理人工系统有几个原则：第一个，要分析、分解和综合并重。过去没有复杂系统的概念和理论，分析一个问题是越分越细，掌握它的规律。光掌握规律还是不够的，还要把它翻过来，这些规律要集成起来发挥作用，所以必须要分析和综合相结合，这是一个思维规律，也是让系统发挥作用必须具有的一个功能。第二个，必须定量分析和定性分析相结合。第三个，要人机结合。一个人工系统的自组织特征是人事先设计好的。在复杂环境中机器是没有思维的，它不可能很好地适应环境。所以要人机结合，因为人类社会是人主导的社会，人是人工系统的主导。把这个系统分成若干个部分，分解到每一个部分都有一定的执行任务的能力。有这个能力，就可以叫它代理。代理什么呢？代理人完成一定的任务。这个名词在计算机中间已经在广泛使用了。代理这个概念不是我们首先提出来的。但是把系统用多个活性代理来表征，这是我们提的。根据第三层的这几个原则，就是分析和综合结合，定量和定性结合，人机结合，那么我们就把它分成由多个代理组成的一个系统。它有专门执行某些任务的代理，然后再有管控代理，再有为应用服务的代理。这样形成系统综合性能就会包含四个层次。首先是自组织特征的活性推广，就是在环境变化时，有一定的适应能力。增加活性也就是增加它的生命力，这就是上面的第二点的突破点，即把自主之特征推到活性自组织之特征。然后第二层，代理之间可以协商。这是基于逻辑规律或简单的专家系统都具有的特性。第三层次，就是有管控代理。因为所有代理都是平权的，凭什么说我来管你呢？那么按照逻辑规律可以协商。但是碰到矛盾时候，它是平权的，如何处理？这时候就需要更高一个层次的管理也就是要管控代理，授权来管理。管控代理是代表系统层面用来协调矛盾的。当然管控代理基本规律也是基于逻辑规律的，是比较复杂一点的专家系统即人工智能系统。这就是第三级的综合。最高一级的综合，就是管控代理，作为管理员的决策支撑，最终由管理员来决策，也就是人。这就好像作战时的司令官，侦查员提供很多信息，最终是司令官下决心下命令。在对待复杂的对抗环境中，用这么一套体系结构，就等于把基础的理论搭一个通往应用基础上的一座桥。复杂的环境中自组织特征是要变化的,就要考虑在环境变化中间自组织特征的动态保持性能。如果保持了,功能就保证了。所以要不丢失、不走向反面,甚至在对抗环境中信息系统不被对方消灭。这就是将自组织概念延伸到活性自组织概念结合应用产生的根源。多活性代理的核心是活性自组织机理,然后贯彻到多活性代理系统设计中,所用系统方法主要有:分解与综合相结合,定量分析与定性分析结合,人机结合。在人工系统设计中,可以分解为设计一个个代理,再将一个个代理进行协调,那就是一个综合的过程。最后是以人为本的是人的策划、人的介入[①]。

利用多活性代理的理论,王越提出了构建复杂信息系统的新方法,并在 2006 年中国工程科学的院士论坛中发表了论文《复杂信息系统构建的新方法——多活性代理方法》[②]。这篇论文以系统理论为指导,借用多代理技术的思想,针对强对抗、强约束条件下复杂信息系统的特点,提出了复杂信息系统构建的一种新方法——多活性代理方法(multilivingagent method,MLAM),同时,在系统层次上指出了基于多活性代理复杂信息系统的基本内涵、与现有系统理论之间的衔接和区别,文中最后给出了基于活性代理方法的复杂信息系统研究的基本内容和两个例子,一个是基于多活性代理的重症患者高级生命保持系统,一个是复杂信息系统以分功能组成活性代理的框架,这些例子具体地说明了"活性代理"的作用。论文最终提出可将该理论应用在强约束、强对抗环境下构建安全的多活性代理信息系统,为国防现代化及广大的用户需求提供更好的信息服务,解决对抗环境下信息系统发挥复杂功能的问题,开辟了系统科学在信息领域的新研究方向。之后他于 2008 年发表了论文《基于多活性代理的复杂信息系统研究》[③],在多活性代理理论的基础上从系统自组织功能剖面给出了活性自组织机理的两集合模型、信息安全与对抗领域多活性代理复杂信息系

---

① 王越访谈,2010 年 12 月 7 日,北京。资料存于采集工程数据库。
② 王越. 复杂信息系统构建的新方法——多活性代理方法 [J]. 中国工程科学,2006(5):29-32.
③ 王越,陶然,李炳照. 基于多活性代理的复杂信息系统研究 [J]. 中国科学(E 辑:信息科学),2008(12):2020-2037.

统构建的功能模型，以及在此模型基础上多活性代理的三层次协商、协调模型。通过讨论进一步证明了多活性代理理论将衔接应用基础层和应用层研究，对信息安全与对抗领域复杂信息系统的构建和分析提供基本的研究方法与理论支持。

王越指导自己的博士生利用多活性代理理论在入侵检测系统中进行实践。该系统针对移动代理技术的分布式入侵检测系统在代理安全性和稳定性方面所存在的问题，在基于多活性代理复杂信息系统研究方法的指导下，提出了一种新的分布式入侵检测系统结构，即《基于多活性代理的分布式入侵检测系统（DIDS-MLA）》[①]。该系统将传统分布式入侵检测系统的两层结构扩展为三层结构，通过增加的一层结构对系统中各个检测代理活性状态值进行监测，使系统能够在多活性代理协商协调机理的指导下，根据代理活性状态值的变化来调整各代理的工作，从而达到保护系统中代理安全性以及维护系统检测稳定性的目的。在之前的研究工作中，仅仅对活性代理进行了定性分析，而这篇文章中则进一步提出了一种在分布式入侵检测环境下定量分析代理活性的方法，并在此基础上给出了系统中活性代理的实现思路。

多活性代理的理论有很多实际应用，以下是王越利用汶川地震的问题来解释系统活性以及和环境匹配的重要性。

比如说汶川地震通信中断，用活性代理的概念，就可以解决很多问题。任何具有自组织机理系统必须也要满足自组织机理充要条件。汶川地区有卫星通信、光纤骨干通信、移动通信三种并联通信系统，但地震仍造成通信中断，比如卫星通信断了，因为电断了。为什么骨干的光纤通信断了呢？因为地震把光纤震断了。为什么移动通信断了呢？移动通信长途的漫游要靠光纤通信骨干通信网，靠无线接力是不现实的，用户花不起多个无线站串联接力的电话费，也没法推广应用。这就是他的充要条件。那么一地震，要坏一起坏。

[①] 王越，陶然，张昊. 基于多活性代理的分布式入侵检测系统构建分析研究[J]. 中国科学（E辑：信息科学），2010（4）：613-623.

有没有办法呢？当然有办法。如事先考虑应急情况，假如设置一个短波电台，就可以解决。短波的通信有很多缺陷，比如说带宽不够宽，信息量比较少，稳定性差，需要调频率。尽管短波通信并不是很先进的通信，但是它有自己的特点，即灵敏度高。卫星通信是36000千米同步轨道，而短波通信依靠电波反射的电离层高度为几十千米，因而卫星传输路程和短波比较要远千倍、几百倍。那功率差多少？需要的功率与距离的平方成正比，所以卫星通信要几百瓦，而短波的通讯几瓦就行了。这样我们就可以不要电网，甚至干电池也不要，直接用手摇发电机通信就可以工作。在没有电的情况下，地震把光纤也震断，所以光纤骨干通信网、移动通信卫星通信都没活性，但是短波通讯有活性。所以系统设计要从活性的角度设计。像刚才说的这个问题，一个短波通信设备花不了多少钱，一个电台，只需要几百块或者几千块钱就可以用了。有人可能说地震是小概率事件，每个乡广泛配是否浪费？前面已谈到多则几千元价格，对救援生命太值了！温家宝总理两个小时就赶到汶川，总参谋部13分钟就启动了应急措施，但是到了之后没信息，不知哪儿发生了地震，也不知震的情况怎么样。如何救援啊？所以启动很早但没有所需信息，救援受很大影响。假如有这套活性设计，那救援工作指挥可以早六七个小时铺开，很多人就可以救出来。从这件事情可以看出，系统设计要有活性考虑，要跟环境匹配，这种概念是特别重要的[①]。

2011年在北京市科协与中关村科技园区海淀园的协调与推动下，方正国际软件有限公司"院士专家工作站"正式挂牌成立，王越和陶然成为首批进驻工作站的专家。这是北京理工大学参与的第一个院士专家工作站，旨在鼓励企业与本领域院士、专家、科研团队合作，构建世界一流的产学研相结合的创新研发平台。王越进驻院士专家工作站与方正国际的主要合作是关于复杂信息系统理论方法及安全对抗技术的应用。2011年12月19

---

① 王越访谈，2010年12月7日，北京。资料存于采集工程数据库。

日，在北京理工大学召开了复杂条件下信息系统与信号处理技术研讨会，王越亲自为方正国际的专家讲解了多活性代理理论及其在人工系统设计中的应用。北京理工大学和方正国际将建立一个联合研发中心，通过这种方式来推动对这个理论的应用，真正形成一个产学研相结合的体系，让理论直接指导各种信息服务系统的具体应用。

据王越讲，多活性代理理论和方法还将继续研究和推广应用，也会有后续论文发表。

承担国家自然科学基金重点项目

王越进入北京理工大学后承担了一个国家自然科学基金的项目——分布式无源检测信息系统的理论与技术的研究。该项目是北京理工大学第一个国家自然科学基金重点项目。据王越讲这是一个国防背景的项目，是对抗中的一个前沿问题。20世纪70年代曾有过一场空地对抗，当时这场对抗，是对美国战后的第二代先进的战斗机，我国采用的是四五十年代的概念设计的装备去对付它，比如防空的高炮是1939年和1940年制造的，计算机是模拟机电式的、第二次世界大战时的计算机，雷达、光学设备都是1945年左右的产品。就利用这种体制、这种技术水平和美国对抗。而美国的飞机F-105（雷公）、F-4（鬼怪）、F-111（土豚）等都是20世纪60年代到70年代世界上最先进的装备水平。但是，对抗的结果却是我们打下美方的1700多架战斗机。所以美国不得不承认，这一代飞机对地攻击是失败的。还是那句话"知彼知己，百战不殆"。美国失败的原因主要就是我国的装备抓住了美国对地攻击的弱点。在他们最后攻击的两分钟里，飞行的轨迹与当时我国的火控系统的设计参数和飞行是完全一致的。所以我们在近距离打飞机是很准的，但是在远距离不行。然而在他们攻击的最后几分钟，一定是逼近的。我国的战士就是敢于近战，所以就击落了1700多架。于是美国这一代的飞机，即F-105、F-4、F-111等的对地攻击，以失败告终。但是美国是不甘于失败的，他们有很强的科技实力，随后就发展了新一轮的对抗手段，就是利用隐身飞机实现视界外精确打击，敌人还未观察到自己时，就已经先打对方了。反辐射导弹、巡航导弹、隐身飞机再加上现在的无人驾驶飞机，这几种方式是美国对地攻击的发展，实际上战争的行为就是在不断对抗中不断发展。美国的对抗技术在不断提高，我国也不能落后，王越告诉我们这就是这个自然科学基金项目的立项背景。由于这个项目属于保密研究，因此王越无法透露关于研究的细节，但是他告诉我们，其实这个研究就是对多活性代理理论的一个实践。

毫米波探测系统——便携式雷达

毫米波探测是利用探测目标、背景的电磁热辐射来实现的，与可见光和红外探测相比，毫米波探测在雾、云、烟尘、沙暴等恶劣气候条件下具有潜在的优势。毫米波探测是依靠35GHz、94GHz、140GHz、220GHz毫米波的大气传播窗口来接受物体及背景的热辐射能量探测物体的特征，产生高分辨率的图像。研制毫米波雷达探测系统实际上是为下一代地面雷达的发展做预研。王越介绍：

> 毫米波探测系统的研制涉及一个雷达未来的发展方向，这不是一个探测有无的问题，也不是一个简单的抗干扰问题，也不是一个像现在预警集散一个信号处理问题，性能改善一点，这些都是重要的，但是不够前沿。前沿是什么呢？前沿要把对抗目标的特征给提出来。从哲理上来说，所有事物的存在，都是以他的特殊性来表征的。就好比是一个人存在，每个人跟别人是不一样的，任何事物的存在，都是有特殊性的。所以现代雷达的前沿是要找到对方的目标的特征，是要提取目标特征[①]。

王越认为特征提取将是下一代雷达研制的主要发展方向。1995年，王越和周思永教授等人通过对毫米波雷达探测系统的研究，完成了Ka波

[①] 王越访谈，2011年9月1日，北京。资料存于采集工程数据库。

段[①]双模式战场活动目标侦查雷达的系统方案的论证。于是某外贸公司将此方案列入外贸产品开发研制，将此雷达定为某型号雷达，参与研制的单位包括北京理工大学和206所两个单位。虽然这个方案论证由北京理工大学的两位教授承担，但是产品的开发和研制并没有放到大学。王越认为学校还是以科研为主，距产品化还有一定距离，就像他前面提到的，学校、研究所、企业等的社会分工是不同的。因此在这个毫米波雷达的研制项目中，北京理工大学负责信号处理和终端设备的研制，206所负责总体、天线、发射、接收、频综、天线驱动及相关的机械结合设计。毫米波雷达体积较小因而称为便携雷达，它的高分辨力毫米波探测系统采用线性调频连续波体制，工作于Ka波段。为了实现便携性能，收发组件和天线采用一体化设计，不仅轻巧便携，而且具有良好的电磁兼容性和收发隔离度。毫米波雷达探测系统主要用在边防检查部门查走私，据王越介绍目前这个产品已经有7000万元的订单。

"奥运雷达"

对大多数人来说可能认为雷达只限于军事领域，然而我们身边就在用着雷达，王越在中央电视台《大家》栏目中录制了一期"没有盲区的天空"，在栏目中他介绍了一个我们身边的雷达——"奥运雷达"。2008年8月8日，我国主办了奥运会，为了保证奥运期间的安全，奥运场馆上方已经被严密的雷达网监控了，这个雷达的组织设计者就是王越。据王越介绍，一般大型的飞行物入侵的可能性是不大的，因为有我国的警戒雷达网络来监控。而对小的，比如由本地起飞低空的带有无线电定位系统的航模，就可能被利用对奥运场馆造成非常大的安全影响。奥运雷达正是用来监控这些低飞小目标的，这就需要一些技术先进的雷达。一个有趣的事情就发生在奥运会准备工作中，通过雷达监控器发现一个风筝的踪迹正向奥运场馆接近，于是通过雷达很快就判断出这个风筝地点在动物园附近，它的上空

---

① Ka波段是电磁频谱的微波波段的一部分，频率范围为26.5—40GHz。Ka代表K的正上方（K-above），换句话说，该波段直接高于K波段。Ka波段也被称作30/40GHz波段，通常用于卫星通信。

也包含在奥运雷达的监控范围，所以很快就被雷达捕捉到了。"奥运雷达"能够探测到很小的目标体，它有快速检测、快速定位的能力，所以就装了四部在奥运会的主场馆里。一个雷达集中监控空间90度，四个正好360度。这个雷达系统为奥运场馆的安防工作发挥了重要的作用。

平淡面对荣誉

王越所获得的荣誉可以说是数不胜数，对大多数人来说都是一个宝贵的财富，但是王越在荣誉面前表现得非常平淡。他的好多奖项都是别人推荐的，并非自己主动申请。即使是被评选为中科院的院士，也没有让他觉得特别的得意。他说："我把这些看成都是暂时的。你就是再得意，再顺利，反正你早晚还得死。是不是啊？你再有本事，再有条件，你能一顿吃两个饱吗？你吃不了，否则你要被撑死。你睡觉能睡两个床吗？你睡不安稳，你不断地要在那儿滚，你能睡得好吗？你夏天能穿皮袄，冬天能穿绸缎吗？"从长时间的访谈中我们发现他思维活跃、语言风趣、坚持原则、淡泊名利。

王越担任过很多的社会职务：国务院学术委员会学科评议组召集人，中国电子学会会士、陕西省电子学会副理事长、中国兵工学会副理事长、北京市学位委员会副主任、国家"十五"863（S863）专家组成员、国防科工委专家咨询委员会委员、总装备部科技委顾问、北京市人民政府顾问、何梁何利基金评审委员会委员、《学位与研究生教育》杂志主编等学术职务，有些已辞去，有些仍在承担。这些职务虽然属于兼职，但是王越依然非常认真地对待，在他76岁的时候，他主动要求辞去中国兵工学会副理事长的职位，当我们问起原因时，他说：

按照国家规定，满70岁后不能再任国家一级学会的理事。在我75岁时兵工学会仍然提出要我继续任兵工学会副理事长，他们要向国家打报告，被我制止了。尽管我身体还可以，还可以做些事情，但是我不愿意超规定做一些事情，国家已经规定了，我不能搞特殊化。所以我坚决退出了[①]。

2010年，王越还担任了国家最高科学技术奖评审组初审组组长。国家最高科学技术奖是授予在当代科学技术前沿取得重大突破或者在科学技术发展中有卓越建树，在科学技术创新、科学技术成果转化和高技术产业化中创造巨大经济效益或者社会效益的科学技术工作者，国家最高科学技术奖每年授予人数不超过两名。这个奖项是由国家主席签署并颁发证书和奖金，奖金数额由国务院规定，获奖者的奖金为500万元人民币，其中55万元归个人支配。作为初审组组长，王越需要组织初评组从众多候选人中评选出三个，然后提交给评审委员会，评审委员会再到奖励委员会，最终选出两名。作为这个国家科技界第一的奖项，王越是评审的第一关，因此他觉得责任重大。他说2011年就是从11个人当中要选出三个来，这些科学家都很著名、很优秀，因此取舍也很难。

据中国科协的一些领导介绍，找王越做评委的非常多，其原因也是因为他对待科学的态度比较客观、公正、能够代表国家利益。2011年5月《科学时报》就院士增选的工作采访了王越，期间谈到合格院士候选人应具备的条件。王越认为："候选人应是在科技领域做出系统的、创造性的成就和重大贡献，热爱祖国、学风正派的学者专家。"采访者问："如果爱因斯坦'穿越'到现在，有资格成为院士候选人吗？"王越笑称："我对物理前沿不懂，我想当候选人绝无问题，但不一定能当'选'。他的历史贡献是毋庸置疑的，核武器和核电技术的根基就是狭义相对论。然而现在来看，狭义相对论也需要进一步科学验证。以'自洽'而言，既然光速是绝对的，为什么这套理论要叫'相对论'呢？"王越强调，判断学者科研水平和贡献时，要有历史的眼光。科学"规律"都有其相对性，因此也要看他们的工作对其后的科技水平提升有多大贡献。在院士增选期间，也曾经有一些候选人希望在评选中能够得到王越的支持，但是都被王越拒绝了。在访谈中，王越曾讲过一件事，某高校有院士增选的候选人，希望得到他的支持，但是又不好直接说明，于是

[①] 王越访谈，2011年9月1日，北京。资料存于采集工程数据库。

就通知王越说要举办校庆活动,需要邀请王越院士来做报告。王越让秘书调查了一下,发现这所学校校庆不是当年,于是马上意识到这个邀请的实际意义,毫不犹豫地谢绝了。王越认为在增选临近期内以各种变相拉关系帮助某个候选人的行为实质已经违背了院士遴选的规定,他非常珍惜自己的推荐权,努力推荐合格的候选人。

长期以来,王越对国家以及传统文化都有着深厚的感情。在前述《科学时报》的采访中,王越还提倡要弘扬优秀文化,他说:

> 文化是一个国家的精神命脉。弘扬民族文化中的优秀传统和优良品德,是院士的使命和责任的根本。讲正气,爱国家、民族和人民高于个人,更是我们中华文明中的美德,应珍惜发扬。中国改革开放30年的发展模式对世界有很大的贡献,虽然当前经济社会持续高速发展,但我们的传统文化和品德不能丢。精神文明建设一旦跟不上,必然产生各种各样的矛盾。在市场经济活动中讲经济效益,但并不是所有事都只顾钱。

王越在幼年时经历了抗日战争,在天津生活的时候体会了沦为亡国奴的屈辱,这些经历这对他的人生观和世界观产生了很大的影响。据他介绍父亲给他起"越"作为名字是希望他早日越过这段灾难的年代,同时也是激励他超越自我,多做一些利国利民的事情。因此这种强烈的民族责任感和国家责任感早已经植根于他的心中。在长期的雷达研制工作中他始终将捍卫国家利益作为使命和己任,按照科学的发展规律办事。现在中国在逐渐崛起,但是国际环境依然很险峻,所以每当想到这些,他更加不以自己已经取得的成就孤高自恃,他说:"这都是我作为一名中国人的责任!"

和 谐 家 庭

王越夫妇只有一个女儿,三口之家,是一个充满着爱的中国传统家庭。也许从父母那里得到了传承，王越的家庭中也是男主外、女主内，尊老爱幼，充满了和谐。也正是这个充满爱的家庭，使他可以没有任何后顾之忧，全力以赴地投入到科学研究之中。70岁以前，夫人於连华是家庭中的后盾，近几年夫人身体状况不佳，女儿便投入更多时间打理家中的事情，使他可以安心地投入自己所热爱的科研中。

夫人於连华

於连华出生于江南之乡，清秀聪慧，1956年和王越在南京相识后，便被对方深深吸引，并迅速结为伉俪。1935年2月於连华出生于江苏南京的教育世家，父亲是国民政府的房管员，母亲是善良勤俭的家庭妇女，叔叔和姑夫是国民党的督学，在南京教育界甚有名气。於连华叔叔家有个儿子叫於有文，新中国成立前逃到台湾，后在美国取得博士学位并在美国洛斯阿拉莫实验室工作过一段时间。回到台湾后在清华大学核工系教书。正是由于这种复杂的海外关系，於连华与王越在20世纪的几次政治审查中多次受到冲击。

於连华兄弟姐妹六人，她排行第五，上有三个姐姐和一个哥哥，下有一个弟弟。於家家境尚可，兄弟姐妹都受过良好的教育，新中国成立后基本都在教育界工作。大姐於静波是南京水西门小学教师，大姐夫柯子燾毕业于黄埔军校，新中国成立后任中学教员。"文化大革命"期间，王越夫妇曾因柯子燾的关系，被贴大字报。二姐於玉华是中学教师，二姐夫是著名的共产党人的后代，也在教育系统工作。三姐於先华和於连华是双胞胎姐妹，两人不仅在外貌上很难分辨，在人生经历和价值观上也有很多相同点。所以两姐妹关系密切。1956年秋天，和王越认识不久的於连华邀请王越以及同在南京实习的同学到家中度周末，恰巧三姐於先华从青岛回家探亲，与王越的同班同学段经文在家中相遇，便成就了一桩美满的婚姻，於先华与段经文结婚后随段经文调到成都784厂工作，一直到退休。段经文退休前是784所的总工程师，是著名的警戒雷达专家。由于这样一种亲密的关系，於先华与段经文的儿子段启钟也几乎成了王越的儿子。段启钟

1966年出生在南京，所以起名启钟，启钟从小在外婆身边长大，六岁时一次偶然的机会到西安探望姨父和姨妈，便留在王越家，一住就是七年，直到初中二年级，才被父母带回成都。在西安的七年，段启钟和王越夫妇以及表姐王小园建立了深厚的感情。

图6-14 王越夫妇与段经文夫妇合影（1960年。前排左起：於连华、於先华；后排左起王越、段经文）

王越女儿王小园出国后，为照顾年迈的姨妈和姨父，段启钟和夫人从成都来到北京工作。据段启钟讲，小时候在姨妈家时，晚上起床上厕所，整个大院一片漆黑，只有姨父（王越）的房间还亮着灯，他还看过姨父和毛泽东主席合影，觉得姨父很了不起。

於连华是一位温柔、善良、贤惠的知识女性。高中毕业后便被分配到720厂，任技术员。1956年秋天，王越被分配到南京720厂实习。由于是军人，所以周末时王越经常和同学去南京的军人俱乐部跳舞、唱歌。一次偶然机会，於连华和王越相遇，便深深被对方吸引，从此跌入爱河。1957年王越分配到西安786厂后，於连华便毅然放弃南京的舒适生活，只身来到西安。1958年於连华与王越结婚后，便在厂里干技术员。在1959年政审中，由于复杂的社会关系，於连华不能再做技术员，只好到车间做质量检验员。

王越常年在外研制雷达，女儿以及家中的一切都是於连华来照顾和打理。20世纪80年代初期，王越当所长后更忙了。女儿那时正在脱产读大学，为了照顾孩子和王越，於连华提出提前退休，做好家庭的后盾。退休时，於连华只有47岁，退休工资寥寥无几。但是她甘心为王越和孩子的发展付出一切，自己做一个默默无闻的人。在王越80寿辰的庆典上，外孙王苏珏的第一句话就是："首先感谢奶奶，没有奶奶的支持，可能爷爷就

第六章 科教兴国开新篇

不会有今天的成就。"

曾任北京理工大学校长办公室主任的苏青是这样评价於连华的：

> 於阿姨是一位默默奉献的女人，她是王越家庭的坚实后盾。每次我到王校长家谈工作，於阿姨总是用洁净的青花瓷茶杯泡上一杯香茶送给我，然后就悄然退下，她对王校长的工作从不干涉。生活上，她凡事都亲自为王越准备，如果王越不出差，她每次都是做好饭等王越回来一起吃。

图 6-15　王越与夫人（1999年。摄于南京）

1986年，外孙出生后，於连华更忙了，为了支持女婿、女儿的工作，她一人承担着带孩子和所有的家务，但从来没有怨言。1992年女儿王小园带外孙出国以后，只剩下王越和於连华在国内。1993年王越调任北京理工大学校长后，他和夫人就居住在北京理工大学校内的一套普通的房子里，他们夫妇的生活非常简朴，夫人打理家中的一切，王越则忙他的工作。於连华把自己的爱给了家庭中的每一个人，家里的每一个人都很敬重和爱戴她。

一谈起夫人於连华，王越便情不自禁地流露出满脸的幸福，他给夫人打电话时的柔声细语，都充分展示出两位老人常青藤似的爱情。他的证书、奖状、工资都是由夫人保管，正是因为夫人打理着家中的一切，他才可以轻装上阵，全身心投入到工作中。这几年夫人的身体状况不如以前，王越回家后也是尽力承担家务，女儿劝他请个保姆，他和夫人都坚决反对，他认为自己能解决的事情就决不麻烦别人。

女儿王小园

在西安时,王越和女儿一家住在一起,每天王越和女儿、女婿忙工作,夫人於连华负责带孩子、做家务,一家三代其乐融融。女儿王小园从父母那里秉承了豁达、

图 6-16　王越一家三口的合影(1965 年)

上进、善良、友好的品格,她是一个非常懂得关爱别人的人,她对自己考虑得很少,对父母、对丈夫和儿子,总是细心照顾。她同王越一样,总是尽自己所能,帮助周围需要帮助的人。

女儿王小园高中毕业时正赶上"文化大革命",没有机会读大学,便在 206 所车间当工人。女儿很上进,王越也不断鼓励女儿。在王越的鼓励下,王小园脱产读了大学,大学也是电子信息专业。大学毕业后王小园在 206 所机房工作,结识了经常到机房使用计算机的王震宇。

1992 年王小园跟随丈夫王震宇去了美国。每当先生和孩子放假,她都会回国看望父母。随着王越夫妇年龄的越来越大,王小园回国的时间也越来越多,她对父亲说:"现在你们的年龄大了,我的重心应该从美国转到中国了。"她用自己的实际行动表达着对父母的爱,2010 年她从美国回来了三次,每次都待两三个月,陪母亲,照顾两位老人的生活。女儿在国内住的时间太长了,王越就会催女儿回美国,他虽然舍不得女儿,但是他深知女儿美国的家也非常需要她。近些年,王越夫人於连华身体状况欠佳,女儿的牵挂更是多了一些。女儿劝父母请个家庭助理来帮忙,但是王越夫妇坚决不同意,最终王越和女儿达成了一个折中的办法,请钟点工帮忙做一顿中午饭,其余事情则是王越下班后自己做。即使女儿人在美国,也会每天打越洋电话给父母,安排父母的生活。

第六章　科教兴国开新篇

家庭的传承

在家庭中,令王越得意的一件事情是一家三代都选择了电子工程专业,王越、女婿(王震宇)和外孙(王苏珏)目前都在从事电子通信领域的研究工作,所以三人相见,共同的话题离不开电子工程领域的前沿、热点以及在实际工程中的应用。

王震宇既是王越的女婿,也是爱徒。1977 年 3 月,王震宇以优异的成绩考入中国科技大学电子信息系,他思维敏捷,理想远大。1981 年,王越为搜罗雷达研制领域的人才,辗转到了中国科技大学。在中国科技大学,他的一场精彩的学术报告加激情演讲,深深地打动了王震宇。国家火控雷达事业发展急需高端科技人才,然而地处山沟的 206 所很难吸引人才。听完王越的报告后,他坚定地报考了王越的研究生,准备投入到火控雷达的研制之中。1981 年 9 月王震宇只身来到西安,跟随王越研究火控雷达。王震宇的基础扎实、思维敏捷,对于雷达的研制工作上手很快,不久便成为王越的得力助手。王震宇的硕士论文《大型电子多目标系统的建模和优

图6-17　王越一家团聚在北京(2010年元旦)[前排:於连华,王越;后排:王小园(女儿),王苏珏(外孙),王震宇(女婿)]

化》与306系统的实际需求紧密结合。在王越的指导下，王震宇参与了随机服务理论模型建立、脉冲间调频等技术的研究，和王越一起钻研306系统和双35系统的一些关键技术。王越不仅欣赏王震宇对学术追求的执着，更欣赏他的真诚、宽厚的人品。

王震宇不仅学术才华横溢，而且为人诚恳，是206所里难得的优秀人才。1984年王震宇硕士毕业后又跟随西安电子科技大学保铮院士继续从事雷达理论研究，1987年获得博士学位。为了更高的学术追求，1991年王震宇去美国佛蒙特大学做博士后，而后就职于美国贝尔实验室，在贝尔试验室短短的4年中，他就获得两项发明专利。而今王震宇已是美国朗讯（Agile）的总师，拥有发明专利26项。王震宇一直从事电子通信领域的前沿，目前正在研究4G通信技术。

王震宇是这样评价王越对自己的影响的："我认为我从王老师那里学到的受益终生的是一种思维方式。在206所跟随王老师研究雷达的一些前沿技术中，他的系统思想潜移默化地影响了我，我也学会了从系统、从整体的角度去把握问题，总体上考虑好以后，再进行具体工作的把握，这样可以事半功倍[①]。"

外孙王苏珏（小名蒙蒙）可称得上是王越的"心肝宝贝"。王苏珏于1986年出生，出生后一直跟王越夫妇住在一起。也许是隔代亲的缘故，王苏珏跟王越夫妇的感情深厚。那时王越虽然工作很忙，但是也会抽时间带外孙出去转一转。1992年王苏珏随母亲也去了美国，把王越

图6-18　王越夫妇与外孙（1989年）

[①] 2012年4月4日，时值王震宇回国参加王越院士80岁寿辰庆典，在北京理工大学接受吕瑞花访谈时讲述。

夫妇的心也带走了一半。

而今王苏珏已经长成一个帅气的小伙子，学习成绩和研究能力也非常出色，目前（2012年）正在哥伦比亚大学攻读博士学位。几年前申请大学时，王苏珏同时被美国八所学校选中。最后他选的是爱因斯坦曾经工作过的普林斯顿大学。王苏珏学习很优秀，普林斯顿大学理工学院每年有一个著名的学术奖，2008年王苏珏获得了这个奖，名字被嵌在理工学院的墙上。

爷爷在王苏珏心中的地位是极高的。2008年王苏珏大学毕业前夕，被美国的著名金融公司摩根史丹利[①]选中，那是很多美国人梦想的工作岗位，出过很多金融界的领头人。摩根史丹利每年都要从名牌大学选优秀的毕业生，当然给出的薪水很高，年收入大概20多万美元，比高级的科技人员还要多得多。王震宇夫妇很坚决地对王苏珏说"你不能去"。王苏珏就问："那爷爷（指王越）是什么态度？"王震宇夫妇说："你自己打电话问爷爷。"他就打电话说："爷爷，摩根史丹利录取了我，在普林斯顿全校就挑上两个人，其中一个就是我，机会很难得。"王越说："你别去，你将来干什么我不管，你必须把PHD一口气读完。"父母的建议他可以不接受，但是爷爷的建议他还是要听的，因为在他的心目中，爷爷的话总是非常有道理的，父母在一些关键性决定上，也会跟爷爷商量。最后他有条件地接受爷爷的建议，就是换一个学校读研究生。普林斯顿不想待了，王苏珏就到哥伦比亚继续读书了。其实普林斯顿的教授非常欣赏他，不希望他离开普林斯顿，就问他你爸妈对你的选择持什么意见？他说，我爸妈希望我留在普林斯顿。教授笑了说："哪一天，你要是不愿意待在哥伦比亚了，你就回来，我还要你。"其实哥伦比亚和普林斯顿都一次给了他五年的奖学金，每年6.3万美元。

四年过去了，王苏珏真诚地对爷爷说"您给我的建议是正确的。"王越很反对外孙去美国金融界工作，原因是他对美国的金融界有些看法。他认为美国的金融界能赚大钱，而且只管赚钱，并不管老百姓的死活。王越清

[①] 摩根史丹利（Morgan Stanley, NYSE: MS），财经界俗称"大摩"，是一家成立于美国纽约的国际金融服务公司，提供包括证券、资产管理、企业合并重组和信用卡等多种金融服务，目前在全球27个国家的600多个城市设有代表处，雇员总数达5万多人。

楚地认识到美国的金融危机很明显就是金融企业家只顾赚钱推崇衍生经济产生经济泡沫所引起,全世界都跟着遭殃。他对外孙说:"我不大愿意你去干给人'为虎作伥'的事情。我觉得你应该学点真本事,为社会做点事儿。"

王苏珏的研究方向和每一篇论文,王越都了解,时常也会和外孙讨论一些技术问题,但是更多的是只给一些建议。王苏珏对爷爷很尊重,每次通电话都会问:"爷爷您对我有什么建议呢?"王越会说:"爷爷没有什么建议,就希望你能早点睡觉,一点钟以前睡觉可以吗?不要拖到三四点钟才睡。"有时王苏珏也会问王越一些很长远的问题,例如:"我博士毕业之后在哪儿发展?"其实王越很希望外孙能回国工作,为中国的科技发展贡献一份力量。但是即使己所欲,他也不会强加给外孙。所以每次外孙问此问题时,他都会说:"你还有充足的时间考虑这个问题,不着急作决定。"

2012年4月1日,王苏珏特意和父母从美国回来参加爷爷80寿辰庆典,他在庆典上发言,很诚恳地谈到爷爷对他的影响。一是在他遭遇挫折时,他从爷爷为雷达研制事业全力以赴的拼搏精神中,找到了出路。原来从小学到初中,王苏珏学习成绩一直很好。2000年王苏珏考入当地最好的一所

图 6–19 80 寿辰之际王越与家人及陶然夫妇合影(2012 年)

第六章 科教兴国开新篇 213

高中，那是从新泽西州六个镇的3000名初中生中挑选出21名学生，组成的一个科技特长实验班，这个班提前开设了九门大学课程，学习难度和竞争远远超出一般的高中，毕业时淘汰了三分之一的学生，剩下的14名都考入美国著名大学。在这样一个智力因素上乘的班级里，王苏珏的成绩不再是那么优秀了。虽然算不上差，但是绝对不是他理想中的成绩，虽然父母不停地鼓励、鞭策他，但是却没有丝毫的作用，他很痛苦也很彷徨。在他找不到出路的时候，他回到了爷爷身边。那时爷爷还有很多的管理工作要做，但是一回到家里，吃过饭后，爷爷便开始研究数学、钻研雷达，看到爷爷对工作的全力以赴的投入，他受到了触动。他问爷爷工作的动力是什么？爷爷回答"兴趣和责任。"回到美国后，王苏珏开始了自己的拼搏。正如他自己所言"我可能一生也达不到爷爷在事业上的高度，但是我的拼搏精神却在一步步接近爷爷。"在爷爷的激励下，王苏珏开始全身心地投入自己所热爱的领域，高二以后便在强手如林中脱颖而出，2004年被普林斯顿大学录取。二是爷爷的思维方式深深影响了王苏珏。王苏珏很小的时候，爷爷就给他买了一本老子的书（英文版），老子的相反相成深深印在王苏珏的脑海中，他明白了每一件事都有它的复杂性、相反性。如果没有高一的失败，他可能不会清醒起来，他明白了做事不能害怕失败。所以现在的他不怕失败，喜欢挑战，喜欢选择有难度的事情去做。

　　王苏珏目前正在从事下一代互联网技术研究，他的最大心愿是让贫穷的人都能使用上高科技的产品和技术，实现技术使用方面的平等。

　　也许是秉承了王越豁达、真诚的性格，加上美国文化的影响，女儿、女婿和外孙都是非常坦诚的人，他们在寻求自己发展的同时，也在为社会发展贡献自己的爱心和职责。

结　语
王越学术成长特点

正如北京理工大学校长胡海岩所言:"对王越先生从事学术工作60余年的贡献进行总结评价,绝非我辈的能力和资格所及。"但是在研究王越先生学术成长经历的过程中,我们还是发现了一些他之所以成功的因素,希望能为中国的教育和人才培养提供一些借鉴。

小时候并不是一个好学生

很多老科学家从小学习刻苦,成绩优异,王越并不属于这一类。正如他自己所言"我小的时候并不是一个好学生"。儿时的王越调皮好动,喜欢短跑、踢足球和飙自行车,所以并没有把精力真正放到学习上。尽管儿时就读的耀华学校很著名,老师也很优秀,但是那个时期耀华学校的学习氛围并不甚好,抗日、抵制学日语的情绪影响着王越的学习积极性。所以在耀华上学期间王越没有养成良好的学习习惯。抗日战争胜利后,王越又开始沉迷于无线电研究,学习成绩并不理想。直到1947年去上海之前,他的学习成绩基本处于中等或中等偏下的水平。为了改变王越的学习习惯,曾从事教育工作的母亲执意让他独自去上海求学。到上海之后,受到学习优异的表姐、表哥们的影响,王越立志发奋学习,并养成了勤于思考、喜欢探究原理的思维方式。天资聪明的王越,到上海三个月后便能跟上全英语式的授课,而且成绩越来越好,高中毕业时已是班中成绩佼佼者。

正如他本人所言,男孩子一旦明白事理,学习成绩就会突飞猛进。

兴趣是永恒的动力

或许人生最大的幸福和成功就是能选择干自己喜欢做的事情!王越从小喜欢无线电,并立志学习无线电,尽管他经历了无数次的政治运动,但是他从来没有离开过自己所钟爱的无线电事业,正如他本人所言,因为喜欢雷达,喜欢无线电,所以动力永恒。

人在受压迫时总要找希望、找出路,无论精神上,还是在其他方面,这是很自然的。抗日战争时期,日本侵略者利用广播对占领区的中国人民实施奴化的思想统治。沦陷区的人民只能听日伪电台的广播,所以当父亲把短波收音机播放的关于解放区的消息、日本人在节节溃败的消息告诉王越之后,那种长久以来被压迫的情绪瞬间得到释放,精神得到极大的鼓舞。由此王越感觉到短波无线电是伟大而神奇的,为什么呢?老百姓最需要知道真情的情况下,它能告诉我们真实的情况,鼓舞我们。1945年抗战胜利的时候,已是初中二年级的王越暗暗下定决心,长大以后一定得学无线电。

立志以后,王越便开始了对无线电的探索。他首先从组装简单收音机开始,学习调试电路、焊接电路板,识别元器件的质量,逐渐过渡到组装复杂的高质量超外差收音机。正如他本人所言,只要与无线电沾边的事,他都愿意参与。1948年暑假期间,他还到三亚无线电学校学习发电报,以提高自己的无线电研究水平。独自在上海求学时,父亲给他的零花钱,他基本上都购买了无线电器材。

1950年报大学志愿的时候,可以报21个志愿,王越只填了一个志愿,大连工学院(今大连理工大学)电讯系。1949年大连工学院是当时全国唯一一所设立有电讯系的大学。

兴趣是永恒的动力,大学时期,只要与无线电、雷达相关的课程,他基本都是5分。而且对于知识的学习,他不满足考个好成绩,他喜欢弄清事物的原理、规律，这样才能做到举一反三，一劳永逸。1957年的"肃反运动"中，因为政治审查不合格，他被迫退出绝密级研制队伍；1968年被贴大字报，他被说成是"典型的白专道路，资产阶级的专家"，对此，他一笑哂之，把更多的精力投入到雷达的研制之中。只要能作自己喜欢的事情，那就是最大的快乐。在研制201系统、303系统时，他每天一般只睡三四个小时，但是他似乎不知疲倦。如今已逾80高龄的王越，每天还学习数学和哲学，他认为需要用数学和哲学指导雷达的设计，解决设计中的复杂问题和关键技术。

军事与哲学的奇妙组合

现任北京理工大学校长的胡海岩是这样评价王越的："王越先生是一位追求卓越的杰出的战略科学家"。王越善于从哲学高度思考问题，将工程研究经验升华为技术科学理论。王越总结长期从事军用信息技术研究的经验，通过进一步探索，提出系统理论与人工系统设计学方法论，提出信息系统的安全与对抗理论体系，提出多活性代理信息系统的理论体系。他还以理论指导实践，在信息安全与对抗、信息与信号处理方面取得了丰硕的研究成果。

王越最大的一个特点是总能将看似抽象的话题用言简意赅而又充满哲理的语言表述出来，产生的效果是令人深思而非枯燥乏味。这得益于王越长期对中国传统文化的研读。他说："从事军事工作的人无法离开哲学，因为军事本身就是一种独特的哲学。在我的工作生涯中，如果还算作出过什么贡献的话，这完全得益于军事与哲学的奇妙组合。"在雷达的研制中，他运用了很多古代的军事思想，例如：知己知彼，百战不殆；反其道而行之，相反相成等；科学家带给世界最大的财富不仅仅是他所揭示、建立起来的某种理论，而且还包括他所创造的思维方式与工作方法，它揭示了他们成功的奥秘。因此，王越之所以能够成为我国国防电子系统的领军人物之一，能够研制、生产出应用于多个领域的雷达系统，也与他的哲学思想密不可分。

王越常读的书是《孙子兵法》和西方哲学，他说："有些内容很深奥，每次读后都有新的收获。"2010年夏天，王越住院做了一个小手术，住院期间，他每天都在读那本《西方哲学第十五讲》，他读得很仔细，用铅笔、红笔和荧光笔作了各式各样的注释。在兵器研制过程中，他不断将中西方文化精髓相互融合。

思维敏捷　不循规蹈矩

王越的大学班主任李文璞老师对他是这样评价的：王越不是死读书的人，他思路开阔、理解能力强，担任多门课程的课代表，提出问题比较深刻、尖锐，虽说他学习成绩不是班里最好的，但是思维敏捷，能举一反三，在班级绝对是一流的。

大学时的王越是班上思维非常活跃的学习，有些内容老师还没讲，他往往已经超前思考了。他习惯于从原理、规律上理解问题的实质，所以老师提出问题后，他思考很快，有时老师也觉得惊讶。现在王越讲课时也经常跟学生说，你们最好超到我前头，主动去想下一步老师该讲什么了，我讲的跟你理解的是不是一样，你能不能提些问题把教师问倒。有些问题，教师答不了，这是正常的，这表明学生在积极思维。

大学时的王越被称为追着老师问的学习，他是电路、电磁场等课的课代表，他总是有很多问题，有时他的提问很有深度，老师要事后才能给他解答。据说有些老师不愿那么快给王越答案，因为给了答案，他又会问别的问题了。

永无止境的学习与创新

王越说："不断地读书是提升自己的最快途径。我们每个人不可能有时间去研究所有的问题，但是我们可以通过读书、学习，吸收别人的研究精华为我所用。"王越每天吃过晚饭后，便泡一杯茶，端到书房，开始读书，一般到12点才熄灯睡觉。他现在学习的内容，最多的是数学，他要应用数学解决雷达设计中的问题，其次是哲学，哲学是帮他运用辩证思维去处理任何事情，包括研究问题，不钻牛角尖。

王越特别关注雷达及通信技术领域的新概念、新思路，正如他在业务自传[①]中写道：要特别注意本领域中新概念、新思路的出现，因为新概念、新思路是脑力劳动中创造性的表现，一个好的新概念、新思路往往代表着一个新的发展前途，是很珍贵的。在他的办公室里，本领域的专业期刊已经堆得很高很高。他并不需要每一篇都去读，但是每一本他都翻过了，他能迅速捕捉到对雷达研究有价值的新技术、新思路、新方法。

王越所从事的研究领域主要有两个，一个是火控雷达，另一个是信息安全与对抗。王越是新中国成立后招收的第一批大学生，由于没有读过研究生，所以他没有严格意义上的师承关系，但是毕德显先生设置的雷达课程体系使王越受益终生，因此把毕先生放在了王越学术谱系的师承位置。在雷达的研制过程中，王越越来越意识到人才培养的重要性。1979年王越开始与中国科技大学合作培养研究生，郭新荣是他培养的第一个研究生，而后又培养了王震宇、沈晋源、张冠杰、周克宏等一批优秀的人才。而今这些人都已成为雷达研制领域的专家。在北京理工大学，王越先生开辟了信息安全与对抗专业，他的学生罗森林、李炳照等处于信息安全与对抗领域的学术谱系之中。通过对他在各时期的学术交往和合作者进行梳理，发现张锡熊、王其扬、包万正、彭家庭、白永贵是他学术交往的关键人物。另外，从事保密领域的研究，王越和朱光亚先生、王大珩先生也有比较密切的交往。通过文献和口述访谈，我们对王越在我国火控雷达发展史上以及信息安全与对抗理论发展史上的学术地位和贡献有了一个较为清晰的认识。

豁达真诚　凝聚团队

王越是一个性格开朗而奔放的人，他从不刻意掩饰自己对某些事物的态度和看法，所以他夫人说他是"急脾气"。但是也正是因为他这种性格上的开朗和奔放，使和他交往过的人都能感觉到他的大师之气，真诚豁达，不计较个人得失。他似乎对于周围的一些人和事处理得很周全，所以很多的人喜欢聚集在他的周围。作为火控雷达领域的重要领军人物，他总是以鼓励和欣赏推动年轻的科研人员前进。

---

① 王越业务自传，保存于206所档案室。

火控雷达的设计非常复杂，不是一个人所能完成的，在作为总师统帅整个系统的研制中，他深入研制队伍，和大家同甘共苦，形成了良好的合作能力。在担任北京理工大学校长期间，他科研行政双肩挑，很大程度上取决于他培养了一支善于合作的领导队伍和研制队伍。2011年，他带领的教学科研团队被评为教育部优秀创新团队。在大学科时代，顶端的科研创新不是一个人所能完成的人，往往需要很多人的共同努力，所以良好的合作能力是一位科学家不可或缺的品质。

附录一 王越年表

1932 年

4月，出生于江苏丹阳县城。父王百先，母姜锦。家中长子，其下有两个妹妹，一个弟弟，按年龄次序依次为：王超（女）、王起、王达（女）。

王百先（1900—1970），字从孝，生于江苏丹阳。1916—1919 年就读于北洋大学，肄业。后入浙江兴业银行工作，1950 年升至浙江兴业银行天津分行经理。

姜锦（1904—1996），江苏丹阳人。毕业于吕凤子先生创办的正则女子职业学校，婚前在中学任教。婚后辞去工作，打理家务。

1935 年

春，父亲调至天津的浙江兴业银行工作，举家迁至天津，居住在英租界天津十区岳阳道宝安里 24 号。

1936 年

祖父王宜泰去世，随父母回丹阳奔丧。

1937 年
7月7日，七七事变，天津沦陷，大批难民涌入租界。
9月，入天津耀华学校读小学。

1938 年
6月27日，耀华学校校长赵天麟于伦敦道（今成都道）昭明里遭日本宪兵操纵的"暗杀团"刺杀。

1940 年
夏，初小三年级。借高年级毕业之机，初小三班班级合影。

1942 年
父亲王百先升为浙江兴业银行天津分行副经理。

1943 年
7月，高小毕业，同年升入耀华学校初中。

1944 年
其父将从短波收音机听来的日本人在太平洋战争中节节败退的消息，转告给王越。王越非常兴奋，感受到无线电的神奇，开始迷上无线电，并立志长大后学无线电。
在天津观看美国 B-29 轰炸机轰炸日本人，亦喜亦忧。

1945 年
参加天津市全体中学生反对国民党对学生迫害的示威游行。

1946 年
夏天，初中毕业升入耀华学校高中。

1947 年

9 月，离开天津去上海求学。在上海大同大学附中二院重读高一课程，使用英文教材，奠定了良好的英语基础。

1948 年

在上海大同大学附中二院，开始组装超外差收音机。

夏天，暑假在三亚无线电学校学习报务，有助于课外鼓捣无线电收音机。

1950 年

7 月，考入大连工学院电讯系（大连理工大学前身），这是当时全国唯一一所设立有电讯系的院校。

8 月底，从上海出发去大连工学院。

在入学学习期间受到一级教授毕德显先生的指导，毕先生对王越日后的科学生涯产生了深远的影响。

1951 年

夏天，暑假回天津探亲，这是从 1947 年离开天津去上海求学后第一次回天津。

暑假前后，志愿军伤员经过安东、大连送往内地，与同学们一起到火车站接伤员。

1952 年

2 月，入伍。

2 月 29 日，大连工学院电讯系 211 名师生乘专列奔赴张家口解放军军事通信工程学院。电讯系的仪器和实验设备也一同运往张家口。途中与母亲约好在天津车站相会。

2 月，因 1951—1952 年第一学期学习成绩优异，获张家口解放军军事通信工程学院颁发的国家学术奖奖学金。

1953 年

由于抗美援朝的需要，国家建立雷达专业，转入雷达工程系，开始专攻雷达技术。

1955 年

7 月，因 1954—1955 年第二学期学习成绩优秀，获中国人民解放军军事通信工程学院颁发的国家学术奖奖学金。

1956 年

2 月，因 1955—1956 年第一学期中学习成绩优异，获中国人民解放军通信学院颁发的国家学术奖奖学金。

2 月，经沈梅琴介绍加入中国共产主义青年团。入团不久向党组织提交入党申请书。

7 月，毕业于中国人民解放军通信学院（今西安电子科技大学）。被授予中尉军衔。

9—11 月，在南京国营 720 厂设计所实习（该厂为当时为国内唯一的雷达厂），在此期间与於连华相识。

12 月—1957 年 7 月，在北京西郊二机部十总局"赴苏实习俄训班"学习俄文，准备赴苏留学，同去的有张范基、吴廷赞等。

1957 年

6 月，办好赴苏护照并买好车票，但由于中苏关系紧张，与苏联签订的留学计划发生变化，留学未成。

7 月，进入西安国营 786 厂设计所工作。

7 月，参加我国第一台自行制造的 301 火控炮瞄雷达的仿制工作，担任 301 系统雷达测距时显示系统技术负责人。翻译了大量的俄文技术文件，解决了许多研制中的技术问题。

1958 年

2 月,科技"大跃进"开始,国家提出解放思想,不再依靠国外技术。

与於连华结婚。於连华出生于 1935 年 2 月,江苏南京人。南京 14 所技术员,1958 年调入 786 厂后初期担任技术员,1959 年因政治审查不合格,退出技术队伍,在车间做检验员工作。

1959 年

担任空空导弹制导雷达编码制导系统技术负责人。

1960 年

10 月,晋升工程师。担任设计所实验科显示室副主任,负责雷达总体设计。

其所在的团小组被评为"模范团小组"。

1961 年

担任 301 系统总体主管设计师,负责该雷达小批量生产中的技术问题。

1962 年

试制成功第一代岸对海校射雷达,任总体主管设计师。采用短延期引信技术解决海防雷达对海上目标进行探测和校射问题,获奖金 100 元。

1963 年

年初,接手设计第一台歼击火控雷达(201 系统),原理上仿苏(俄罗斯),用于歼-5、歼-6 全天候飞机。年末最后一天设计成功。

1964 年

4—8 月,在沈阳鞍山空军基地对 201 系统进行外场试验,并获成功。

秋,将 201 系统移交 780 厂,并亲自带队指导 780 厂生产 201 系统。

1965 年

1 月，被选为全国青联四届二次大会代表，受到毛主席、周总理的接见，并合影留念。会后，给 786 厂以及 782 厂等兄弟单位作报告。

当选陕西省青联副主席，陕西省委拟调其到青联工作，因喜欢从事研究工作，未去。

1966 年

与王其扬等人试制 302 系统，担任 302 雷达总体主管设计师，改造雷达性能，增加了一个波段 X 波段。负责部队赴越第一台试用雷达的总体技术工作。

1967 年

组织完成微波铁氧体器件、反射爆破成形等关键工艺技术的专题攻关后，生产出第一台 302 样机。

1968 年

4 月，被调入兵器工业 206 研究所（原国防部第十研究院）。虽然政治审查未通过，但仍为 206 所接收。

4 月，从西安来到北京无线电厂，开始主持设计小型 860 火控雷达，国家编号 303，计划以晶体管取代电子管，重量从 7 吨减到 4.5 吨。

5 月，在北京进行"外三"结合，与北京仪表局、北京交通局、北京邮电学院有关人员组成会战组，开始产品研制，任总体设计师。年底，完成了小 860 的第一台样机的总装。

1969 年

4 月，带领队伍到东北的试验场测试，在百胜靶场首次打靶失败，开始寻找失败原因。

设计出小型 860 火控雷达第二台样机，因打火管有故障，试飞依然失败，经一个多月查找问题，最终实验成功。

1970 年

5 月，解决了第二台样机中存在的距离丢失目标、接收机饱和、跟踪无力等问题，设计出 303 火控雷达系统第三台样机。进行了设计定型和配 57mm 高炮系统补充设计实验。

1972 年

7 月，生产一部设计定型样机，并进行了设计定型补充试验。试验结果表明，设计定型样机符合战术技术指标和部队使用要求，主要性能稳定，达到产品设计定型要求。

1973 年

7 月，生产 303 系统火控雷达定型样机，并进行设计定型补充实验。作为一个过渡产品开始生产。

10 月，303 火控雷达正式定型。

下半年，在四机部 736 会议上，确定新一代高炮炮瞄雷达项目代号为 306。

回到西安 206 所，被 206 所选进中近程火控雷达的研制队伍，开始预研 306 系统。

1974 年

开展 306 系统雷达的专题研究。

1975 年

下半年，206 所组成厂所结合的总体组，任总设计师，开始论证 306 雷达整体系统方案。彭家庭任副总设计师，负责电子系统；包万正任副总设计师，负责雷达整体结构。

在 306 系统雷达的论证阶段，为了说服军方代表采纳他提出的设计方案，其采用随机服务理论建立起雷达设计的模型和理论。

12 月下旬，在 206 所召集 786 厂、612 所、207 所等单位汇报方案，对其提出的二位一体（雷达和计算机）炮弹结合的方案和实现技术问题开展讨论，并取得一致意见。

1976 年

4 月，306 雷达设计进入攻关阶段。

形成了"306 雷达——中口径高炮炮瞄雷达及中低空防空导弹制导雷达"指标及初步方案设想，上报国防工办、总参四部、炮兵和空军。

1977 年

10 月 19 日，经屈鸿伸、赖素芳介绍，加入中国共产党。

11 月 15 日，向党组织提出不要给自己涨工资的请求。

1978 年

3 月 18 日，参加全国科学大会，获全国科学大会个人奖。

6 月，被全国兵器工业学大庆会议授予"学铁人标兵"荣誉称号。

6 月，在《陕西电子》第 2 期发表第一篇论文《雷达可靠性之初步探讨》，在所能检索到的中文文献中，这是最早的一篇关于雷达可靠性研究的论文。

10 月，转为中国共产党正式党员。

12 月，出任 206 研究所副所长。

1979 年

开始 306 雷达整体系统工程化设计。

306 雷达整体系统完成实验室工作，开始外场试验。

开始任硕士生导师。

多次向国防科工委领导汇报 206 所搬迁问题，8 月获国防科工委批准。

1980 年

9 月起，任 206 研究所所长。

9月起，与中国科技大学沈凤麟教授合作培养第一位研究生郭新荣，研究课题为"多服务台有限等待时间串联排队系统模型对火控系统进行模拟与分析"。

12月，在《火控雷达技术》第4期发表《火控雷达系统设计简论》一文，介绍了火控系统的性能指标和国外几种典型火控系统及火控雷达设计要点。

1981年

6月，撰写《再论营火控系统之雷达系统设计》手稿。介绍了系统设计的基本概念，并指出与常规设计的区别。

9月，开始培养第二位研究生王震宇，研究课题为"大型电子多目标系统的建模和优化"。

12月，晋升为高级工程师。

1982年

306系统雷达性能样机装备完毕。

1983年

对306系统雷达性能样机进行校飞试验。

1984年

8月13—20日，与瑞士代表团就双35系统技术问题艰苦谈判。

谈判后撰写《瑞士厄利空35mm高炮——空中卫士系统技术座谈会后对系统的综合评价》。

1985年

1月14日—2月2日，对新加坡及中国香港地区进行技术考察，并参加国际电子安全展览会。作为兵器部第一个访问团与新加坡有关单位接触，受到重视。曾在中央电视台重点播放参加大会情况。后兵器部根据其提出建议，发展年出口值约400万美元的贸易关系。

5月，撰写手稿《电子对抗过程的某些系统考虑——电子抗干扰过程的动态优化分析——雷达对抗导弹攻击方案分析及系统方案优化讨论》。

8—9月，赴瑞典考察，任代表团团长。在歌德堡及斯德哥尔摩市对瑞典最大跨国公司爱立信、国防分部、无线电分部以及军用系统分部进行较全面的技术考察，并与瑞典专家讨论新型火控系统、指控系统、军用通信、移动通信、有关新技术（计算机结合、高性能、高可靠技术）及新产品性能问题，明确了差距所在及今后努力方向。

10月，发表论文《论雷达系统设计的一些问题》（《中国电子学会雷达专业学会第三届学术年会论文集》）。

1986 年

3月，在《电子对抗》杂志发表《雷达对抗过程的某些系统考虑》。

11月4—7日，参加我国首次举办的国际雷达学术会议（南京），任学术委员会委员。在大会上宣读了论文《702 fire control radar》，并与到会的46名各国专家中有关人员进行了学术交流。

1987 年

1月3—28日，赴瑞士考察某最先进的反坦克导弹电子系统，并去其试验基地参加试验。

10月，晋升为研究员。

被评为中国电子学会会士。

参与国防科工委、总参某部、国家计委的调查和考查研究，提出引进瑞士双35毫米牵引高炮系统。

1988 年

306火控系统设计定型。

因306火控系统的成功研制获机械电子工业部科技进步奖特等奖。

因高炮营炮瞄雷达站联控系统的研制，获机械电子工业部科技进步奖一等奖。

1989 年

7 月，因 306 火控系统的成功研制获国家科技进步奖一等奖。

12 月，因"提高高炮'三控'性能的多站联动"研究获国家发明奖四等奖。

12 月，撰写《双 35- 火控系统一些问题的分析及第一次综合报告》。

1990 年

被评为陕西省党风好干部。

1991 年

3 月，当选中国科学院学部委员。

7 月，获得国务院颁发的政府特殊津贴，10 月国务院颁发证书。

10 月，获得兵器工业功勋奖，受到江泽民主席的接见。

10 月，参加第二次中国国际雷达会议，并与张锡熊等在香山饭店合影留念。

12 月，被人事部授予中青年有突出贡献专家称号。

1992 年

开始策划 360A 雷达整体方案，计算、设计并制作样机。

10 月，撰写《双 -35 火控系统第一套样机总装总调等总体工作有关安排》。

1993 年

2 月 24 日，出任北京理工大学校长（任期四年）。

担任博士生导师，开始在北京理工大学电子工程系培养博士生。

1994 年

6 月 2 日，当选中国工程院院士，成为 30 名两院院士中的一位，并担任信息与电子工程学部副主任。

9月，获光华科技奖一等奖。

10月，在王越的组织领导下，北京理工大学通过"211工程"部门预审。

11月4日，与校党委书记谈天民等和中国人民大学校长李文海等就两校合作办学事宜达成协议。

12月19日，访问美国麻省理工大学，会见浦以康及导师。

1995年

1月，春节期间，提议举行院士联谊会，以便校外院士为学校发展建言献策。

5月，联合朱光亚、王大珩、杨嘉墀、卢良恕等28位中国科学院院士、中国工程院院士，联名向中共中央、中央统战部、国家教委、外交部提出"重视留学人员子女中国传统文化教育"的建议。

9月，被评为1995年全国教育系统劳动模范并授予人民教师奖章，国家教育委员会和人事部颁发奖章。

9月，组织北京理工大学建校55周年庆典活动，并提议不设主席台。

提出在北京理工大学建立学科群，促进学科之间交叉融合。

向科技部建议在国家"973计划"中增加国防科研项目，后几经演变为现在的"国防973计划"。

访问英国皇家学会，探讨国际合作与交流。

1996年

5月，作为专家组组长率队对原吉林工业大学进行"211工程"项目评审。

《中国大学生》杂志在1996年第5期上发表特约记者苏青对王越的访谈文章"院士校长的优势"。

1997年

着手创建信息安全专业。

10月，访问日本SMC公司，洽谈合作事宜，并参观其筑波工厂。宁汝新副校长陪同访问。

1998 年
发明便携式毫米波探测系统，并批量生产外贸出口。

1999 年
6 月，访问日本千叶工业大学，并与其校长合栽友谊树。
7 月，离任北京理工大学校长，担任北京理工大学名誉校长。
10 月，因在促进中国科学技术发展中做出的杰出贡献，荣获何梁何利基金科学与技术进步奖。

2000 年
担任中国兵工学会副理事长。
6 月 5 日，在中国科学院第十次院士大会上作中国科学院技术科学部工作报告。

2001 年
6 月 18 日，作为专家组组长对南京理工大学"211 工程"建设项目进行验收。
9 月，因"重点理工大学培养人才素质要求与人才培养模式的研究与改革实践"获 2001 年北京市教育教学成果奖一等奖。
12 月，因 PG99 式 35 毫米牵引高炮火控系统获国防科学技术奖一等奖。

2002 年
3 月，申请国家自然科学基金重点项目"分布式无源检测信息系统的理论与技术研究"，此项目为北京理工大学第一个国家自然科学基金重点项目。

2003 年
11 月 15 日，担任全国大学生电子设计竞赛组委会主任，出席在上海交通大学举行的2003年全国大学生电子设计竞赛上海赛区（安捷伦杯）颁奖大会。

2004年

主讲的信息系统与安全对抗导论课程获2004年度北京高等学校精品课程。

主讲的信息系统与安全对抗导论课程获2004年度国家级精品课程。

2005年

8月27日，参加2005年内地、台湾、香港无线电科技学术会议，作了题为"'无线电'科学技术发展某些系统思考"的报告。

9月9日，接受人民网访谈：通才与专才——新时期大学生培养探讨。

9月，因"大学生电子设计竞赛的开展与学生创新能力的培养"获国家级教学成果特等奖。

2006年

1月，与罗森林合著《信息系统与安全对抗理论》，由北京理工大学出版社出版。此著作2006年被评为国防科工委重点教材、北京理工大学精品教材、北京市精品课程教材。

5月，提出多活性代理理论，在《中国工程科学》第5期发表论文《复杂信息系统构建的新方法——多活性代理方法》。

8月，被教育部授予第二届高等学校教学名师奖。

9月9日，参加在人民大会堂举办的第二届高等学校教学名师奖表彰大会，并受到温家宝总理接见。

9月16日，在中国科协年会第15分会场"国家安全与兵器科技创新论坛"作题为《兵器科学与技术的内涵与创新发展》的报告。

2007年

5月16日，在北京理工大学中心教学楼一层报告厅为"2007信息科学技术博士生学术论坛"作开坛报告《信息科学技术本源性的讨论》。

5月20日,在深圳南山图书馆为社会公众作《中华优秀文化与科学技术发展》的演讲。

7月14日,出席在北京人民大会堂举行的第六届中国科学家论坛。

8月21日,做客腾讯网,漫谈中华优秀文化延承和科技发展与中华复兴的关系。

9月8日,在2007全国博士生论坛——院士／专家学者系列拓导报告会上作题为《弘扬中华优秀文化促进科技发展》的报告。

2008年

206所研制的904雷达在奥运主会场发挥安全保障作用。

8月19日,会见西班牙马德里理工大学计算机科学系教授Jose-Alberto Jaen,希望Jaen教授能和北理工计算机科学技术学院在科研领域开展多层次的合作。

12月,在《中国科学》(E辑)发表《基于多活性代理的复杂信息系统研究》论文。

12月,入选国防科技创新团队。

2009年

6月9日,接受《人民政协报》访谈:科技创新要考虑约束条件。

12月4日,为北京理工大学基础教育学院学生做题为"弘扬中华传统文化 引领中华复兴和信息科技和信息系统安全发展"的讲座,希望当代大学生能够继承和发扬优秀的传统文化,积极投身于国防事业,为祖国做贡献。

2010年

2月,接受央视《大家》栏目访谈,主题为:没有盲区的天空。

4月,当选第六届教育部科学技术委员会战略研究指导委员会副主任及信息学部委员。

4月，研究多活性代理的应用，在《中国科学》发表论文《基于多活性代理的分布式入侵检测系统构建分析研究》，并开始推广多活性代理理论。

6月，到西安交通大学指导全国大学生电子设计竞赛工作。

11月，所指导的博士李炳照通过了全国百篇优秀博士论文的初评。

2011年

1月，制作北京理工大学电视台"学与术节目"第1期：两院院士王越与您探讨学术前沿问题。

4月，参加长安大学60年校庆并作报告。

5月，接受《科学时报》记者张楠访谈，主题为：《院士增选："三公"是原则道德为底线》。

7月，拍摄网络视频课程信息系统与安全对抗理论。

10月，参加西安电子科技大学校庆，并作学术报告。

12月15日，方正国际院士专家工作站挂牌成立，成为首批进驻专家。

2012年

4月1日，为庆祝其八十寿辰，"信息系统理论与分数域信号处理"学术研讨会在京举行。北京理工大学校长胡海岩、党委书记郭大成及该领域的部分院士和专家参加。

11月4—6日，参加在武汉空军预警学院举办的全国雷达学术年会，并做大会主题报告。

12月，与北京理工大学良乡校区青年学生谈未来发展。

2013年

1月30日，教育部党组副书记、副部长杜玉波到北京理工大学看望王越。

8月，受聘中国质量奖评选委员会主任委员。

9月27日，在南京邮电大学做客第68讲金陵名人堂，与师生畅谈社会发展与人才建设。

附录二 王越主要论著目录

论 文

[1] 王越. 雷达可靠性问题的初步探讨[J]. 陕西电子, 1978（2）.

[2] 王越. 营火控指挥系统设计简论[J]. 火控雷达技术, 1980（4）.

[3] 王越. 雷达对抗过程的某些系统考虑[J]. 电子对抗, 1986（3）.

[4] 王越. 雷达火控系统反导弹攻击方法之讨论[J]. 火控雷达技术, 1986（1）: 1-13.

[5] 王震宇, 王越. 雷达电子对抗系统动态性能分析与度量[J]. 航天电子对抗, 1986（S1）: 143-151.

[6] 王越. 初论火控系统的评价体系[J]. 西部电子, 1990, 9（1）: 9-15.

[7] 宋述显, 高本庆, 王越. 二维卡塞格伦天线系统的近场分布[J]. 北京理工大学学报, 1995（2）.

[8] 刘刚, 王越, 戴桂梅, 马澄波. 一种抑制同频干扰的新技术[J]. 广播与电视技术, 1997（10）.

[9] 孙厚军, 邓次平, 王越, 高本庆, 杜谦. 用频率步进技术识别雷达目标的方法[J]. 北京理工大学学报, 1997（4）: 74-78.

[10] 廖仿玉,张玉存,王越. GZZ-2 型探空仪高空测压性能的比较分析 [J]. 气象水文海洋仪器,1997(3):1-5.

[11] 罗森林,王越,周思永. 多传感器数据融合技术与单平台火控系统 [J]. 北京理工大学学报,1997(6).

[12] 罗森林,王越,周思永. 单平台火控系统数据融合技术的研究 [J]. 火控雷达技术,1997(3).

[13] 刘刚,高本庆,王越. 一种适用于卫星通信系统的椭圆波束反射面天线 [J]. Journal of Beijing Institute of Technology(English Edition),1997(3):267-273.

[14] 罗森林,王越,周思永. 多源信息处理技术——数据融合 [J]. 系统工程与电子技术,1998(6).

[15] 董永强,陶然,周思永,王越. SAR Moving target detection and imaging based on WVH transform [J]. Journal of Beijing Institute of Technology(English Edition),1999(1):95-101.

[16] 单涛,王越,周思永,陶然. 多体制雷达视频信号模拟器设计 [J]. 火控雷达技术,2000(1).

[17] 邵娟,陶然,王越,周思永. 伯格谱估计方法在 VSAR 中的应用 [J]. 北京理工大学学报,2000(3):364-366.

[18] 董加勤,王越,陶然,周思永. 8mm 战场侦察雷达信号处理系统的实现 [J]. 现代雷达,2000(4):30-32.

[19] 张颖辉,陶然,王越. 基于 PCI 总线的 MPEG-2 视频编解码系统的设计与实现 [J]. 电视技术,2001(6).

[20] 张颖辉,陶然,王越,马越. MPEG-7 及其在广播电视中的应用 [J]. 广播与电视技术,2001(2).

[21] 徐向辉,陶然,王越. 视频图像采集系统的设计与实现 [J]. 系统工程与电子技术,2001(10).

[22] 张志明,王越,陶然,周思永. 基于子波域隐含马尔可夫模型的 SAR 图像斑点抑制(英文). 北京理工大学学报(英文版),2001(1).

［23］郭强，陶然，王越，周思永. 电视无源双基地雷达低空测距的地面绕射效应研究［J］. 兵工学报，2002（1）.

［24］郭强，陶然，王越，周思永. 利用接收电视信号的多站系统进行目标定位以克服距离模糊［J］. 兵工学报，2002（3）.

［25］修小林，时宏伟，王越. 对雷达敌我识别系统中若干问题的研究［J］. 电讯技术，2002（2）.

［26］修小林，林建，王越. 对电子装备模块化问题的系统分析［J］. 军事运筹与系统工程，2002（1）.

［27］王铁红，王越，陶然，周思永. 工程系统总体设计［J］. 电讯技术，2002（4）.

［28］阎蓉，陶然，王越，吴枫，李世鹏. 精细的可伸缩性视频编码中容错技术的研究［J］. 电子学报，2002（1）.

［29］郭强，陶然，王越，周思永，单涛. 关于矩形脉冲类信号距离分辨力的算法研究［J］. 电子学报，2002（6）.

［30］鞠晓燕，陶然，王越，周思永. 一种新的无源雷达动目标检测方法［J］. 系统工程与电子技术，2003（7）：796-799.

［31］杨运甫，陶然，王越，杜自成，单涛. 极化雷达系统的原理与关键技术［J］. 雷达科学与技术，2004（1）：1-6.

［32］杨运甫，陶然，王越，杜自成，单涛. 基于椭圆参数的最优接收极化［J］. 雷达科学与技术，2004（2）：69-72+81.

［33］侯建刚，王越，陶然，齐林. 一种基于TMS320C6416和FPGA的实时雷达信号模拟器设计［J］. 火控雷达技术，2004（2）：63-66，87.

［34］王越. 复杂信息系统构建的新方法——多活性代理方法［J］. 中国工程科学，2006（5）：29-32+57.

［35］孟祥意，陶然，王越. 抽取和内插的分数阶Fourier域分析［J］. 中国科学（E辑：信息科学），2007（8）：1000-1017.

［36］王越，陶然，李炳照. 基于多活性代理的复杂信息系统研究［J］. 中国科学（E辑：信息科学），2008（12）：2020-2037.

[37] Tao Ran, Li Xue-mei, Wang Yue. Generalization of the fractional hilbert transform[J]. IEEE Signal Processing Letters, 2008（15）: 365-368.

[38] 张南，陶然，王越. 双基地雷达模糊函数及目标参数估计性能分析［J］. 中国科学（E辑：技术科学），2009（7）: 1247-1255.

[39] 李斌，张冠杰，王越. 高低频电磁混合算法在目标高分辨特征提取中的应用［J］. 火控雷达技术，2009（4）: 5-12.

[40] Lang Jun, Tao Ran, Wang Yue. The generalized weighted fractional fourier transform and its application to image encryption［C］. 2009 Proceedings of the 2009 2nd International Congress on Image and Signal Processing, CISP '09.

[41] 高志文，陶然，王越. DTTB辐射源雷达信号模糊函数的分析及副峰识别［J］. 中国科学（F辑：信息科学），2009（11）: 1231-1238.

[42] 张南，陶然，王越. 基于变标处理和分数阶傅里叶变换的运动目标检测算法［J］. 电子学报，2010（3）: 683-688.

[43] 一种模数转换器中的高速数据采集和重建方法. 北京，CN101674083［P］. 2010-03-17.

[44] 王越，陶然，张昊. 基于多活性代理的分布式入侵检测系统构建分析研究［J］. 中国科学（下辑：信息科学），2010（4）: 613-623.

[45] 高志文，陶然，王越. 单频网数字电视广播辐射源雷达目标定位算法［J］. 兵工学报，2010（6）: 791-795.

[46] Zhang Nan, Tao Ran, Wang Yue. BRVAAF and performance analysis for target detection. Science in China Series E: Technological Sciences, 2009, 52（7）: 2096-2103.

[47] Huang Jun-Bing, Tao Ran, Wang Yue. Fractional fourier transform and its application to SAR imaging of moving targets［C］. Proceedings of the 2009 2nd Asian-Pacific Conference on Synthetic Aperture Radar（APSAR 2009），2009: 709-712.

[48] Tao Ran, Lang Jun, Wang Yue. The multiple-parameter discrete

fractional Hadamard transform. Optics Communications, 2009, 282 (8): 1531-1535.

[49] Lang Ju, Tao Ran, Wang Yue. The generalized weighted fractional fourier transform and its application to image encryption [C].Proceedings of the 2009 2nd International Congress on Image and Signal Processing, CISP'09.

[50] Tao Ra, Zhang Feng, Wang Yue. Linear summation of fractional-order matrices [C]. 2010 IEEE Transactions on Signal Processing 2010: 3912-3916.

[51] Wang Yue, Tao Ran, Zhang Hao. Research on distributed intrusion detection system based on multi-living agent [J].Science China, 2010, 53 (5): 1067-1077.

[52] Lang Jun, Tao Ran, Wang Yue. Image encryption based on the multiple-parameter discrete fractional Fourier transform and chaos function [J]. Optics Communications, 2010, 283 (10): 2092-2096.

[53] Zhao Juan, Tao Ran, Wang Yue. On signal moments and uncertainty relations associated with linear canonical transform [J]. IEEE Transactions on Signal Processing, 2009, 57 (7): 2856-2858.

[54] Tao Ran, Li Yan-Lei, Wang Yue. Short-time fractional fourier transform and its applications, IEEE Transactions on Signal Processing, 2010, 58 (5): 2568-2580.

[55] Zhang Nan, Tao Ran, Wang Yue. Target detection algorithm based on scaling processing and fractional Fourier transform [J].Tien Tzu Hsueh Pao/Acta Electronica Sinica, 38 (3): 683-688.

[56] Tao Ran, Wan Hui, Wang Yu. Artifact-free despeckling of SAR images using contourlet [J]. IEEE Geoscience and Remote Sensing Letters, 2012, 9 (5): 980-984.

[57] 温景阳, 张焕宇, 王越. 线性调频脉冲压缩雷达信号参数估计方法 [J]. 北京理工大学学报, 2012 (7): 746-750.

主要著作

[58] 陶然，张惠云，王越. 多抽样数字信号处理理论及其应用 [M]. 北京：清华大学出版社，2004.

[59] 陶然，齐林，王越. 分数阶 Fourier 变换的原理与应用 [M]. 北京：清华大学出版社，2004.

[60] 王越，罗森林. 信息系统与安全对抗理论 [M]. 北京：北京理工大学出版社，2006.

[61] 陶然，邓兵，王越. 分数阶傅里叶变换及其应用 [M]. 北京：清华大学出版社，2009.

[62] 罗森林，王越，潘丽敏. 网络信息安全与对抗 [M]. 北京：国防工业出版社，2011.

附录三
胡海岩[①] 在王越八十寿辰庆典上的讲话[②]

王越先生出生于国难深重、民不聊生的年代，是新中国成立后接受高等教育的第一代学者。20 世纪 50 年代中期，他从解放军军事通信工程学院雷达工程系毕业后，一直从事军用信息技术领域的科学研究和人才培养。半个多世纪以来，他始终致力于推动祖国的科技事业和教育事业发展，经历并领导了我国军用信息技术从白手起家探索到如今蓬勃发展的历程。他既长期从事科技和教育工作，又曾担任军工研究所所长、国家重点大学校长，是一位成就卓然的科学家和教育家。

对王越先生从事学术工作 60 余年的贡献进行总结评价，绝非我辈的能力和资格所及。尽管如此，我还是想从两个方面回顾他的杰出贡献，与大家分享。

追求卓越，王越先生是一位杰出的战略科学家

王越先生长期从事火控雷达系统、信息系统及其安全对抗领域的研究

[①] 胡海岩，1956 年 10 月生于上海，祖籍福建闽侯。力学专家，中国科学院院士，第三世界科学院院士。1988 年毕业于南京航空航天大学固体力学专业，获工学博士。1992-1994 年任德国 Stuttgart 大学力学研究所 B 洪堡基金研究员，1996-1997 年任美国 Duke 大学客座教授。2007 年开始任北京理工大学校长、党委副书记。

[②] 此文为北京理工大学院长胡海岩院士于 2012 年 4 月 1 日在王越院士八十寿辰庆典上的发言稿。

工作，直接推动了相关国防科技领域的发展。早年，他曾作为总体主管设计师，负责我国第一代火控雷达301系统的技术引进和生产、我国第一代岸炮对海校射雷达861系统的研制。他作为总设计师，主持研制了我国第一代歼击机火控雷达201系统、我国第一部全晶体管化火控雷达303系统。改革开放后，他作为总设计师，主持研制成功新一代火控雷达306系统。该雷达系统实现了大幅度技术跨越，成为军队的主战装备并出口到十几个国家。他曾因上述杰出贡献，荣获国家科技进步奖一等奖、全国科学大会奖、何梁何利基金科学技术进步奖等。

王越先生善于从哲学高度思考问题，将工程研究经验升华为技术科学理论。他总结长期从事军用信息技术研究的经验，通过进一步探索，提出系统理论与人工系统设计学方法论，提出信息系统的安全与对抗理论体系，提出多活性代理信息系统的理论体系。他还以理论指导实践，在信息安全与对抗、信息与信号处理方面取得了丰硕的研究成果。

王越先生曾担任中国科学院技术科学部主任、国务院学位委员会信息与通信学科评议组召集人、国家"863计划"国家安全领域专家组顾问、中国人民解放军总装备部科技委顾问等学术职务。他善于从战略高度思考问题，勇于提出不同学术见解，为国家科学技术发展、特别是国防科技工业发展，提供了许多重要的咨询意见和评审意见，在我国科技界赢得了广泛尊重。

身正为范，王越先生是一位著名的工程教育家

1993年，王越先生被国务院任命为北京理工大学校长，来到教育战线工作。他认真学习和领会徐特立、陈康白、李强等老院长的办学思想，带领学校领导班子积极开展学校内部管理体制和机制改革，全面推进学科建设、队伍建设、校园建设，着力提高人才培养、科学研究、社会服务的质量，使学校首批进入了国家"211工程"建设的重点大学行列，为学校建设和发展做出了载入史册的重要贡献。

1999年以来，王越先生担任我校名誉校长。他以强烈的事业心、责任感和使命感，毫无保留地将自己长期积累的治校思想和人生感悟传授给继

任的学校领导。我自 2007 年担任学校校长以来，经常得到王越先生对治校治学的指教。这其中，既有他在一次次长谈中给予我的指点，又有他亲笔写给我的研究生教育工作建议，还有他撰写的人文素质教育、大学文化等方面的论述。他的拳拳之心，殷殷之情，令人深受教育。

熟悉王越先生的人都知道，他一生心系教育，爱才、惜才，喜欢和学生们在一起。如今，他虽年届 80 高龄，但仍坚守三尺讲台，主讲本科生课程。他既是国家级教学名师，又是国家级精品课程、国家级精品教材、国家级优秀教学团队负责人，还承担着教育部精品视频公开课的建设任务。此外，王越先生还担任"全国大学生电子设竞赛组委会"主任，不遗余力地指导拔尖创新人才培养工作。正是由于这样数十年如一日坚持对教育教学的投入，他领导的教学改革项目获得了国家级教学成果奖特等奖。

王越先生曾说"教师最大的心愿就是培育出超越自己的学生，青出于蓝而胜于蓝，是教师最本质的愿望"。如今，他已桃李遍布天下。在他的学生中，有教育部"长江学者奖励计划"特聘教授，有"国家杰出青年科学基金"获得者，还有一大批工作在国防科技工业的总设计师、研究所所长，等等。他的很多学生已成长为科技英才、国家栋梁。

胡海岩

2012 年 4 月 1 日

参考文献

[1] 吴祈耀. 炮瞄雷达[M]. 北京：国防工业出版社，1979.

[2] 郭世贞，裴美成. 军事装备史[M]. 北京：解放军出版社，2007.

[3] 张建忠. 情系黄河[M]. 西安：陕西黄河集团有限公司，2008.

[4] 孙懋德. 大连理工大学校史[M]. 大连：大连理工大学出版社，1989.

[5] 天津市耀华中学编. 天津市耀华中学[M]. 北京：中国大百科全书出版社，2007.

[6] 天津市耀华中学编. 耀华中学建校八十周年纪念画册[M]. 天津，2007

[7] 206所编. 206所史[M]. 2007.

[8] 谢光，等. 当代中国的国防科技事业[M]. 北京：当代中国出版社，1992.

[9] Strong R. "二战"以来的雷达发展史[J]. 魏敏译. 电子信息工程，2006（1）：25-29.

[10] 刘钧，朱爱红. 从首台国产雷达到天眼他见证新中国雷达发展史[N]. 金陵晚报，2009-04-22.

[11] 赵硅，周燕来. 西安电子科技大学辉煌70年∥西安电子科技大学，西安，2001.

[12] 校史编委会. 西北电讯工程学院校史（1947-1987），西安：西北电讯工程学院出版社，1987.

[13] 中国雷达50年. 现代雷达，1999（5）.

［14］2009年北京理工大学校报，2专版.

［15］王越，罗森林. 聚焦国家级精品课程［J］. 信息网络安全，2005（7）.

［16］王越. 复杂信息系统构建的新方法——多活性代理方法［J］. 中国工程科学，2006，8（5）：29-32.

［17］Jones R V. 雷达的历史［C］// 徐家康译. 世界科学，1987（8）：56-59.

［18］陈战祥. 俄罗斯和乌克兰超视距雷达研究的历史和成果介绍［J］. 电波与天线，1995（1）：7-11.

［19］有关电子战的历史教训［J］. 航天电子对抗，1996（1）：55.

［20］Johnston S L，阮馨远. 九十年代雷达的工作能力/生存能力［J］. 现代雷达，1995（1）：33-39.

［21］Johnston Stephen L.，山秀明. 毫米波雷达，九十年代向何处去？［J］. 现代雷达，1995（1）：49-57.

［22］成功的首届中国国际雷达会议［J］. 电子学报，1987（1）：104.

［23］吴锡九，邓先灿. 50年前中国第一只晶体管诞生侧记［J］. 科技导报，2006（11）：77-78.

［24］王守武. 半导体的发展［J］. 科学通报，1965（9）：775-778.

［25］武光耀. 一种搜索、跟踪双功能天线系统的初步研究［J］. 火控雷达技术，1980（1）：27-37.

［26］杨学生，等. 毕德显［M］. 北京：中国科学技术出版社，2002.

［27］宣明. 王大珩［M］. 北京：科学出版社，2006.

［28］顾小英. 父亲朱光亚［M］. 北京：人民出版社，2009.

［29］张纯如. 钱学森传记——蚕丝［M］. 北京：中信出版社，2011.

［30］江才健. 规范与对称之美——杨振宁［M］. 广州：广东经济出版社，2011.

［31］王越，苏青. 论北京理工大学发展前途及改革路径［J］. 北京理工大学高等教育，1994（4）.

［32］苏青，范建. 王越：护卫苍穹越王剑［J］. 中华英才，1997（17）.

后 记

1993年春天，王越院士出任北京理工大学校长，而我也恰恰在这一年进入北京理工大学攻读硕士研究生，所以在开学典礼上就目睹了这位当时兵器行业唯一一位院士的风采。此后有几次与王院士的见面也都是他坐在主席台上作报告，而我则怀揣着对他的仰慕，倾听他对年轻人未来发展的指导。一次偶然的机会，我结识了王越在北京理工大学的第一位博士生孙厚军教授，从与他的交流中我便在脑海中积累了一些关于王院士的关键词：过目不忘、严谨、一丝不苟、敢于担当、幽默、平易近人……尽管我很仰视这位学术大师，但是因为专业的不同，我从未想过会有机会近距离与他面对面交流。

2010年春天，中国科协牵头的"老科学家学术成长资料采集工程"正式启动，经过中国科学技术出版社苏青社长与王越院士几次深度交谈之后，王院士同意接受我们的访谈，由此我也有了这样一个走近大师、了解大师的机会。2010年5月，我第一次踏进王院士办公室时，他正埋头推导公式，一步一步地推导，字迹非常工整。刚开始跟王院士交谈，还是有些惴惴不安，但很快紧张情绪就被王院士平和而又略带幽默的语言驱散。

随着访谈的深入，我对他逐渐有了一个全面、细致的了解。他在过去60余年始终关注着雷达，在西安的近40年中他的工作就是进行雷达设计、生产；在北京理工大学的20年，他则是作为战略科学家，指导雷达设计、培养雷达研制人才，将雷达系统理论逐渐发展到复杂信息系统。作为全国教学名师的他，现在仍然乐此不疲地给本科生、硕士生和博士生上课。课是一讲就是三节50分钟的大课，上课时，王院士穿着西服，打着领带，着装正规，站在讲台上，让学生真正领略大师的风范，上课中他从不休息，甚至连脚步都不挪动一下。此外他还承担着较多的社会工作，对国家的科技发展战略建言献策。

尽管王院士公务繁忙，各种会议繁多，但是每次约定好的访谈时间，他都会准时或提前一点到达。访谈过程中，他也时常会带来一些不同时期的佐证资料，例如20世纪70年代末期的雷达设计理论的手稿、参加全国科学大会的代表证，等等。给我们看完后，他时常会说，哪一件你们需要可以拿走。其实我知道王院士的早期科研工作基本涉密，他自己能保存的研究资料很少，仅存的一些手稿都是他1993年从西安带到北京的，但是他还是很慷慨地把那些珍贵的资料捐赠给了采集工程。

在访谈的日子里，我时常被王越院士的科学精神和豁达所感动，所以决定为王院士写一部传记，让更多的科技工作者和未来的学者能够了解王院士的学术成长之路，为年轻人的成长提供一些借鉴。我也曾和采集小组成员一起探讨过王院士身上所承载的那种特殊的气质，学者的气质，大师的气质，好像都不完整，最终我把他的那种理直气壮地坚持真理，在关键时刻勇于承担重任的精神，归结为"贵族"气质。但是真正要把王院士的这种"贵族"气质、思维方式细致入微地表达出来却不是一件易事。在传记的写作过程中，我时常会被一些历史细节所困扰，为了解决这些问题，也时常与先生电话交流，先生总是很耐心地给我讲述他所知道的一切，使我能在一次次"卡壳"之后又继续写下去。所以这本传记最终能够完成，离不开王院士的大力配合和真诚帮助。

王越院士是一位非常谦和而严谨的科学家，他执着50余年只为心中的一个梦想——让祖国的天空没有盲区，这也是将本传记定名为"没有盲区的天空"的由来。但在书名选定上还出现了一段小插曲。王院士审阅稿件时看到书名，他显得有些惴惴不安，坚持说："我只是为国家的空中防御做了一点研究工作，没有盲区的天空是一个复杂的巨大工程，需要经过几代人的共同努力，即使这样也未必能够很快实现。以《没有盲区的天空》为题，似乎有些夸大我个人的工作，因此，我建议将书名修改为《我在空中防御中做的一些工作》或者是《为了没有盲区的天空》。"经我和出版社再三解释，"《没有盲区的天空》与《为了没有盲区的天空》的寓意一样。"王院士才勉强同意这个书名。

写作过程中，中国科学院自然科学史所张藜研究员对本书的结构、史料利用和处理方面多次给予悉心指导，并对导言部分进行了指导和修改。

在结题验收会议上，中国科学院科技政策与管理科学研究所樊洪业先生、上海社会科学院历史研究所张剑研究员以及时任中国科协调研宣传部副部长纳翔对本书存在的问题，提出了许多宝贵意见。

在书稿的修改过程中，中国科学院自然科学史所王传超老师对本书倾注了很大精力，提出了许多宝贵的意见，使本书得以避免若干失误。

在书稿修改过程中，原206所所长包万正研究员和张冠杰研究员对本书涉及雷达专业的技术问题进行细致审读，并提出许多宝贵意见，使本书得以避免若干失误。

在本书的撰写过程中，采集小组成员多次对撰写思路和一些具体问题进行探讨。苏青社长曾跟随王院士5年，他对王院士的性格特征、行为方式有比较充分的了解，所以他每次参加采集小组的讨论，都会带给我们一些灵感和启迪。苏青社长还无私地把自己保存的王越先生的手稿等捐献给采集工程，并对本书终稿做了细致审读。采集小组韩露、王晓山、陈雁、高健等老师经常同我一起分析并解决传记写作过程中遇到的问题。

本书除第六章1—7节由韩露老师执笔外，其余部分由吕瑞花完成，统稿吕瑞花。

在此谨向以上诸位表示衷心感谢。成书仓促，兼之笔者能力所限，书中难免有不足之处，真诚期待大家批评指正。

吕瑞花

2013年10月